LE SAVOIR DE LA PEAU

DU MÊME AUTEUR

Essais

Des guérillas au reflux de l'Occident, Passés composés, 2020.
Terrorisme et Politique, CNRS Éditions, 2017.
Pourquoi perd-on la guerre ? Un nouvel art occidental, Odile Jacob, 2016.
La Question kurde à l'heure de Daech, avec Sophie Mousset, Seuil, 2015.
Une histoire mondiale de la guerre, Odile Jacob, 2014.
Vers un nouvel ordre du monde, avec Michel Jan, Seuil, 2013.
L'Impasse afghane, L'Aube, 2011.
Géopolitique des empires, avec Jean-Pierre Rageau, Arthaud, 2010.
Guérillas. Du Viêtnam à l'Irak, Hachette Littératures/Pluriel, 2008.
Le Nouvel Art de la guerre, L'Archipel, 2008.
Les Guerres irrégulières, Folio Actuel, 2008.
L'Amérique en guerre. Irak-Afghanistan, Éditions du Rocher, 2007.
Le Guide du voyageur autour du monde, avec Sophie Mousset, Odile Jacob, 2006.
Voyage dans quarante ans de guérillas, Lignes de repères, 2006.
Guerres et Civilisations. De l'Assyrie à l'époque contemporaine, Odile Jacob, 2005.
Histoire du terrorisme de l'Antiquité à Al-Qaïda, avec Arnaud Blin (dir.), Bayard, 2004 ; *Histoire du terrorisme de l'Antiquité à nos jours*, Fayard, 2015 ; *Histoire du terrorisme, de l'Antiquité à Daech*, Pluriel, 2016.
America is back. Les nouveaux césars du Pentagone, avec Arnaud Blin, Bayard, 2003.
De l'esprit d'aventure, avec Patrice Franceschi et Jean-Claude Guilbert, Arthaud, 2003.
Atlas du nouvel ordre mondial, Robert Laffont, 2003.
L'Héritage occidental, avec Sophie Mousset, préface de J. Le Goff, Odile Jacob, 2002.
2000 ans de chrétientés, avec Sophie Mousset, Odile Jacob, 2000.
Les Empires nomades de la Mongolie au Danube. Ve siècle av. J.-C.-XVIe siècle, Perrin, 1995 ; coll. « Tempus », 2005.
Les Bâtisseurs d'histoire, Arléa, 1995.
Stratégies de la guérilla, suivi de *Voyage dans vingt ans de guérillas*, Payot, 1994.
Atlas du nucléaire, civil et militaire, avec Michel Jan, Payot, 1993.
Le Malheur kurde, Seuil, 1992.
Atlas des empires, avec Jean-Pierre Rageau, Payot, 1992.
Atlas des diasporas, avec Jean-Pierre Rageau, Odile Jacob, 1991.

(suite en fin d'ouvrage)

GÉRARD CHALIAND

LE SAVOIR DE LA PEAU

mémoires

l'Archipel

Notre catalogue est consultable à l'adresse suivante :
www.editionsarchipel.com

Éditions de l'Archipel
92, avenue de France
75013 Paris

ISBN 978-2-8098-4395-8

À Juliette

En témoignage de reconnaissance à mon pays, la France, qui m'a doté des outils culturels pour témoigner avec pertinence.

Le savoir de la peau s'acquiert sur le terrain, joint à ce qui est appris par les livres et l'expérience, il aiguise l'acuité du regard, la capacité d'adaptation et l'aguet…

Tous mes remerciements à Patrice Franceschi, capitaine de La Boudeuse, *qui m'a offert, sur la jonque, puis le trois-mâts goélette, en tant que matelot, puis cuisinier et écrivain du bord, trois océans et une remontée de l'Amazone.*

«D'un point de vue psychologique, il y a peu de différence entre une foi traditionaliste et une foi révolutionnaire. Toute foi véritable est intransigeante, radicale, puriste; aussi le traditionaliste sincère est-il toujours un illuminé aux prises avec une société pharisienne, où les tièdes corrompent la foi. Et réciproquement: l'utopie du révolutionnaire, qui paraît représenter une rupture complète avec le passé, se règle toujours sur quelque image d'un paradis perdu, d'un âge d'or légendaire. [...]
Le sacrifice à l'utopie pure et la révolte contre une société corrompue sont donc les deux pôles qui fournissent la tension de toutes les fois militantes.»

Arthur Koestler, *Les Militants* (1950)

« *Thus, as we cannot our sun*
Stand still, yet we shall make him run »
(« Et puisque nous ne pouvons arrêter le soleil
Au moins le ferons-nous courir »)

Andrew Marvell (1621-1678),
« To His Coy Mistress »

« *Vivre, sais-tu ce que ça veut dire? Défaire sa ceinture et chercher la bagarre.* »

Nikos Kazantzakis, *Zorba le Grec* (1946)

Avant-propos

Ce livre relate, en marge de fragments biographiques, l'histoire des quatre dernières décennies (1979-2021) à travers les expériences de terrain d'un observateur-participant des conflits irréguliers qui ont caractérisé cette période. Les échecs rencontrés dans les guerres irrégulières, du Viêtnam à l'Afghanistan, ont été les signaux les plus spectaculaires du reflux de l'Occident. Celui-ci n'était pas purement militaire, mais provenait de causes et de perceptions psychologiques dues au refus de supporter des pertes d'engagés volontaires. Ainsi apparaissait une nouvelle *dimension sociale* de la stratégie où l'arrière devenait plus vulnérable que les combattants.

Il y a un peu plus de quarante ans qu'a été entrepris le grand tournant chinois. En quelques décennies, l'après-maoïsme a forgé une économie performante transformant la Chine en adversaire *global* des États-Unis, ce que l'Union soviétique ne fut jamais.

Entre-temps, le dynamisme américain et l'inertie bureaucratique croissante de l'Union soviétique provoquaient le dépérissement du communisme européen, qui donne l'illusion, à la fin du siècle dernier, d'une ère de paix sous la houlette des États-Unis. Cependant, l'appui de Washington aux tenants du djihadisme en Afghanistan, avec le concours de l'Arabie saoudite enrichie par la crise pétrolière et du Pakistan, se retourne, après la disparition de l'URSS, contre les États-Unis.

À la suite des attentats du 11 septembre 2001, les néo-conservateurs qui envisageaient de dominer le nouveau siècle voulurent « remodeler le grand Moyen-Orient » par une série d'interventions armées infructueuses, démontrant leur méconnaissance du terrain et la surestimation de leur puissance.

Nous assistons, plutôt passivement en Europe, à un processus de mutation tectonique du *statu quo* mondial dont dépend notre avenir, tandis que nous cultivons une victimisation qui nous paralyse, doublée d'une culpabilité anachronique qui profite à nos adversaires… trop heureux d'en tirer parti.

Faut-il rappeler que les quelques millénaires d'histoire écrite à travers le monde sont caractérisés par ce que Thucydide nommait la « fureur de dominer », toutes civilisations confondues, et que toutes, Occident compris, étaient dominées par l'absolutisme et se manifestaient par le carnage ? Seul l'Occident, en 1776 aux États-Unis, en 1789 en France, s'est proposé de bannir l'absolutisme et a proclamé l'égalité des droits pour tous les hommes, quels que soient ses crimes par ailleurs, qu'il consent, et lui seul, à reconnaître aujourd'hui. Le vieillissement de nos populations, joint à une longue période de paix et de relative prospérité, explique sans la justifier la mutation de notre rapport à la mort – militaire ou civile – qui nous a rendus si vulnérables et si peu décidés à faire face.

Chacun évolue dans une société particulière qui l'a formé, sans en mesurer, longtemps, l'héritage, le poids du religieux et des interdits. J'étais empreint par ailleurs, comme tout le monde, sans le savoir, de provincialisme, et j'ai été conditionné par un milieu, une époque, dans un lieu spécifique, sinon par un fugace esprit du temps.

Il m'a fallu bien des années pour cesser d'être myope, même si j'ai tôt cherché à connaître d'autres mondes à travers la géographie des voyages et l'histoire si diverse de l'espèce meurtrière et créatrice qu'est la nôtre. Le hasard qui m'a conduit à l'École des langues et civilisations orientales a été un accident heureux, m'ouvrant un savoir sur la Chine, l'Inde et l'islam, tandis que l'époque que je traversais était marquée par des luttes armées de libération.

J'aimais l'action, l'inconnu, les découvertes tant historiques que personnelles de l'aventure, et participai en observateur de terrain et parfois en acteur aux conflits irréguliers sur trois continents. Au fil des décennies, j'ai connu de larges pans des réalités contemporaines qui m'ont dessillé sur les illusions idéologiques, avant d'écrire *Mythes révolutionnaires du tiers monde. Guérillas et socialismes*[1], qui tentait d'en dresser le bilan.

J'ai progressivement compris ce que certains, bien qu'analphabètes parfois, mais tôt confrontés aux rapports de force, paraissent avoir saisi d'instinct. Nous avons pourtant le privilège de bénéficier d'une tradition de pensée critique pouvant librement s'exprimer depuis quelques générations. Mais les idéologies, stimulantes et mobilisatrices par ailleurs, sont aussi des masques qui ne se quittent pas aisément. La lucidité doit se gagner au détriment des utopies, aussi têtues que les faits.

Depuis l'âge de dix-huit ans et jusqu'au bout de mon existence, j'ai mené ma vie librement, ce que je considère comme un luxe dépassant tous les autres : sécurité ou possession de biens. La liberté se paye et ce sont d'abord vos proches qui souffrent de la vôtre.

J'ai eu la chance de naître dans un milieu relativement favorisé et de vivre dans un pays démocratique et, par rapport à la grande majorité des autres, prospère. Personne ne peut frapper à ma porte au petit matin pour m'embarquer, arbitrairement, sans retour. Ce sont des circonstances

1. Seuil, 1975.

auxquelles on ne pense guère dans nos pays d'État de droit, mais que j'ai eu l'occasion de connaître. J'apprécie hautement le fait de n'avoir pas à subir cette sorte de despotisme. Sans doute, pour la majorité de mes compatriotes, cette considération reste-t-elle sans objet, encore qu'avec un peu de mémoire le siècle dernier n'était pas si rassurant.

J'ai participé, dans la mesure de mes moyens et de la façon qui me convenait le mieux, à l'histoire de mon temps, et ces mémoires cherchent à en témoigner. J'étais présent partout où j'ai pensé qu'il fallait l'être et je devrais ajouter que j'y ai pris plaisir, bien que ce terme ne rende pas compte du caractère tragique de ce qui a été observé ou partagé. Mais j'aime le risque, le feu de l'action, la présence au monde, non son reflet dans des images plus ou moins sélectionnées. J'aime rencontrer des classes sociales différentes, découvrir, flairer l'air du temps, rôder dans les confins…

Des années 60 du siècle dernier à aujourd'hui, soit quelque soixante années plus tard, j'ai été directement témoin et parfois acteur, sur tous les continents, dans des luttes de libération, d'abord nationales puis, par la suite, de minorités opprimées, enfin de conflits interétatiques. Entre-temps, j'ai enseigné aux États-Unis (Harvard, Berkeley, UCLA), en Grande-Bretagne (Manchester, Sussex), à Singapour (Nanyang), à Salamanque et dans d'autres lieux moins attendus : Tbilissi, Ossétie du Nord (Vladikavkaz), dans des maquis (Érythrée, Palestine, Kurdistan d'Iran, Afghanistan), et donné des conférences à Tokyo, Canberra, Sydney, Bogotá, Ryad, Tunis…

Qu'ai-je cherché au cours de ces traversées du monde ? L'aventure, sans l'ombre d'un doute, l'action, le risque. L'insécurité ne me faisait pas peur. Des échanges, pardessus tout, l'amour, l'amitié. Les femmes ont occupé dans ma vie une place centrale – le désir, le désordre amoureux, la tendresse, la passion, parfois pour de longues années, l'inoubliable, la mémoire du ventre…

« Elle »

Est-ce un hasard si la compagne de ma vie, rencontrée à l'École nationale des langues et civilisations orientales lorsque j'avais vingt-deux ans et elle pas encore dix-neuf, est juive ? Ce qui m'avait d'abord attiré chez elle était sa très grande beauté. Brune aux yeux verts, un corps superbe, une démarche élégante. C'était la plus belle fille de l'école et, comme disait mon ami très cher, Bernard Mangin, étudiant dans le même établissement, une des plus belles femmes de Paris. Elle a d'ailleurs posé pour le photographe Lucien Clergue, nue au bord des vagues.

Plus tard, j'appris que, durant la guerre, avec sa mère, elle avait été incarcérée deux ans dans un camp à Gurs, non loin de la frontière espagnole. Ses parents étaient des juifs de Pologne.

Je savais ce qu'il en était d'appartenir à un peuple indésirable. Elle me conta quelques bribes de ces années-là. J'aurais voulu être présent. Cette petite fille, personne ne me l'aurait enlevée pour l'enfermer et je conçus un très fort désir de la protéger.

Très longtemps après, aidée par les questions de Luc Desmarquest, elle put écrire ce que fut Gurs pour une enfant de quatre ans. Je le comprends, il m'a fallu une trentaine d'années pour entamer la première ligne d'un récit d'une centaine de pages sur mon propre héritage historique… et près d'un quart de siècle pour le terminer.

C'est en essayant de passer en Espagne, fin 1941, afin de rejoindre son père réfugié en Argentine, que Juliette et sa mère furent contrôlées à une station d'autobus par deux gendarmes français. Elles furent conduites au camp d'internement de Gurs pour une brève vérification d'identité qui devait, de fait, durer vingt mois.

Les papiers de la mère de Juliette étaient en règle, mais elle était étrangère. L'enfant était française par sa naissance. Elle portait le nom de son père, bien que ses parents ne fussent pas mariés, et figurait cependant sur les documents de sa mère. « Avant de nous conduire à Gurs, ils se sont concertés ; leur décision n'a pas été prise sur-le-champ, pour autant que je me souvienne, car j'ai le vague souvenir qu'ils ont hésité un bon moment et ont dit tout bas : "Pauvre femme". »

Gurs : un camp d'internement où, après la victoire de Franco, on enfermait beaucoup d'Espagnols qui cherchaient refuge en France. Par la suite y ont été internés des « indésirables » juifs étrangers, Allemands et Autrichiens antinazis, Hongrois antifascistes, gitans et communistes. Parmi ces indésirables il y eut, entre autres, Hannah Arendt et Walter Benjamin.

L'arrivée à Gurs, c'est de l'obscur. La nuit devait être tombée et il fallait attendre que les affaires administratives soient réglées. [...] *Et puis on nous a conduites dans une baraque pleine de femmes et d'enfants en bas âge et il a fallu qu'on nous trouve un emplacement,* [...] *des paillasses et des oreillers en paille. Tout me paraissait sale, hideux* [...]. *Ma mère, qui avait dans ses bagages des serviettes de toilette, en enveloppa les oreillers par mesure d'hygiène.* [...]

Je sais que j'étais ahurie, apeurée et que je me collais à ma mère. Nous étions épuisées et nous avons passé cette première nuit comme nous avons pu. Nous avons quand même dormi. Moi, du moins. Au petit matin, nous avons été réveillées de bonne heure. [...] On nous avait distribué des écuelles ainsi que des couverts et des tasses en métal. Pour les laver, il n'y avait pas de points d'eau à l'intérieur des baraques. Nous faisions aussi notre toilette à l'extérieur ou dans une baraque spéciale, où ne coulaient que des filets d'eau froide dans des bacs toujours sales. Les W.-C. étaient des latrines à plusieurs trous côte à côte et je me rappelle encore la peur que j'avais d'y tomber. D'ailleurs ma mère me tenait sous les bras par précaution. Je n'avais que quatre ans. La présence d'autres personnes dans ces latrines en même temps que moi me perturbait beaucoup.

À notre arrivée au camp, il n'avait jamais été question de nous séparer. On a voulu nous séparer, ma mère et moi, quand les déportations ont repris vers Drancy puis Auschwitz. Avant cinq ans, on ne déportait pas du camp les enfants ni leur mère. [...]

Et puis un jour, à une heure inattendue, des gardiennes sont entrées dans la baraque, une liste à la main. [...] Toutes les femmes étaient terrorisées. J'avais dépassé les cinq ans fatidiques.

Quelques heures plus tard, des assistantes sociales sont venues pour que ma mère me confie à elles. Elles avaient fait cette démarche parce que j'étais française et qu'une enfant française ne pouvait être déportée. Ma mère leur a répondu que si nous devions partir pour un camp de travail, comme elles le prétendaient, cela ne lui faisait pas peur. Mais s'il s'agissait d'autre chose, alors il n'était pas question que nous soyons séparées. Elle criait qu'elle préférait la mort et brandissait au-dessus de ma tête la barre métallique qui servait à casser du bois, menaçant de me tuer et de se tuer ensuite plutôt que d'accepter cette séparation. Moi, je m'accrochais à sa jupe, c'était horrible et incompréhensible. Et puis des femmes de la liste ont commencé à réagir, elles aussi, je pense que les assistantes sociales ont craint une émeute. Finalement elles sont parties en pleurant. Ma mère avait tellement peur qu'on m'enlève de force qu'elle ne m'a pas laissée m'éloigner d'elle un instant. Nous avons passé la nuit assises sur notre baluchon, effondrées... Le lendemain matin, nous n'étions plus sur la liste... [...]

Comment décrire la peur – celle de s'éloigner, celle des interdits, celle de « mal » faire, celle de perdre ma mère de vue ou encore celle des gendarmes quand ils venaient visiter le camp ? La peur du sale, du noir, des rats qui passaient sur nos corps quand nous dormions. Et surtout de me retrouver toute seule, sachant seulement que jamais, si ma mère disparaissait, je ne pourrais retrouver mon père dont je rêvais tant. Heureusement que les enfants savent de temps à autre sortir du malheur absolu, pourvu qu'ils soient avec un proche qui les aime ! [...]

Je me dis parfois que le camp m'a inculqué une très grande faiblesse qui ne s'est pas révélée sur-le-champ : la peur de l'abandon, de la rupture, du rejet... J'ai découvert que l'enfermement t'enferme pour toujours[1]. [...]

Adolescente, elle a été jusqu'au lendemain de 1956 membre du Parti communiste. Puis, activement, du côté des Algériens luttant pour leur indépendance.

Nous avons beaucoup voyagé ensemble et beaucoup appris sur les sociétés autres, les rapports sociaux, les interdits, les façons de se comporter, les identités religieuses et/ou ethniques. Nous avons longuement séjourné en Turquie, en Iran, au Pakistan, en Inde, en stop, avec des séjours longs et souvent difficiles lors desquels elle ne se plaignait jamais. La misère et l'extrême violence entre les castes de l'Inde de ces années-là nous ont marqués. Nous faisions connaissance avec le monde. La misère nous a aidés à en finir avec l'exotisme des voyageurs occidentaux.

1. Juliette Minces, *De Gurs à Kaboul* © Éditions de l'Aube, 2015.

En Algérie, en 1963-1964, elle a rendu compte avec lucidité des dysfonctionnements de l'autogestion, les ayant constatés sur le terrain dans les campagnes comme à la ville pour *Révolution africaine*, tout en donnant voix aux travailleurs.

Nous avons appris à mieux mesurer l'écart entre les déclarations, les programmes et les réalités sociales. Nous avons fait nos classes ensemble.

Puis elle a rencontré Simone de Beauvoir qui fit publier dans *Les Temps modernes* son enquête sur les ouvriers du charbonnage et les ouvriers du textile du Nord et du Pas-de-Calais.

L'une des toutes premières à publier une série d'enquêtes sur les travailleurs immigrés[1], elle avait l'avantage de connaître leur pays et leur culture d'origine. Contrairement à l'esprit du temps, elle a mis en garde contre le communautarisme et le multiculturalisme[2]. Familière d'une douzaine d'entre elles, elle fut une pionnière en ce qui concerne la condition des femmes en pays musulman. Son livre *Le Coran et les femmes*[3] a été salué par Maxime Rodinson. Elle a été active auprès des mouvements féministes, notamment en soutenant les femmes algériennes et à l'association Negar en faveur des femmes afghanes. Entre-temps, elle a activement coopéré à la cause de la reconnaissance du génocide des Arméniens et aux droits des Kurdes sur le plan culturel comme pour l'autonomie.

Il a fallu beaucoup de temps, d'intelligence, d'aide psychologique et de courage pour devenir ce qu'elle est devenue. Si forte et si fragile. Avec, marqué profond, le

1. *Les Travailleurs étrangers en France*, Seuil, 1973.
2. *La Génération suivante. Les enfants de l'immigration*, Flammarion, 1986. Livre prémonitoire.
3. Pluriel, 1996.

manque de son père qui s'occupait d'elle très tendrement et dut brutalement partir vers l'Argentine parce qu'expulsé de France. À cette blessure-là, dont on mesure plus tard le poids d'abandon, se sont ajoutés vingt mois de camp de concentration, alors qu'elle n'avait que quatre ans et demi.

Quelles que soient les circonstances, elle conserve une élégance dans le maintien comme dans l'allure. Elle peut aisément être agressive, mais jamais injuste.

Je l'ai, au fil du temps, rendue heureuse et malheureuse, mais ne l'ai jamais abandonnée. Je suis loin, à son égard, d'être sans reproche. J'ai été beaucoup absent tandis qu'elle élevait, non sans mal, notre fils jusqu'à l'adolescence. On ne mène pas sa vie selon son gré sans causer des dégâts que payent ceux qui vous aiment. J'ai aimé d'autres femmes… Elle en a beaucoup souffert. Je n'ai pas, à certains moments, été là quand il l'aurait fallu. Cependant j'ai toujours été présent pour assurer sa sécurité et, avec le temps, plus tendrement attentif.

Elle a été et reste la compagne de ma vie. Je lui dois beaucoup.

*

J'ai aimé et j'aime le savoir. L'histoire de notre espèce singulière.

J'ai cherché à devenir l'un des héritiers de la saga des mondes qui sont nôtres, décryptés depuis peu de temps. Tout ce que je sais sur l'histoire du Proche-Orient ancien, de la Chine, de l'Inde, de l'islam était partiellement ignoré il y a seulement deux siècles ou pas encore traduit.

Dans les grandes lignes, je connais l'histoire de la Chine, de sa pensée, sa culture, son rayonnement sur la Corée, le Japon, le Viêtnam. Sa peinture comme suspendue entre le plein et le vide de l'instant saisi ; ses livres majeurs, récits truculents d'aventures picaresques ou amoureuses.

Je connais l'aire de ce qu'a marqué l'Inde par ses castes, sa culture religieuse comme par son rejet du bouddhisme : Birmanie, Thaïlande, Cambodge, Laos, Sri Lanka et Indonésie passée à l'islam, sauf Bali, avec Borobudur pour mémoire… Cette Inde où la dernière-née des civilisations, l'islam, a marqué profondément son passage. L'islam, uni et désuni avec ce morcèlement du Maroc à Mindanao et aux îles du sud des Philippines. Ce qui a été conquis par le glaive, ce qui l'a été par l'échange, ce qui a été perdu…

Tout cela, avec ce qui a pu être sauvé de mémoire, j'ai essayé de le faire mien, mon bagage à travers cette merveille que sont la vie et l'écriture. Ce qui n'a pas été consigné n'existe pas. Ou si peu.

Retour amont

À seize ans ma décision était prise : hors de question de travailler dans un bureau chaque jour, à longueur de vie. Je voulais une vie libre et aventureuse.

Entre dix-huit et trente-cinq ans, tout en voyageant sur quatre continents, j'ai pratiqué une vingtaine de métiers occasionnels dont la plupart étaient manuels : laveur de vitres, garçon de restaurant, plongeur, représentant en agrandissements photographiques en Algérie, terrassier en Allemagne, cuisinier en Inde du Nord, docker occasionnel au port de Gennevilliers, représentant en montres, démonstrateur de foire en bijoux de fantaisie, en banlieue, distributeur d'enveloppes publicitaires, monteur de lampions et guirlandes… Ce furent des explorations sociales permettant de connaître d'autres milieux, d'autres sociétés ; j'ai été, par ailleurs, de façon plus attendue, surveillant d'externat, professeur de français, d'anglais et d'histoire-géographie dans divers établissements privés.

J'étais à l'aise partout, à l'exception des milieux de voyous, qui ne m'ont jamais séduit.

J'ai quitté à dix-huit ans, mineur à l'époque, l'appartement familial pour l'Algérie, cherchant l'aventure et découvrant que j'étais apte à me tirer de n'importe quelle situation, ainsi que la condition coloniale que je n'approuvais pas. Au retour, six mois plus tard, ayant échoué naguère au baccalauréat, je réussis l'examen d'entrée à l'École des langues et civilisations orientales, à une époque surtout centrée sur l'Europe et les États-Unis. Un savoir qui m'a été très précieux, par la suite, dans mes voyages.

C'est aussi aux Langues O que j'ai rencontré la compagne de ma vie, Juliette Minces; j'avais vingt-deux ans, elle n'en avait pas encore dix-neuf.

J'ai voyagé seul en Grèce, en stop et à pied, en Égypte en troisième classe, debout durant vingt-deux heures, pour découvrir Thèbes, Karnak et Louxor au petit matin. La foule était si dense, dans le train, que j'ai dormi debout.

Par la suite, avec Juliette, nous avons sillonné la Turquie en stop, dormi au sommet des tufs lunaires de Cappadoce, près des églises troglodytes aux fresques dont les visages avaient été lacérés. Nous avons eu des amis turcs à Istanbul, au temps où la ville n'avait pas encore deux millions d'habitants et où il y avait une jeune génération ouverte aux idées révolutionnaires. L'année suivante, en 1959, nous sommes allés en Inde, en stop, pendant près de six mois, à travers l'Iran, avec la découverte, éblouissante, d'Ispahan, de Persépolis et de Chiraz où des étudiants lisaient à haute voix des poèmes de Hafez sur sa tombe. Nous avons traversé le Pakistan et connu Lahore et son musée aux admirables miniatures mogholes.

En Inde qui nous paraissait être le pays de la non-violence, de la spiritualité, des ashrams destinés à la méditation, nous avons découvert une société d'une violence sociale extrême, une misère abjecte, que nous avons partagée, étant sans moyens, et nous avons commencé à regarder le monde sous son vrai jour : cruel pour les asservis, tout naturellement et sans l'ombre de pitié.

Le despotisme des castes était manifeste et pleinement intériorisé de part et d'autre. Une grande ville indienne, au petit matin, c'était des corps à enjamber, comme des cadavres dans leur linceul. Il flottait dans l'air une odeur fétide. Les mendiants, dont certains déformés à la naissance afin d'éveiller la pitié, provoquaient l'horreur. Les dents en bataille de la plupart des bouches… On n'imaginait pas ce que subissaient les femmes tant qu'on n'avait pas vu leur visage de près.

Les expériences partagées nous ont liés à jamais, Juliette et moi. Elle se comportait avec beaucoup de courage, il fallait qu'elle se lave sans enlever sa robe, je surveillais les toilettes chaque fois qu'elle s'y trouvait dans un monde où les hommes lui étaient hostiles ou trop prévenants, c'était un qui-vive permanent, éprouvant pour ses nerfs.

La guerre d'Algérie a été la grande affaire de notre génération. Nous étions nombreux à être partisans de l'indépendance de ce pays qui n'était pas la France, et quelques-uns, comme nous, se sont engagés dans un anticolonialisme actif, dont j'ai conté ailleurs les péripéties, tandis que j'étais clandestin. Juliette participa aussi à cette opposition à une guerre qui ne disait pas son nom. Notre anticolonialisme était tout autant moral que politique ; nous savions si peu de choses sur la nature du mouvement national algérien.

La crise de l'été 1962 nous surprit. Cet été-là, Juliette et moi sommes allés en Guinée, rencontrer Sékou Touré, puis Modibo Keita au Mali et surtout Amílcar Cabral, une grande figure, injustement oubliée[1], que nous fîmes connaître dans *Partisans*, la revue anticoloniale créée par François Maspero, par ailleurs éditeur de Frantz Fanon.

En matière politique, l'Algérie indépendante a été notre école. J'étais le rédacteur en chef adjoint de l'hebdomadaire *Révolution africaine*, point de rencontre de tous les mouvements africains de libération. Juliette, pour sa part, enquêtait chaque semaine sur l'autogestion agricole et industrielle. Nous étions témoins de luttes pour le pouvoir et pouvions constater l'écart entre les déclarations et la réalité.

Tout ce qui, à distance, paraissait romantique se révélait une empoignade pour s'assurer du pouvoir et conforter des privilèges.

C'est en Algérie que nous avons commencé à nous déniaiser politiquement. Cependant, ceux qui croyaient à la construction du socialisme en Algérie étaient, à l'époque, fort nombreux.

En 1964, en Guinée, à Conakry, avec l'école des cadres du Parti africain pour l'indépendance de la Guinée et du Cap-Vert, et surtout en 1966, où j'ai pu observer, en mai-juin de cette année-là, les zones libérées du pays avec Amílcar Cabral, j'ai beaucoup appris sur l'organisation d'une lutte armée (comment gagner les populations). Cela me permit de mettre en doute, lors de la conférence de l'Organisation latino-américaine de solidarité (Olas 1967), la théorie du *foco*[2], chère à Guevara et développée avec talent par Régis Debray.

---

1. Amílcar Cabral (1925-1973), dirigeant révolutionnaire du Parti africain pour l'indépendance de la Guinée et du Cap-Vert, dont je fus un compagnon de route. Roger Faligot lui rend justement hommage dans *Tricontinentale*, La Découverte, 2013.
2. *Foco* : foyer stratégique mobile, entamant la lutte armée sans préparation politique des populations que l'on veut entraîner.

En 1967, je passai deux mois au Nord-Viêtnam en guerre contre les États-Unis afin de rendre compte de l'organisation du régime face aux bombardements des Américains. Ce fut une expérience extraordinaire. J'ai admiré la mobilisation et la ténacité des Viêtnamiens sous ce déluge de fer et de feu. (Il y eut plus de bombes déversées sur ce petit pays que durant toute la Seconde Guerre mondiale.) La stratégie des Viêtnamiens était fondée sur une vaste décentralisation des moyens et des cadres et un volontarisme abrupt. Au Viêtnam, j'ai appris ce que l'on peut faire, même quand on est faible, à condition de comprendre la nature d'une situation, de mesurer les vulnérabilités de l'adversaire et d'utiliser au mieux ses propres forces. De moi-même, j'appris ce que je sentais de manière confuse : j'aimais me mettre le dos au mur et je consentais à en payer le prix. Une fois engagé, on fait face. L'histoire de mon oncle, jadis narrée par mon père, qui soutint durant sept mois un siège dans une cité montagnarde en Turquie, en 1920, et qui mourut les armes à la main, était ma référence profonde. On ne se rend pas.

J'ai longtemps connu l'allégresse physiologique, ce sentiment d'avoir une réserve de vitalité sur laquelle je pouvais compter. J'attache beaucoup de prix à la forme physique et j'ai été infatigable jusqu'à près de soixante-quinze ans. Je pratique toujours ma gymnastique matinale.

Les amitiés

L'amitié, avec l'amour et la poésie, a tout au long de ma vie tenu une place capitale. Les amitiés ne se limitent pas à ce qu'on désigne par des amitiés viriles, qui restent la seule conception de l'amitié dans nombre de sociétés à travers le monde. J'ai la chance d'appartenir à une aire culturelle où depuis quelque temps déjà les femmes occupent un statut qui n'est plus inférieur. Contrairement à beaucoup d'hommes, y compris en Occident, je ne considère pas les femmes comme une espèce étrangère, convoitée quand elle est jeune, adulée comme mère, surtout par les garçons, et respectée quand elle est devenue vieille et désexualisée. J'aime les amitiés féminines pour elles-mêmes, pour la sensibilité, pour la capacité de résistance, le courage sur la durée et, chez certaines, l'acuité du regard, la clairvoyance.

Mon cousin André, de Los Angeles, qui est en fait mon frère de sang, tant nous avons partagé ensemble, au fil des années, de l'enfance aux apprentissages et jusqu'au bilan d'aujourd'hui, a le privilège d'avoir noué des amitiés féminines faites de confiance, d'échanges et de confidences sans arrière-pensées et l'une de ses amies lui a dit un jour abruptement : « *André, you're my best girl friend.* »

Au début de ma vie, du temps où j'étais ce qu'on appelle un jeune homme, j'ai eu le privilège d'avoir des aînés qui m'ont offert leur amitié et leur savoir. Je repense ainsi à Ilo de Franceschi, Triestin et protestant, amoureux des livres, ancien légionnaire puis résistant, qui, à chaque rencontre, au fil de trois décennies, avait quelque chose à donner. Après sa mort, il a continué d'être présent, lorsque Juliette rencontra une dame qui, quarante ans plus tôt, avait eu avec Ilo, du temps où il était légionnaire, au sud du Maroc, une relation épistolaire dont elle conservait un souvenir amoureux d'une fraîcheur intacte. La guerre et sa clandestinité avaient interrompu leur relation. J'ai pu faire publier ces lettres si émouvantes comme un dernier hommage. *Écrivez-moi, Madeleine*[1], un petit chef-d'œuvre

1. L'Aube, 1998.

9

LIBRAIRIE GALLIMARD
15 BD RASPAIL
75007 PARIS

Tel:01 45 48 24 84

Ticket : 34 du 22/03/2022 14:23:54
Poste : 3 - Cloture : 3972 - Caissière : 1

Vente

Qté Article	Prix	TVA
LE SAVOIR DE LA PEAU	20,00	2

Article(s) **Total : 20,00 €**
CB AUTO 20,00

*** TVA ***

Code	Taux	HT	TVA	TTC
2	5,50	18,96	1,04	20,00
Totaux TVA		18,96	1,04	20,00

Papier fabriqué
sans bisphénol A

MIXTE
Papier issu de
sources responsables
FSC® C100352

FSC
www.fsc.org

littéraire, cinq fois réédité, depuis. Tout Ilo est dans ces lettres et il est ainsi resté présent jusqu'à aujourd'hui.

Raymond Dubois, professeur dans un collège où j'étais ce qu'on appelle un pion, alpiniste, voyageur de fond, qui avait, à pied, parcouru toute la Grèce et appris le démotique, a été un mentor attentif à mes métamorphoses post-adolescentes. Conteur exceptionnel, il savait aussi écouter et donner des réponses appropriées à mes attentes diverses au fil du temps. Bien après le collège, nous nous retrouvions chaque semaine place du Palais-Royal, lui sortant de la Bibliothèque nationale, pour déjeuner ensemble. Il pensait librement, s'étant tenu à l'écart des idéologies du moment, et son humour lucide et distancié était bien venu dans un temps où la plupart des gens instruits étaient détenteurs d'une vérité ou l'autre. Il aimait la liberté, l'amour, les voyages, les échanges. Il considérait « la vie comme de grandes vacances entre deux corvées de néant ». C'est lui qui m'a fait connaître Thucydide et l'amer dialogue entre les Athéniens et les Méliens, concernant la fureur de dominer, qui ne courrait aucun risque de devenir anachronique. Je l'ai eu pour ami jusqu'à la fin, une quarantaine d'années, jusqu'à ce qu'il perde la vue avant la vie elle-même. C'est après sa mort que j'ai rencontré sa fille Nicole, qui marchera sur les traces de son père en Grèce[1]. Grâce à elle et à ma dernière compagne, Sophie, que je venais tout juste de rencontrer, vit le jour, avec mon aide, un livre de lettres où se révèle la personnalité de Raymond Dubois, citoyen libre d'une Europe qu'il connaissait bien, dont la matrice est grecque : *Un navire chargé d'oubli*[2]. L'élaboration de ce livre a créé entre nous trois des liens amicaux, comme une filiation à travers les générations.

---

1. Nicole Dubois-Tartacap, *Kaliméra*, Transboréal, 2018.
2. L'Aube, 2001.

Le « terrain » est, à mes yeux, irremplaçable. Mon processus de déniaisement a été conforté par quelques rencontres importantes, comme celle de Victor Bogorad.

Victor, comme nous l'appelions, avait des jugements lucides et souvent drôles, il ne se racontait pas d'histoire, il parlait d'expérience. Il a beaucoup contribué à me rendre moins crédule. Mais pour préciser son personnage il faut insister sur l'humour qu'il avait comme chevillé au corps, peut-être parce que cet humour, souvent noir, rendait la réalité vivable. Une manière ashkénaze de regarder le monde sans attendrissement, avec ce qu'il faut de distance, qui montrait qu'on n'était pas dupe.

Il négociait des contrats industriels avec les Soviétiques. Il n'a jamais publié quoi que ce soit, c'était pourtant un homme d'une fine culture politique et littéraire, sachant transmettre, connaissant de première main les réalités de la machine bolchevique et du monde communiste de l'intérieur. Originaire de Lettonie, il parlait russe et allemand et avait participé à la résistance. Arrêté, il avait passé deux années à Auschwitz. À cet égard, il était peu disert. Une fois, comme je l'interrogeais, il me dit qu'il ne fallait pas trop se faire d'illusions sur la solidarité dans les camps, telle que la mentionnent certains survivants. « Pour survivre, on fait des choses qu'on n'a pas envie d'évoquer » fut sa conclusion.

Je suis également redevable, en matière de savoir et de rigueur, à Maxime Rodinson. J'ai longtemps bénéficié de son immense culture. Il avait été un militant communiste jusqu'en 1956, date du fameux rapport Khrouchtchev sur les crimes de Staline. Bien que fidèle à ses idéaux, il pensait librement et courageusement, comme il l'a maintes fois prouvé, tant sur Israël que sur le monde musulman. C'était un homme de savoir et il s'était hissé seul au rang qu'il occupait, parmi les tout premiers, par l'étendue de sa culture, sa lucidité, son souci de la complexité et son courage intellectuel.

Vidal-Naquet, esprit rigoureux qui a su prendre parti à contre-courant pendant et après la guerre d'Algérie, était cependant volontiers censeur avant d'être juste.

Parmi ceux de ma génération, il y a Pierre-Carl Dupont Delestraint, petit-fils du général gaulliste et résistant. J'avais, avec Pierre-Carl, breton et lieutenant de marine, des liens serrés. Il était fiable, courageux, ouvert, attentif. Il s'est tué dans un accident de montagne et sa femme, que j'aime toujours, me demanda d'être le parrain d'un fils qu'elle portait, que son père ne verrait jamais. Mon filleul orphelin se nomme Olivier. Je n'ai, depuis près de soixante années, jamais oublié son anniversaire. Nous sommes amis.

Les cendres de Bernard Mangin, mon ami le plus proche avec Claude Burgelin, reposent, comme on dit, dans le jardin de Juliette Minces, à Fontenay-le-Comte, en Vendée, sous un rosier. À la demande d'Aube-Marine, sa fille, qui est aussi ma filleule, nous avons organisé une cérémonie où elle était présente avec Louise, sa fille, sa mère Géva et un ou deux autres témoins. Chacun a prononcé quelques mots et Louise qui avait huit ans récita le poème en prose de Baudelaire que Bernard lui avait fait apprendre par cœur, qui se termine par « là-bas... les merveilleux nuages » et elle éclata en sanglots.

De tous mes amis, le seul qui eût une once de génie était Bernard Mangin parce qu'il avait dans la tête ce que Jérôme Bosch avait appelé la « pierre de folie » qui, chez lui, ne fut jamais extraite. Tous ceux qui l'ont connu peuvent en témoigner, c'était un orateur hors pair et sa culture littéraire, historique et scientifique était considérable, émaillée parfois de digressions d'une singulière incongruité sans jamais rien de vulgaire, mais d'une cruauté baroque... Avec lui, l'amitié était à la vie à la mort et au-delà. Il me manque souvent.

Parmi ceux qui m'ont accompagné tout au long de ma vie, je ne saurais oublier ceux qui me sont restés chers depuis les Langues O. Thérèse Bitarof et Tamaz Naskidachvili, elle d'origine ossète et lui géorgienne. Il avait participé à la guerre d'Algérie et en avait une vision caucasienne. Il m'avait dit : « J'avais un cheval, un fusil et un ennemi, j'étais heureux ! » Savait-il qu'il avait vingt ans ? Il fut aussi un des rares, après l'indépendance de la Géorgie, à s'élever contre l'imposture d'un dirigeant populiste et chauvin, non critiqué par son groupe d'origine, tandis que par honnêteté intellectuelle et courage moral il protesta publiquement et fut rejeté par les siens. Elle, de son côté, savait faire face à tous les défis et rester droite.

Enfin, Vladek Spiro, dont j'apprécie beaucoup la compagne Irit, juif d'origine polonaise, qui avait traversé la guerre dans d'épouvantables conditions propres à le traumatiser. Vladek, le grand ami de Juliette, que j'ai connu grâce à elle, une fois en France, n'eut pas l'occasion de poursuivre des études ; il gagna sa vie dans la plomberie, lui qui avait lu plus que la plupart des universitaires, anima avec ouverture et de façon rigoureuse une radio, Judaïques FM, qui n'était pas une officine de propagande. Il est volontaire et l'on peut compter sur lui. Courageux, droit et doté d'un humour ashkénaze et d'une ouverture sur le monde rares. On a toujours plaisir à parler avec lui. Il garde la forme physique et j'aime cela. Tenir et marcher avec humour.

Bien sûr, il y en a d'autres dont je ne parlerai pas, sur deux ou trois générations, surtout parmi les plus jeunes. Je ne peux citer tout le monde, mais ils et elles savent quelle est leur place dans ma vie. La plupart de mes amis des deux sexes, aujourd'hui, ont entre vingt-cinq et trente ans. Il ne faut pas vieillir avec sa classe d'âge.

Les États-Unis

Je gagnais ma vie depuis l'âge de dix-huit ans et à trente-cinq ans, j'ai décidé de tenter une année sabbatique. J'arrivai en Amérique du Nord avec 300 dollars en poche.

Il m'a fallu du temps pour saisir le noyau de ce qui constituait les États-Unis. L'héritage du protestantisme et l'esprit pionnier : l'esprit d'entreprise, la rigueur, la mobilité, le dynamisme optimiste, le sens de l'espace. Cette ouverture à l'innovation, au soin apporté à l'organisation, au travail d'équipe, le goût d'essayer ce qui ne l'avait jamais été sans se préoccuper de savoir si on était sûr de réussir. Il y avait toujours une seconde chance. Un CV diversifié n'était pas, comme en Europe, signe d'instabilité, mais de dynamisme : à cet égard, c'était un pays pour moi. Cependant je refusai en 1972 une offre à UCLA, faite par Malcolm Kerr[1], alors *dean*, avec pour perspective une chaire au bout de cinq années et l'obtention de la nationalité américaine. J'aime la France et je n'avais pas envie de devenir professeur de civilisation française, ayant la chance de vivre dans un monde en mouvement.

Cette Amérique des années 1968-1973 était alors privilégiée, nous étions à un tournant culturel. Ce n'était plus, du moins à l'échelle de la jeunesse estudiantine, le puritanisme et le conservatisme que j'avais rencontrés en 1961. J'arrivais, sans le savoir, au cours d'une révolution culturelle annoncée depuis le milieu des années 1960 par les beatniks et autres minoritaires souvent issus de San Francisco, de New York, portée par l'opposition à la guerre du Viêtnam.

---

1. Il fut assassiné au Liban quelques années plus tard.

Comme en France en 1968, la sexualité, par sa libération, composait un monde autre, notamment avec la réapparition du ou des féminismes.

Pendant près de trente ans, j'allai aux États-Unis deux à trois fois par an, pour des séjours de travail prolongés. Durant ces années-là, ce fut comme ma seconde patrie. J'y étais reconnu, tant dans les universités que dans les maisons d'édition. La plupart de ceux que je fréquentais dans les milieux intellectuels étaient juifs ; c'étaient les plus ouverts.

J'y logeais le plus souvent chez mes amies « Michèles », les plus anciennes de mes amies féminines : Scapula-Woods sur la Côte ouest et Sarde sur la Côte est.

Michèle Scapula, d'origine corse, n'aimait pas les relations entre hommes et femmes de sa génération, notamment sur l'île. Elle fut l'épouse d'un des frères Mangin avec lesquels j'étais très lié et rompit son mariage pour rejoindre un Américain. Elle a le courage des ruptures, la capacité au secret, le sens de l'amitié, elle est fiable, j'apprécie cette part corse d'elle-même. Au tournant des années 1970, j'allais chaque année les voir, elle et David, son nouveau compagnon qui est devenu un ami, si ouvert sur le monde et curieux des autres, une manière d'être rare. Soixante années d'échanges, ponctuées d'absences et de retrouvailles fondées sur la confiance et la générosité ont marqué notre amitié. Je suis parrain de sa fille unique.

J'ai connu Michèle Benrey avant qu'elle ne devienne Michèle Blin, puis Sarde, un soir de 1967 où l'on dansait dans les rues du Ve arrondissement. Elle a été et reste une confidente attentive à ce que je devenais, à mes rencontres, à mes amours. Lorsqu'elle s'est installée à Washington avec son mari, j'ai été longuement hébergé chez eux, au cours des années 1970. Je suis devenu l'ami de leur fils, Arnaud Blin, dix ans à cette époque, avec qui je jouais aux billes. Plus tard, notre amitié est devenue indéfectible et il est désormais un très bon et original spécialiste de littérature militaire. Nous avons, ensemble, écrit plusieurs livres.

Je suis heureux d'avoir encouragé Michèle à écrire son premier livre, *Le Désir fou*, qui est d'une rare authenticité. Il fut la cause de la rupture de son mariage. Professeure de littérature à l'université de Washington, elle continua à écrire, sur Colette, sur les Françaises, etc., et c'est aux États-Unis que s'opéra, pour elle, la prise en charge de son héritage de juive qui, jusque-là, compte tenu du poids de la guerre, la mettait mal à l'aise. Ses derniers livres sont des retours sur le passé familial séfarade en Roumanie ou à Salonique. Son nouveau compagnon est un architecte chilien qui parle admirablement l'anglais et le français. Ils vivent entre le Chili et la France au fil des saisons. Elle a connu mes quatre compagnes et c'est avec la dernière, Sophie, que nous sommes tous quatre allés à Valparaiso saluer un des plus beaux panoramas urbains du monde.

Les terrains de guérillas en Jordanie avant « Septembre noir », au Viêtnam, en Colombie et dans d'autres pays d'Amérique du Sud se sont multipliés, comme je l'ai conté dans *La Pointe du couteau*[1], qui relate mes expériences des années 1950 à 1979. J'ai été sensible à l'humiliation des vaincus, à ce qui les poussait à agir, lorsque l'avenir semblait ouvert au changement. Et j'ai connu, après la prise du pouvoir, leurs querelles, l'ego des chefs, l'exclusion des autres et l'oppression qu'ont fini par exercer la plupart.

Il a fallu gagner en lucidité, un exercice progressif qui a trouvé sa conclusion avec l'écriture de *Mythes révolutionnaires du tiers monde. Guérillas et socialismes*, écrit entre 1972 et 1975.

---

1. Robert Laffont, 2011 ; Points, 2013.

« Si la domination est l'essence du politique, que reste-t-il de l'objectif du socialisme, le rêve de l'abolition des conflits et de la fin de l'histoire ? Le monde, sans doute, est gros de changements, mais rien n'indique que se puisse modifier le cours d'une histoire fondée sur les rapports de forces où le confort des vainqueurs se nourrit de la servitude, souvent aveugle des victimes et de la douleur des vaincus. »

Ce fut ma thèse de doctorat, présentée devant Georges Balandier, Maxime Rodinson et Pierre Vidal-Naquet. L'ouvrage parut au Seuil en 1976, en anglais chez Viking[1], puis Penguin.

Vers l'Afghanistan

En ce printemps 1980, peu après l'intervention soviétique, j'arrivai en Afghanistan sans grande illusion. J'en avais fini avec le « tiers-mondisme » et je connaissais la nature de l'Union soviétique.

Lorsque je repense à l'Afghanistan des années 1980-1982 et plus tard, en 2006 jusqu'en 2011 où, dans l'ensemble, j'ai séjourné quelque dix-huit mois dans une douzaine de provinces, j'ai d'abord un souvenir de poussière. Le vent la déversait en ville, dans les plaines comme en montagne, portée par un passé de traditions dans la façon d'être et de se comporter, une poussière quotidienne de rituels et d'implorations, d'éclats de voix masculines, d'absence de femmes, ponctuée de verres de thé et de marches à pied.

1. *Revolution in the Third World, Myths and Perspectives*, Viking, New York, 1977.

On n'était jamais seul, en route on croisait toujours un groupe de combattants ou des villageois. Les nuits, à l'approche des villages, on entendait d'abord les aboiements des chiens annonçant la venue d'étrangers. Ces chiens aux oreilles et à la queue coupées pour les rendre moins vulnérables aux morsures d'autres molosses, ce qui en disait long sur les mœurs brutales du milieu rural.

La solitude était inconnue. Il était très malaisé de se laver nu, la pudeur entre hommes étant extrême. Cela me rappelait, une décennie plus tôt, des soldats jordaniens, loin de tout public, se baignant dans le Jourdain en conservant leur treillis. Tout respire, dans cette aire, l'interdit charnel, poussant les frustrations jusqu'à l'explosion. La prise de force était une menace suspendue sur toute femme seule, sur les jeunes garçons sans escorte[1].

Peshawar

Peshawar, en ce printemps 1980, était une petite ville où des mototaxis se frayaient un chemin à vive allure, par les ruelles, dans un grand bruit de klaxons. La population était composée de Pachtouns que les Pakistanais dénommaient Pathans, un même peuple ayant été divisé par les Britanniques entre deux États. La frontière séparant ce groupe ethnique s'appelait la ligne Durand et passait, comme c'est classique, par un chemin de crête. Les Britanniques, chaque fois que c'était possible, avaient coutume, comme au Cachemire, à Chypre, en Palestine, et comme jadis en Irlande, de partir en laissant une bombe à retardement.

1. En jargon local : *Batla Bozi*, « le jeu avec l'enfant ».

Côté pakistanais, cette région montagneuse s'appelait la North Western Frontier. Du temps de l'Empire des Indes, les Britanniques y avaient mené de fréquentes expéditions punitives, certaines féroces pour servir d'exemples.

Pour le Pakistan, militairement vaincu trois fois par l'Inde (1948, 1965, 1971), l'Afghanistan était un enjeu important. Il fallait empêcher toute velléité de créer un « Grand Pachtounistan » et s'efforcer de contrôler l'Afghanistan, officiellement considéré comme un « arrière stratégique » par rapport à l'adversaire constitutif, l'Inde.

J'avais déposé mon sac à l'hôtel Dean's, qui deviendra bientôt célèbre grâce au défilé continu d'observateurs étrangers de toute nature, et commencé par une promenade dans la vieille ville où se côtoient les corporations d'artisans dans leurs boutiques exiguës. On y trouvait des tapis de Boukhara, des bijoux turkmènes en argent, des pierres semi-précieuses, dont le lapis-lazuli, qui m'est cher depuis la lecture de l'*Épopée de Gilgamesh*, et de très belles émeraudes.

Faux départ

Le caractère de carrefour de ce pays enclavé se constatait dans les maisons de thé rustiques où l'on proposait, au fil des kilomètres, ainsi que je l'ai connu plus tard, du thé noir indien ou du thé vert de Chine (*Tur chaï, Chin chaï*). Cependant, l'empreinte culturelle la plus forte était celle de l'Iran, y compris linguistiquement, à travers le dari, proche du persan, qui s'était imposé à Kaboul[1] ; les Tadjiks,

1. Le pashto appartient aussi au groupe des langues iraniennes.

également locuteurs du dari, constituent quelque 30 % de la population totale. Le nord du pays fait partie de l'Asie centrale et abrite des turcophones, Ouzbeks et Turkmènes (10 %). C'est l'aire du *bouzkachi*, une empoignade entre cavaliers pour un mouton décapité, d'une brutalité auprès de laquelle le polo ressemble à un ballet en tutu.

Les Hazaras (15 %) que l'on reconnaît à leurs yeux bridés, dans leur refuge de Bamyan, sont les seuls chiites. Ils sont méprisés et brimés dans ce pays sunnite dont l'ethnie majoritaire, les Pachtouns (40 %), avait créé l'État afghan (1747)[1].

Je me souviens d'une remarque qui en disait aussi long qu'un ouvrage de sociologie : tandis qu'en 1994 les talibans approchaient de Kaboul, le chef de l'État afghan, Najibullah, un Pachtoun, ancien directeur du Khad, le service secret du régime communiste, qui avait tenté en vain d'amorcer une politique de conciliation, se vit proposer par le commandant Massoud de trouver refuge au Panshir : il refusa. Celui qui me conta l'histoire, pachtoun également, ajouta fièrement : « Il ne voulait pas devoir sa vie à un Tadjik. »

On évoquait souvent la désastreuse retraite des Britanniques en 1842, de Kaboul vers Jalalabad, au fort de l'hiver, avec des troupes mal équipées pour la saison, menée par des chefs incompétents, assez crédules pour croire à la parole de gens qui ne leur souhaitaient que le pire[2]. Cependant on oublie de mentionner que trois mois

1. Il existe d'autres groupes très minoritaires : Aymaks, Baloutches, Brahuis, Nouristanis (dont le couvre-chef en feutre, le *pakol* est devenu célèbre) martialement islamisés au tournant du XXe siècle.

2. Le convoi comprenait sept cents soldats britanniques, trois mille huit cents soldats indiens et un peu plus de onze mille civils. Cent quinze officiers, soldats et civils furent faits prisonniers, les autres périrent. Seul un assistant chirurgien s'en tira indemne. La nouvelle causa la stupéfaction à Londres.

après ces événements, les Britanniques reprirent Kaboul et n'y firent pas de quartier. L'Afghanistan avait été un État-tampon entre la Russie tsariste et l'Empire britannique des Indes et, finalement, une semi-colonie dont Londres régissait la politique étrangère jusqu'au lendemain de la Première Guerre mondiale. Par ailleurs, contrairement au mythe propagé par la presse américaine, l'Afghanistan n'a nullement été un « tombeau des empires[1] ».

Dans le passé, l'Afghanistan avait été traversé ou occupé à de nombreuses reprises, d'Alexandre le Grand aux Britanniques, par les Huns hephtalites, Mahmoud de Ghazni et d'autres vagues turcophones plus ou moins iranisées, en passant par les Mongols, Tamerlan, Babour, Nadir Shah, enfin par les Britanniques.

Les Afghans se doivent d'avoir du courage physique, cela va de soi puisque c'est ce qu'ils estiment être le principe même de la virilité. Les hommes âgés restent des combattants aussi longtemps qu'ils peuvent marcher et tenir une arme, comme dans toute société montagnarde, des clans écossais aux Gurkhas du Népal.

J'ai passé un peu plus de trois semaines à contacter, en vain, différents mouvements qui composaient ce qu'on appelait la « résistance » afghane. Quatre d'entre eux se réclamaient de l'islamisme à des degrés divers et deux autres étaient pour un retour à la royauté. Ronald Reagan les désignait comme des « combattants de la liberté », avec les « Contras » du Nicaragua et le parti de Jonas

1. Si cette expression journalistique a un sens on peut estimer, au XXe siècle, que la palme revient aux Viêtnamiens. Battre, en bataille classique, les Français à Diên Biên Phu, tenir tête à cinq cent mille soldats américains (et leurs alliés) et parvenir à finalement s'emparer de Saigon, puis reconduire à la frontière des troupes chinoises venues leur donner une leçon… Sans compter, dans le passé, une victoire sur les Mongols et une autre sur la Chine des Ming.

Savimbi, l'Unita, soutenu par l'Afrique du Sud, du temps de l'Apartheid.

Mon tout premier contact avec le Hezb-e-islami de Gulbuddin Hekmatyar fut désagréable. Quatre jeunes barbus vêtus de robes blanches me reçurent avec arrogance et me signifièrent que je ne les intéressais pas. Ils étaient manifestement hostiles à tout ce qui n'était pas eux-mêmes. Ils représentaient un mouvement islamiste dont le projet n'avait aucun rapport avec ce que prétendait défendre la propagande occidentale. Je leur avais dit que je représentais trois journaux occidentaux de pays différents, mais ils ne connaissaient aucun d'eux. Jamais, parmi les mouvements de libération africains, latino-américains ou moyen-orientaux, je n'avais rencontré une telle ignorance du monde extérieur ni un tel mépris.

Rien, dans ce que j'avais lu récemment, ne m'avait préparé à une rencontre aussi teintée d'hostilité. Il est vrai que le Pakistan voisin, depuis plusieurs années, prônait, avec Zia-ul-Haq, un retour à un islam militant ; quant à la propagande saoudienne, depuis le quadruplement du prix du pétrole (1973-1974), elle affichait ouvertement sa volonté de restaurer un islam rigoureux en multipliant les medersas, les mosquées et les prêcheurs, de l'Ouest africain à l'Indonésie. Je l'avais constaté déjà à Bouaké, en Côte d'Ivoire, trois ans plus tôt, mais les médias s'intéressent davantage aux coups d'éclat qu'aux lames de fond.

Cependant, tout réactionnaires ou archaïques qu'ils fussent, ces mouvements que je rencontrai les uns après les autres étaient opposés à un régime impopulaire, soutenu par les troupes étrangères.

L'accueil fut plus cordial par d'autres mouvements, mais on promettait de venir me chercher à l'hôtel le lendemain et j'attendais en vain. Ce fut le cas avec le Harakat de Mohammedi. Le Jamiat-Islami de Burhanuddin Rabbani me proposa de m'emmener au Badakhshan, une province septentrionale non loin de la frontière sino-soviétique. Je rejoignis leur quartier général avec mon sac et y passai la soirée et la nuit. À 4 heures du matin, sans explication, on m'annonça que je ne partais pas. Personne ne m'expliqua ce rejet. C'était l'absence complète d'organisation. Le fait que je représentais le *Times* de Londres, la *New York Review of Books* et *Le Nouvel Observateur*, sans compter mon expérience des conflits irréguliers, n'avait, pour des cadres afghans, pas plus de réalité que si j'étais l'envoyé de la *Feuille d'avis de Neuchâtel* ou du *Petit Bleu des Côtes-du-Nord.*

Au British Council, je rencontrai Peter Juvenal, un jeune Britannique aventureux qui s'était courageusement remis d'un sérieux handicap physique, et me liai d'amitié avec lui. Nous avons sollicité le Hezb-e-islami de Yunis Khalis, très actif dans la région de Jalalabad. Ils nous invitèrent au point de départ de leur caravane, en lisière de la ville. Nous attendîmes quelques heures. Il y avait là un groupe de journalistes de télévision allemands et néerlandais avec leurs caméras, préférence leur fut donnée, nous n'avions pas même d'appareil photo. Par la suite, Peter Juvenal entra plus de quarante fois clandestinement en Afghanistan et fut le premier étranger à pénétrer dans Kaboul libérée en 1979. Je le revis en 2007, il y tenait une *guest-house*, point de rencontre pour journalistes anglo-saxons. Il était marié à une Tadjike. Son sens de l'amitié était toujours entier. Par la suite, je contactai en vain les deux mouvements royalistes dirigés par des représentants de grandes familles patriciennes : Mojadedi et Gailani. Les soirées n'étaient pas trop longues, grâce aux livres empruntés au British Council où l'on était toujours bien reçu par de jeunes secrétaires ; on pouvait emprunter deux livres à la fois. On y avait le sentiment de faire partie d'un club.

Alain Guillo, photographe pour *Black Star*, arriva à Peshawar. Je l'avais rencontré à Paris, en mars, et c'est lui qui, généreusement, m'avait fourni tous ses contacts. Avec un père breton et une grand-mère japonaise, il alliait un singulier mélange de stoïcisme et de sens de la fête. Mis au courant de la situation, il revint le lendemain avec un jeune chef de guerre, Amin Wardak, grand, mince, d'allure élégante, qui se révéla par la suite un remarquable dirigeant. Formé au lycée français de Kaboul, il parlait un excellent français. Il me pria, avec le sourire, d'excuser la passivité de ses compatriotes et me proposa de me faire pénétrer en Afghanistan. Alain Guillo souhaitait se joindre à nous. Wardak, comme promis, vint nous chercher le lendemain à 7 heures.

Premiers pas en Afghanistan

Nous voilà en route pour la frontière, vêtus à l'afghane, le *patou* sur l'épaule, un large tissu qui peut servir à se dissimuler de l'observation aérienne, comme pour s'isoler pour faire ses besoins. Un trajet d'une journée en autobus, deux ou trois fois ponctué par une visite rapide de la police pakistanaise. Les autres passagers étaient des paysans chargés de ballots. Pendant les haltes, pour ne pas se faire remarquer, il fallait prendre garde d'uriner accroupi, à la façon des Afghans. Le paysage, couleur de sable, était plutôt monotone. Nous avons passé la nuit à Miramshah, non loin de la frontière où, jadis, T. E. Lawrence, après la Première Guerre mondiale, sous un nom d'emprunt, avait été en garnison.

Hier encore, nous étions à Peshawar, ce territoire pakistanais transformé en quartier général des mouvements afghans. Sur une carte ancienne – de quelques décennies à peine –, nous étions aux Indes britanniques. Aucun conquérant n'était allé de l'Inde vers l'Afghanistan. Nous étions maintenant devant la célèbre passe de Khyber, très étroite, qu'on ouvrait ou fermait avec deux portes larges et hautes en bois épais et clouté. C'est par là que, jadis, étaient passés sans doute les Hoplites d'Alexandre, les Huns, les chevaux mongols et les diverses vagues musulmanes qui avaient imprimé leur marque sur la péninsule indienne. Il est rare de voir une frontière aussi concrètement délimitée : deux portes monumentales ouvrant sur un autre monde.

Notre petite troupe menée par Amin Wardak se faufila du côté afghan. Nous y voilà. J'avais hâte, en ce temps-là, de me mesurer comme marcheur avec les Afghans dont Louis Duprée[1] vantait les qualités physiques et particulièrement l'endurance. À quarante-cinq ans, j'avais gardé quelque chose d'adolescent… Amin, excellent marcheur, aimait tester la forme de ses hôtes et leur aptitude au maniement des armes. L'examen de passage fut probant. Il se révéla, par ailleurs, un observateur politique avisé. Il n'avait pas le côté fruste et brutal de la majorité des cadres afghans, mais au contraire une noblesse d'allure.

Au Paktia, on constatait l'absence d'organisation et le confondant manque de discipline des combattants afghans, mais on sentait, de façon palpable, la volonté de combattre. Il n'y avait aucune coordination. L'armement, en ce printemps 1980, était médiocre : beaucoup de vieux fusils Lee-Enfield, de rares DSHK 12X7 d'origine soviétique ou chinoise, fournis sans doute par les États-Unis. C'étaient les troupes les plus archaïques et les plus

1. Louis Duprée, *Afghanistan*, Princeton University Press, 2012.

brouillonnes que j'aie jamais rencontrées. Aucun rapport avec les Érythréens, luttant contre l'Éthiopie, disciplinés, efficaces, avec quelque 40 % de combattantes bien formées dans le cadre d'une organisation qui se proclamait égalitaire et disposant de réseaux d'écoles, de dispensaires, d'ateliers de réparations, d'une école de cadres et, à l'arrière, d'une imposante bibliothèque.

Nous dûmes nous séparer lors du passage d'un col, Wardak relate cela dans ses mémoires[1]. Je devais passer seul, coiffé d'un turban à crête de coq, plus pachtoun que mon *pakol* nouristani, afin de n'être pas vu avec lui. Ce dernier emprunta un sentier pour me rejoindre. Le mouvement de Gulbuddin Hekmatyar lui était très hostile. Ce mouvement recevait l'essentiel de l'aide extérieure, véhiculé par l'Arabie saoudite et les États-Unis via le Pakistan. En aidant ainsi le plus radical des mouvements islamistes, l'Amérique voulait contrer l'Union soviétique. Au fil du temps se tissait la vague djihadiste qui bientôt se retournerait contre les États-Unis, leurs alliés et la plupart des régimes musulmans jugés trop tièdes.

Les quelques jours passés avec Amin Wardak m'ont permis de constater l'inimitié entre les divers mouvements afghans. Il fallait se méfier autant, sinon plus du Hezb-e-islami qui cherchait à imposer son hégémonie que de l'armée afghane, enfermée dans ses postes ou des Soviétiques, très peu présents sur le terrain.

Les Afghans, comme j'ai pu le constater, guerroyaient à l'ancienne, en désordre, mais, bien que manquant de discipline et d'organisation, ils étaient frugaux, rustiques et, une fois les familles mises à l'abri, n'avaient pas grand-chose à perdre. Ils pouvaient durer et s'ils manquaient d'armes, ils ne manquaient pas d'enthousiasme. Faire la guerre leur était aussi naturel que pour des Français descendre

1. Amin Wardak, *Mémoires de guerre*, Arthaud, 2009.

manifester dans la rue. Cela faisait partie des traditions et donnait du plaisir, à défaut de résultat à court terme. « Mourir, m'avait confié un cadre parlant anglais, est une question de destin. » À tort ou à raison, ce n'était pas mon avis. Les gens ici étaient plus durs à la souffrance qu'en Europe. Si vous tombiez, cela faisait rire et personne ne vous demandait si cela vous avait fait mal. Cette apparente indifférence n'était qu'une façon d'encaisser la douleur et de ne pas s'attendrir sur celle des autres.

Le sanctuaire pakistanais se révélait essentiel, d'autant plus qu'une importante partie des Pachtouns y occupait les régions frontalières. D'autres groupes ethniques s'étaient également soulevés contre l'étranger : Tadjiks, Ouzbeks, Hazaras, etc. Le plus difficile, dans une guérilla, c'est la mobilisation populaire. Ici, elle était déjà acquise, le caractère athée du communisme révulsait les Afghans. Les Soviétiques, quant à eux, n'avaient nullement l'intention de laisser s'effondrer un État qui s'était proclamé « marxiste-léniniste ». En histoire, pensaient-ils, il ne faut pas retourner en arrière.

Le paysage alpestre était très beau, nu, l'érosion partout, tandis que nous croisions des convois qui se dirigeaient vers le Pakistan, transportant à dos de dromadaires des troncs d'arbres d'un diamètre imposant. Des villages où l'on n'aperçoit ni femme ni maison de thé. Des groupes d'une quinzaine, et parfois davantage, d'hommes qui marchent, armés de fusils et qui, en vous croisant, disent « *stolimach*[1] ». Par la suite, dès octobre de la même année, on entendra, de plus en plus souvent, « *salam aleikum* », signe de l'importance prise par les éléments religieux.

Dans les deux camps visités, un grand désordre, avec une DSHK 12X7 dont le khan local a tiré une longue

1. Une salutation souhaitant qu'on ne fatigue pas, si ma mémoire est fidèle.

rafale pour nous montrer qu'elle était performante. Les combattants ne restent que de façon provisoire, car on retourne au village selon les nécessités (semailles, moissons). Tout le monde porte le *chalvar,* ce pantalon très large et, par-dessus, la chemise qui descend aux genoux sous un gilet sans manches qui ne manque pas d'allure. Sur la tête, presque exclusivement le turban – ceux qui portent le chapeau nouristani en feutre roulé appartiennent à un autre groupe, j'apprendrai plus tard qu'ils étaient membres du mouvement de Burhanuddin Rabbani.

Contrairement aux autres guérillas que j'ai connues au cours d'une quinzaine d'années sur trois continents, les Afghans n'ont rien de nouveau à montrer : ni infirmerie gérée par eux-mêmes, ni école, ni atelier de réparation d'armes (il y en a, mais à Peshawar). On se bat pour rester tels qu'on est. On lutte contre des étrangers, les *Shuravis*, des incroyants qui soutiennent un gouvernement impopulaire. On ne semble pas faire de différence entre le Khalk[1], l'aile dure du Parti communiste, et le Parcham, faction modérée installée au pouvoir grâce à l'intervention soviétique.

En tant qu'étranger mené par des moudjahidin on est bien reçu, mais hormis la nationalité, aucune question. Juste le temps – après trois semaines à attendre à Peshawar – de mesurer le niveau médiocre d'une guérilla qui, de fait, dure depuis quelque dix-huit mois, de constater la pauvreté de l'armement et les divisions entre certains mouvements, et la méfiance à l'égard du Hezb-e-islami de Gulbuddin Hekmatyar.

Il me faut retourner à Peshawar, car je dois me rendre en Iran où je suis attendu par Abdul Rahman Ghassemlou, le dirigeant du Parti démocratique du Kurdistan iranien

1. Organisation des moudjahidin du peuple iranien (marxistes léninistes).

(PDKI), qui est rentré au pays en 1978 et tient désormais Mahābād et une importante partie du Kurdistan iranien.

À Peshawar, je revois Sayd Bahodine Majrouh, bon marcheur bien qu'il eût un pied bot, ancien doyen du lycée français de Kaboul. Celui-ci me propose, puisque j'ai l'intention de revenir pour six ou sept semaines en octobre, d'organiser une école de cadres dans laquelle je donnerais des cours. Dix ou douze jours, à raison de quatre heures par jour, lui se chargerait de trouver, tous mouvements confondus (à l'exception de celui de Gulbuddin Hekmatyar), entre douze et quinze candidats pour ce séminaire improvisé. La rencontre avec Majrouh a sans doute été, en milieu afghan, ma rencontre majeure. Il sera assassiné, plus tard, par le Hezb-e-islami. Poète[1], épris de soufisme, hostile à l'obscurantisme des islamistes radicaux, directeur d'un bulletin d'opposition, à la fois au régime et à ceux qui voulaient transformer le pays en État islamique, il était de trop dans une société où les éléments obscurantistes étaient largement majoritaires.

J'étais très heureux d'avoir fait la connaissance d'Amin Wardak, avec qui Patrice Franceschi, que je rencontrerai plus tard, deviendra très lié. J'ai conservé une grande amitié avec Alain Guillo tout au long de la décennie. Et enfin Peter Juvenal, avec lequel j'ai gardé des liens et qui, trente ans plus tard, me manifesta son amitié lors d'un incident. C'était beaucoup pour ces cinq semaines.

*

1. Sayd Bahodine Majrouh, *Le Suicide et le Chant. Poésie populaire des femmes pashtounes*, traduit du pashto et adapté par André Velter et l'auteur, Les Cahiers des Brisants, 1988 ; *Rire avec Dieu. Aphorismes et contes soufis*, texte français par Serge Sautreau, Albin Michel, coll. « Spiritualités vivantes » (n° 130), 1995.

L'aire culturelle très large à laquelle appartient l'Afghanistan et tout particulièrement la société pachtoune s'étend des deux rives de la Méditerranée occidentale jusqu'aux confins des mondes indien et chinois. Cet espace considérable qui aboutit à l'Afghanistan comprenait à des degrés divers, hier encore, l'Andalousie, la Corse, la Sardaigne, la Sicile, la Calabre, l'Albanie, le Monténégro, la Macédoine, la Grèce, la Crète et, sur la face méridionale, le Rif, l'Atlas, la Kabylie, l'Aurès. En Orient : le djebel druze, la montagne libanaise, le Caucase (avec l'empreinte séculière de l'Union soviétique), l'Anatolie jusqu'au pays kurde en Irak et en Iran, le Zagros, le Yémen et de larges parties de la corne de l'Afrique. Cette zone est loin d'être celle de l'islam seul, le christianisme, pour une part, sous ses versions catholiques et orthodoxes en faisait partie, hier encore, et continue d'en présenter des traits. Peut-être, avec le Yémen septentrional, l'Afghanistan pachtoun en constitue-t-il un des modèles les plus archaïques. Cette aire se distingue notamment par l'exclusion des femmes de l'espace public[1]. À la campagne, on veille à ce qu'elles n'aient pas de contact avec ce qui est considéré comme étranger à la famille, au sens large. En ville, elles doivent être accompagnées par un homme de la famille. L'époque où, en Espagne, les duègnes accompagnaient et surveillaient les jeunes filles n'est pas si lointaine. Les cheveux étaient dissimulés, il n'y a guère, au nord de la Méditerranée.

Francis Bacon, dans ses *Essais*, écrivait : « *Vengeance is a sort of wild justice.* » Il n'est point de loi au-dessus de celle-là aux yeux de la société traditionnelle de cette vaste aire caractérisée par la vendetta (qui s'appelle *badal* en pashto). La fonction du mâle consiste à protéger le

1. En Afrique subsaharienne, les femmes tiennent les marchés, espace public par excellence. En Asie du Sud-Est et dans l'Asie sinisée elles ne sont pas dissimulées.

groupe – famille, clan, tribu –, et à veiller jalousement sur l'honneur des femmes, étroitement lié à leur virginité ou à leur comportement lorsqu'elles sont mariées. Être la possession d'un homme seulement, tel est, en principe, le destin d'une femme dans ce monde-là. Le mâle, conformément à la tradition, doit s'acquitter de la dette de sang, s'il y a lieu, et venger les siens, sous l'œil du groupe, dans lequel les vieilles femmes ne sont pas les moins exigeantes. Le jeune mâle est préparé à cette fonction, avec pour vertus le courage physique et la fermeté de caractère. Tant qu'il n'a pas prouvé sa valeur, et donc sa virilité, le jeune homme n'a guère de prestige auprès du groupe. Plus tard, en fonction de son comportement, et avec l'âge, il gagne en autorité. Dans ces sociétés, on est obsédé par le regard des autres, le jugement des voisins, du milieu, d'où l'importance du contrôle des femmes. Il importe de n'être pas jugé défavorablement, l'honneur de la famille en dépend. La honte, qu'il faut à tout prix éviter, est centrale. Elle peut à tout moment rejaillir sur la famille élargie ou le clan. Celle ou celui qui a provoqué le scandale, surtout si c'est une femme, peut, doit même, le payer de sa vie. Les « crimes d'honneur » concernent toujours la sexualité des femmes. Il s'agit, en somme, d'une surveillance perpétuelle des autres, de leur observance des rites et du code.

Une autre caractéristique commune à l'ensemble de ces sociétés, fondamentalement tribales ou claniques et promptes à la division, est le déni de l'échec. Si on a échoué, ce n'est jamais dû au comportement du groupe, à sa mauvaise évaluation du rapport de forces, à une erreur stratégique, un manque de coordination, une faute de commandement, à l'impréparation. L'échec est attribué au destin ou, plus fréquemment, à quelque force obscure et maléfique frappant traîtreusement. Sans doute s'agit-il d'un complot ourdi par un rival dont la malignité s'est exercée contre le groupe en le poignardant dans le dos. Tout est manipulé par des adversaires diaboliques.

Jamais ces sociétés ne se sont regardées au miroir sans complaisance[1].

Le mâle dominant est le modèle suprême de cette aire. Sa caricature est ici illustrée par l'entretien réalisé par la journaliste russe Anna Politkovskaïa avec le président tchétchène Ramzan Kadyrov :

« Vous semblez respecter Bassaev[2].

— Je respecte Bassaev en tant que guerrier. On peut dire ce que l'on veut de lui, ce n'est pas un lâche. Je prie Allah pour qu'il me permette de défier Bassaev dans un combat singulier. Certains rêvent d'être président, d'autres aviateur ou agriculteur... Moi je rêve de me confronter avec Bassaev dans un combat loyal.

— Et si Bassaev sortait vainqueur de ce combat ?

— C'est impossible je gagne toujours.

— Comment vous définiriez-vous vous-même ? Quel est votre point fort ?

— Je ne comprends pas cette question.

— En quoi êtes-vous fort et en quoi êtes-vous faible ?

— Je ne suis faible en rien du tout. Je suis fort...

— Qu'est-ce que vous aimez le plus faire dans la vie ?

— Faire la guerre. Je suis un guerrier.

— Avez-vous déjà tué quelqu'un de vos mains ?

---

1. Arturo Pérez-Reverte critique lucidement l'Espagne du siècle d'or finissant : « [...] nous les Espagnols, maîtres du monde comme nous l'étions, aurions aimé avoir parmi nos villes une cité aussi riche et commerçante que celle-là (Venise) ; où la principale qualité des citoyens, leurs vices mis à part, était le travail. Tandis que nos efforts et l'or des galions s'en allaient en chimères qui n'avaient rien à voir avec le commerce et la prospérité des peuples mais nourrissaient l'arrogance, la religion, l'oisiveté et la vantardise de chrétiens archaïques » (*Le Pont des assassins*, Seuil, 2012).

2. Chef de guerre tchétchène tué en juillet 2006.

— Non. Je suis un donneur d'ordres. Pas un exécutant.

— Mais vous n'avez pas toujours donné d'ordres. Il y a bien un moment où quelqu'un vous donnait des ordres, à vous ?

— Oui, mon père. C'est le seul homme qui m'ait jamais donné des ordres[1]. »

Une fois établi son prestige, le mâle jouit d'un statut privilégié et s'il dispose, comme il se doit, de pouvoir, il tend à imposer son autorité sans conteste, avec ce que résume cette phrase drolatique et définitive : « Tais-toi quand tu me parles[2] ! »

Il serait injuste de conclure ainsi. On se trouve dans des sociétés où, lorsque c'est nécessaire, certains (et parfois certaines) savent assumer avec stoïcisme le savoir mourir de ceux déterminés à ne pas céder, quoi qu'il en coûte.

Les montagnards sont habituellement têtus et coriaces. La défaite, chez les Afghans, contrairement à d'autres sociétés moins martiales, n'est pas intériorisée. On tombe, on se relève, on recommence, soutenu par une conviction, parfois aveugle. Ni le courage physique ni la vitalité ne font défaut, mais on ne trouve guère de courage intellectuel. Le poids de la tradition est tel que s'en écarter équivaudrait à trahir le groupe. En Afghanistan, on est soumis à la loi du groupe ethnique, au *pashtounwali.* On ne se regarde pas soi-même. À quoi bon, puisqu'on est les meilleurs, sinon les plus beaux. Quant au courage moral, il faut s'entendre sur sa définition : la parole donnée a-t-elle besoin d'être respectée à l'extérieur du groupe ? En revanche, l'acceptation des lois du groupe permet de n'être jamais seul, pas

1. *Le Monde*, 11 octobre 2006. Anna Politkovskaïa a été assassinée à Moscou, en octobre 2006, par des tueurs du régime russe.

2. Emir Kusturica, *Chat noir chat blanc*, 1998, dialogue entre un oncle et son neveu, en ex-Yougoslavie.

même devant la mort : situation acceptable, à condition de ne pas ressentir la soumission comme une douleur chevillée au corps, surtout quand on est une femme.

Je mesure la chance de n'avoir pas été déterminé par l'exigence de ces interdits, de cette conception des rapports sociaux où l'individu n'a pas d'existence.

Ces réflexions ne sont hélas pas valables seulement pour l'Afghanistan, et malgré les êtres exceptionnels issus de ces sociétés que l'on peut rencontrer, le fond civilisationnel reste celui qui vient d'être décrit.

1980 : Cap-Vert

Je suis allé, avec Juliette et Roc, pour la seconde et dernière fois au Cap-Vert en 1980. La première remontait à 1975, aussitôt après l'indépendance et deux années après l'assassinat d'Amílcar Cabral par un membre de son parti originaire de Guinée-Bissau. Les Guinéens, emmenés par Nino, l'ancien responsable militaire de la zone sud de Guinée, venaient de faire un coup d'État. Le frère d'Amílcar, Luís Cabral, président de la Guinée-Bissau, venait tout juste d'être renversé, tandis que nous venions d'arriver. Ce coup d'État était dirigé contre les Cap-Verdiens, nombreux au sein des institutions dirigeantes. Cela s'était passé sans effusion de sang, mais le coup était à la fois inattendu et consternant. C'était comme une deuxième mort d'Amílcar Cabral, l'homme qui avait voulu mener à l'indépendance ces deux entités territoriales. Le parti qu'il avait fondé en 1956 ne s'appelait-il pas le Parti africain pour l'indépendance de la Guinée et du Cap-Vert ?

En 1964, puis en 1966, je me trouvais avec Cabral, qui animait à l'époque la guérilla la plus remarquable du continent africain. Cabral était un dirigeant remarquable qui avait « pensé » sa situation. Il était ingénieur agronome et avait l'avantage sur les autres dirigeants (qui, la plupart du temps, vivaient en exil) de connaître la mentalité de la base paysanne. Il savait que dans les campagnes, les gens n'attendent pas du tout que l'étincelle vienne mettre le feu à la plaine… Il avait formé des cadres moyens qui s'implantaient dans les zones rurales afin d'organiser la mobilisation populaire. Tout ceci se déroulait lorsque la théorie du *foco* guévariste était à la mode. Cabral, lui, mobilisait les masses en les politisant, en les organisant, en les encadrant.

J'aime les gens qui font quelque chose pour eux-mêmes, qui se battent, qui cherchent à modifier la donne, sans attendre d'assistance et j'apprécie les hommes capables de comprendre ce qu'est un adversaire vaincu. Polybe, lors de la chute de Carthage, rapporte à Scipion Émilien que la ville brûle. Et Scipion reste immobile… des larmes coulent sur son visage. Alors, Polybe lui dit : « Vous ne vous réjouissez pas ? » Scipion répond : « Non, parce que Rome aussi brûlera un jour. »

C'est aussi pour cela que j'aimais Amílcar Cabral : il était capable de comprendre les Portugais…

Ceux-ci, traditionnellement, à l'époque coloniale, se servaient des métis cap-verdiens, christianisés, pour administrer de façon indirecte les Africains noirs. C'était le cas en Angola comme au Mozambique, c'était aussi parmi les Cap-Verdiens et les métis d'une façon générale que s'étaient, en tout premier lieu, élevés les opposants politiques à la colonisation. En Angola, les métis étaient fort nombreux au sein de la direction du Mouvement populaire pour la libération de l'Angola (MPLA) et du Front de libération du Mozambique (Frelimo). Cela donna lieu également, dans ces deux pays, à des antagonismes qui furent instrumentalisés par les adversaires de ces deux mouvements politiques.

Luís Cabral bientôt quitta le pays pour se retirer à Lisbonne où nous lui rendîmes visite par la suite. La rupture était consommée, la greffe du « marxisme-léninisme » n'avait concerné qu'une minorité réduite, les clivages plus anciens, fondés sur le métissage ou le fait d'être « noir », comptaient davantage. Les conditions économiques au Cap-Vert étaient plutôt bonnes, la population ne vivait pas de l'assistanat, les aides extérieures n'étaient pas distribuées mais servaient à payer des activités collectives utiles au fonctionnement des îles. Le rôle économique de la diaspora, proportionnellement nombreuse en Amérique du Nord, était également important.

Cette fois-là nous ne sommes pas restés à Praia, la capitale, nous avons visité une partie de l'archipel : l'île de Fogo, volcanique, couleur de charbon, comme un cône qui aurait connu un incendie irréparable. Tout au sommet, une petite famille insolite de rescapés portugais d'un naufrage ancien, perdue sur les hauteurs et vivant d'une production artisanale de vin : un blanc léger, pétillant, rappelant, en plus âpre, le *vinho verde*...

San Vicente et surtout San Anton, la plus belle des îles, montagneuse, boisée, avec un port où sont ancrés des navires. Ici on fait escale. Les pêcheurs japonais y ont leurs habitudes, durant les jours qu'ils passent à terre ils utilisent, entre autres, des thermes spacieux et on voit des métisses, mi-cap-verdiennes, mi-japonaises, qui sont fort belles et singulières.

Au retour, à Praia, j'ai visité le centre culturel dirigé par la fille d'Amílcar Cabral, où sont réunis livres et documents concernant l'histoire récente de l'archipel ou celle du PAIGC. Le centre est non loin de la mer, nous marchons sur la plage, avec Roc qui a six ans, je dis : « Je te salue ! » et il répond : « Vieil océan[1] ! » et nous plongeons dans les vagues…

Nous avons longtemps gardé contact avec le Cap-Vert, Juliette et moi. Nous avons revu à Lisbonne Dulce Almada et Abilio Duarte qui, malade, attendait la possibilité d'une greffe de rein. Je me souviens toujours de son rire et de cette phrase : « Le plus beau cadeau de Dieu c'est la *mulata*. »

Des années plus tard, au tournant du siècle, j'ai reçu la médaille Amílcar-Cabral, la seule, qui, à mes yeux, a compté, et j'étais très ému, dans cette minuscule ambassade, lorsque je l'ai reçue. C'était près de quarante ans d'amitié politique et humaine, celle aussi d'une époque où l'on pouvait être camarade d'un combat commun, ce qui se fait rare, avec l'exacerbation des identités, qu'elles soient religieuses ou ethniques.

L'Iran en ce printemps 1980

Mon arrivée à Téhéran était prévue depuis deux mois. Ghassemlou et moi étions amis depuis qu'en 1975, Kendal Nezan, le très efficace directeur de l'Institut kurde de Paris, nous avait présentés l'un à l'autre. Nous sommes restés liés jusqu'à son assassinat, à Vienne, près d'un quart de siècle plus tard.

J'avais parcouru ce pays en 1959, avec Juliette, du nord au sud et d'est en ouest. Dans mon souvenir, les rapports y étaient moins généreux, à l'échelle populaire,

1. « Je te salue, vieil océan ! » (Lautréamont, *Les Chants de Maldoror*).

qu'en Turquie, mais j'étais très sensible à la culture persane, dont l'héritage est considérable. État officiellement chiite, depuis le tout début du XVIe siècle, l'Iran avait réussi à imposer sa langue et sa culture, de Samarcande à Delhi. Ce pays, selon l'heureuse expression de l'historien français René Grousset, était le véritable « empire du Milieu » depuis très longtemps. Irréductible face à Rome, Byzance et aux Ottomans. À l'heure des impérialismes européens, l'Iran avait été disputé entre la Russie tsariste et la Grande-Bretagne. Le pays était considéré comme relativement tolérant, tant à l'égard des chrétiens que des juifs (l'État d'Israël n'était pas, à l'époque, comme chez les Arabes, considéré comme l'ennemi par excellence). Seule, la secte des bahaïs, créée au XVIIIe siècle et critique à l'égard de l'islam, était fortement ostracisée. Quant aux Kurdes, en majorité sunnites, ils disposaient, contrairement à ceux qui vivaient en Turquie, de droits culturels, dont l'usage de leur langue. Le pouvoir tant économique que religieux était partagé entre Persans et Azéris.

Ceci dit, tous les voyageurs européens, depuis trois siècles au moins, avaient été frappés par la duplicité dans les rapports, et le mensonge. Cette propension à la dissimulation (*taqiya*), caractéristique chez les chiites, causée par l'ostracisme, a pour origine l'hostilité séculaire des sunnites.

En 1953, l'expérience du Premier ministre Mossadegh, qui nationalisait le pétrole tandis que le Shah devait s'exiler, tourna court. Ce dernier était remis en selle par un coup d'État organisé par la CIA. À partir de 1962-1963, le Shah exerçait un pouvoir absolu et répressif, lançait la « révolution blanche » visant à briser le pouvoir des gros propriétaires ruraux. La dernière opposition était celle du clergé, hiérarchisé chez les chiites, dont le chef de file, l'ayatollah Khomeiny, dut s'exiler en Irak, puis en France. Le Shah se voulait modernisateur, surtout après la crise pétrolière de 1973-1974, mais son pouvoir qui s'appuyait surtout sur l'armée et sa sinistre police politique (*savak*) était contesté tant à l'échelle populaire que par le « bazar ».

Je débarquai à Téhéran début mai 1980, sans visa, qui n'était pas nécessaire en ce temps-là. On m'avait confisqué, à Roissy, un excellent couteau allemand, un Henckels. À cette époque, on le conservait dans le cockpit et il vous était restitué une fois à terre. Il ne me fut pas rendu. Je ne protestai pas, bien que tenté de le faire. J'y tenais, à ce couteau, dont je n'ai pas, depuis, retrouvé le modèle. Manifestement, je n'étais pas le seul à l'apprécier, mais il n'était pas question de me faire remarquer.

J'avais rendez-vous avec un Kurde qui devait m'attendre dans la salle des arrivées. Il était 8 heures, j'étais censé lire *Le Monde diplomatique*, signe de reconnaissance. À 11 heures j'avais depuis longtemps pris connaissance du contenu du mensuel. Je repensais aux Érythréens, toujours à l'heure, sur le terrain comme aux États-Unis, où ils m'avaient invité pour une tournée de conférence, ou en Italie, à Bologne. Je repensais aussi, pour ne pas perdre patience, qualité que je ne possède pourtant pas, aux Latino-Américains, Cubains, Colombiens et Péruviens, ou aux Palestiniens, rarement à l'heure, sinon ceux qui se pliaient à une discipline issue du style « marxiste-léniniste ». Midi approchait quand un homme s'avança vers moi et me dit : « *Let's go.* » Je le suivis jusqu'à une voiture à l'avant de laquelle se trouvait une femme et, à l'arrière, une petite fille qui paraissait avoir cinq ou six ans. On part « rendre visite à la famille, dit-il, on sera moins suspect, je suis passé les prendre, c'est pour cela que je suis en retard ». Je me suis installé à l'arrière, il m'a recommandé de me taire en cas de contrôle. Il y en eut deux en six heures de route. Je restai coi, on ne me demanda rien. Le paysage était ocre et semi-désertique, ponctué de villages aux toits plats. Un peu plus tard, il y en eut un troisième. « Ce sont les nôtres », dit mon contact. En effet, le garde était vêtu à la kurde et ils engagèrent une conversation dans leur langue. « Nous sommes en sécurité, conclut le conducteur en se retournant. Il reste une heure de voyage. » Pour la première fois, j'entendis la voix de la femme ; quant à la petite fille, elle avait dormi…

Mahābād est la capitale du Kurdistan d'Iran. Ce lieu est familier à tous ceux qui connaissent un peu l'histoire des Kurdes au cours du XXe siècle. Au lendemain de la Seconde Guerre mondiale, profitant du vide politique et militaire, les Soviétiques encouragèrent la constitution d'un « Grand Azerbaïdjan » et de la « république de Mahābād » que vint, d'Irak, renforcer, avec ses guerriers, le déjà légendaire Mustafa Barzani, qui s'était illustré en Irak à la tête d'une révolte contre l'État. Il fut accueilli en grande pompe : avec lui la population éprouvait un sentiment de sécurité. La République dura onze mois (1946) et s'effondra lorsque la Grande-Bretagne et les États-Unis eurent réorganisé les forces armées iraniennes afin de soutenir le jeune Shah Pahlavi. Sans doute peut-on situer là les débuts de la guerre froide, tandis que Staline réclamait de la Turquie la restitution de territoires octroyés par Lénine à Mustafa Kemal (Kars, Ardahan), au temps de leur éphémère alliance tactique…

« Le sang ne sera pas versé si vous vous rendez », tel fut le marché proposé par les forces du Shah. Mustafa Barzani, qui ne faisait pas confiance aux Persans, entama, à pied, une retraite le long des frontières turco-iraniennes qui le mena jusqu'en Union soviétique où il fut accueilli. Il y resta douze années et certains de ses hommes épousèrent des Russes qui émigrèrent ensuite au Kurdistan d'Irak pour suivre leur époux. Les dirigeants de Mahābād furent pendus. En effet, il n'y eut pas de sang versé…

*

Le bagage le plus léger du voyageur est sa culture et, particulièrement, sa connaissance historique des lieux ainsi que des coutumes. Si l'on ajoute à ces repères quelques réalités géographiques qui contribuent à déterminer l'histoire : mer, steppes, montagnes, fleuve nourricier ou grand centre d'échanges, on est moins étranger. Si d'aventure la cuisine vous est familière, vous êtes à demi chez vous. C'était le cas pour moi en Iran.

Je fus déposé dans un petit hôtel à deux étages, au centre de cette petite ville provinciale qu'est Mahābād, aux maisons basses et aux rues rectilignes. Les gens vaquaient à leurs affaires, les boutiques étaient en train de fermer, la nuit pourtant paraissait encore loin, on approchait des journées les plus longues de l'année, mais les boutiques ferment à l'heure de la prière puis rouvrent ensuite jusqu'à tard le soir. Le temps de prendre une douche, j'étais dehors. J'étais logé à deux pas du lieu où se trouvaient Abdul Rahman Ghassemlou[1] et sa femme, Hélène[2], une Tchèque que je connaissais. Il l'avait rencontrée et épousée à l'époque où il était étudiant, à Prague. Elle avait été vaillante dans de difficiles conditions de vie et de clandestinité, en Iran et en Irak. Elle parlait le kurde et le persan.

« Alors te voilà ! fit Ghassemlou. Tu vois, nous sommes chez nous ! »

Il portait une veste. Sa moustache était soigneusement taillée. Il était entouré d'hommes armés. Ghassemlou était de taille moyenne, mais bien proportionné ; il avait un léger strabisme divergent, mais son humour pétillant l'emportait quand on le regardait. Il avait l'intelligence rapide et malicieuse. Sans doute ce qui frappait d'abord,

---

1. Carol Prunhuber, *The Passion and Death of Rahman the Kurd: Dreaming Kurdistan*, Universe, 2010.
2. Hélène Krulich, *Une Européenne au Pays des Kurdes*, Karthala, 2011.

dans le personnage, était sa vivacité et son ironie. Bon vivant, comme on dit, il était très ouvert, cultivé, alliant son monde d'origine et une connaissance très fine des pays occidentaux, sans compter sa connaissance du monde soviétique et communiste.

Visiblement, il était enchanté d'être à Mahābād, avec la garnison iranienne neutralisée. La région était, pour l'essentiel, contrôlée par les peshmergas[1], et la paix régnait depuis novembre dernier. De fait, au cours de l'année 1978, les avancées avaient été rapides, le régime se délitait, avant même la venue de l'ayatollah Khomeiny.

Secrétaire général du Parti démocratique kurde d'Iran, après des années de clandestinité et d'exil, on pouvait imaginer que, pour lui, la victoire avait une saveur rare... Dans une région où ne manquent ni les dirigeants qui confondent la ruse avec l'intelligence stratégique, ni ceux qui sont prêts à toutes les concessions au gré des alliances, ni les idéologues roides, Abdul Rahman Ghassemlou était sans doute le dirigeant kurde le plus « moderniste » de sa génération, ce qui ne l'empêchait pas de bien connaître les données culturelles et historiques qui entravaient les Kurdes et la réalité complexe des pays de la région. Il jouissait d'un prestige mérité pour son réalisme et son sens de la mesure. C'est ce que certains rivaux, parmi les dirigeants kurdes, lui pardonnaient mal. Il parlait, et fort bien, le français, l'anglais, le russe, l'allemand, l'arabe, le persan, le turc et le tchèque et, bien sûr, le kurde. Il avait un sens exceptionnel de l'humour ; sans doute avait-il été un enfant espiègle.

« Bon, me dit-il, tu tombes bien ! Demain, place Chwar Chra [Quatre Lumières], il y aura une grande manifestation populaire de soutien au parti. Nous avons entrepris

1. Terme créé à l'époque de la république de Mahābād pour les combattants, et qui signifie « ceux qui regardent la mort en face ».

d'organiser le chaos : réforme agraire, scolarisation, y compris des filles, création d'emplois, sans multiplier les postes de fonctionnaires, cette façon d'acheter la population pour la faire dépendre du parti, je souhaite éviter ça. Et évidemment nous avons nos gauchistes qui trouvent que nous n'allons pas assez loin et nos conservateurs, surtout parmi les religieux, mais pas seulement, qui trouvent que nous en faisons trop.

Puisque tu es là, ce serait bien que tu ailles discuter avec les dirigeants du Komala[1], tu me diras ce que tu en penses, moi je les trouve obtus. »

Le lendemain, la ville était en liesse. C'est toujours émouvant d'assister à la joie bruyante de ceux qui ont dû longtemps se taire. Durant plus de trente ans, le régime du Shah a pourchassé les nationalistes kurdes. Bien sûr nul n'était, comme en Turquie, puni pour avoir parlé le kurde en public avec, en somme, le droit de devenir turc, de se taire ou d'être réprimé. Mais en Iran la région kurde restait sous-développée et dépendait d'autorités non kurdes. Malgré les droits culturels, on y était *tenu.*

C'est l'autonomie que demandait le PDKI, dans le cadre d'un Iran démocratique. C'était raisonnable (en Turquie, le PKK demandait alors l'indépendance). Il y a des défilés ou des manifestations publiques plus émouvants que d'autres.

La première démonstration à laquelle j'ai assisté, accompagné de mon père, lorsque j'avais dix ans, se situe un après-midi de fin août 1944. Les officiers allemands sont sortis du Sénat, entourés de FFI en armes et la foule, soudain, s'est mise à entonner *La Marseillaise.* Je me souviens encore d'une jeune fille blonde au visage en larmes tandis qu'elle chantait. L'enthousiasme, comme

1. Mouvement d'extrême gauche. Quarante ans plus tard, sans avoir rien réalisé, le Komala regroupe quelques centaines de militants.

un rêve enfin réalisé, peut-être. En tout cas, lorsque Ghassemlou termina son discours, relativement bref, ce fut la liesse.

Tout ce contentement était cependant suspendu à une situation transitoire.

« Khomeiny ne veut pas me rencontrer. Pourtant le mois dernier, son émissaire personnel, l'ayatollah Kermani, reconnaissait le bien-fondé de nos revendications à la télévision kurde. Khomeiny, cependant, estime qu'il n'y a pas lieu d'envisager une autonomie. Pour lui, nous sommes tous musulmans. »

Ghassemlou, tout optimiste qu'il était, sentait que l'opposition de l'ayatollah était irréductible. Peut-être vivait-on les moments les meilleurs, dans un contexte chargé d'incertitudes, grevé par la guerre déclenchée par l'Irak, largement soutenue par ce qu'on appelle la « communauté internationale ».

L'attaque menée par les pasdarans[1], les prétoriens du régime qui venaient de massacrer des villageois à Galatan, non loin d'Ochnaviyeh, vint comme un choc, après six mois de paix armée. Il fut décidé de s'y rendre. Ces quelques heures de voiture se firent surtout en silence, à travers un beau paysage ocre aux collines pelées, mais aux vallées ponctuées de peupliers en rangs serrés, abritant des villages à flanc de montagne dont les maisons, au toit plat, servaient de terrasses aux maisons du dessus. Il y avait dans ce paysage aperçu à distance quelque chose de mélancolique qui me touchait fortement.

Nous sommes arrivés non loin de Galatan, sur un vaste tertre empli de monde : des combattants. Il y avait juste un arbre aux branches duquel des gens avaient accroché des rubans multicolores, comme autant de vœux, tradition commune à toute la région jusqu'au Caucase et, plus loin,

1. Les « gardiens de la révolution » en Iran, les forces armées.

des centaines de combattants, assis. Pour bien voir, je suis resté debout. Plus tard, j'ai reçu une photo de cette scène, elle avait été prise par un photographe azéri d'Iran devenu célèbre depuis, Reza.

Quelqu'un haranguait la foule assise, tout à fait silencieuse. Je ne sais ce qui se disait, mais je me fis la réflexion qu'on construisait ou consolidait les nations à l'occasion de discours funéraires et d'hommages rendus dans des cimetières. J'étais ému malgré moi.

Nous ne sommes pas retournés le soir même à Mahābād, Ghassemlou voulait aller à Ourmieh et à Ochnaviyeh. Le lac, que nous avons longé, par une journée ensoleillée, était calme et bleuté, bordé de peupliers aux feuilles tremblant au moindre vent. Aucune trace de guerre.

La région à l'ouest du lac était tenue par les forces kurdes. Ghassemlou était, à Ochnaviyeh, comme chez lui. Des notables venaient le saluer, en vieilles connaissances, et lui donnaient l'accolade, une coutume qui, autrefois, m'était totalement étrangère : seul mon père me prenait dans ses bras. Il y eut quelques visites d'écoles d'infirmières. Les jeunes filles étaient silencieuses ; les femmes ne parlent pas devant les hommes. Quand il en avait le temps, il me faisait un résumé des conversations : on manquait de beaucoup de choses, dans la mesure où il n'y avait pas d'échanges avec le reste du pays. Pas d'électricité, et dans les échoppes, mal éclairées, peu d'articles, excepté les produits locaux : légumes, fruits, œufs, yaourt.

Nous – lui, moi, le chauffeur et deux combattants – allâmes chez un de ses amis, dans une maison à l'écart du centre. Notre hôte faisait préparer un repas tandis que nous buvions un thé, fort et très sucré. Il démonta et remonta avec célérité une kalachnikov, ravi de démontrer son savoir-faire. Il me tendit l'arme :

« Je peux le faire, mais pas aussi vite que toi ! » dis-je.

Il souriait tandis qu'on apportait les plats. Nous étions éclairés par des lampes surmontées d'un tube en verre abritant la flamme.

« Tu vas voir quelque chose d'étrange ! » dit Ghassemlou.

En effet, l'hôte brisa le verre, dont les éclats tombèrent dans son assiette. Puis il prit une petite poignée des débris, les porta à sa bouche et se mit à les croquer sans douleur apparente. J'entendis le crissement du verre sous ses dents. Il recommença cette opération trois fois, à ma stupéfaction. Il n'y avait pas de subterfuge et pourtant, que faisait-il de ce verre dans sa bouche ? Il n'avait aucune trace de sang.

Le repas fut servi : agneau, légumes, fruits, comme de coutume. Nous nous sommes couchés tôt sur un matelas fin à même le sol, comme on le fait partout au Kurdistan, avec une couverture épaisse, les nuits étaient fraîches. Au matin, le thé, le yaourt, exceptionnel, auprès duquel ce que nous avons en Europe sous cette appellation est bien fade. Puis, départ pour Mahābād avec un arrêt de deux heures à Ourmieh, tout aussi provinciale. Les grandes cités, en Iran, ne sont pas dans le périmètre kurde.

J'ai passé du temps à bavarder, à plusieurs reprises, avec l'épouse d'Abdoul Rahman, Hélène. Une belle dame aux yeux bleus qui savait garder son sang-froid même si elle jugeait la situation hautement instable. Cela ne pouvait durer. Déjà, l'attaque destinée à terroriser les populations, déclenchée par les pasdarans, annonçait ce qui était à venir, dès que le régime aurait organisé ses forces armées pour mener une contre-offensive destinée à ravir l'initiative aux Irakiens. La rébellion kurde ne présentait pas un caractère d'urgence.

Je suis allé rencontrer les dirigeants du Komala, ils étaient trois, on les avait avertis de ma visite. Je fus reçu sans chaleur, après tout je venais de la part de Ghassemlou. J'amenai la discussion sur le terrain des expériences de part et d'autre. Je parlai de ce que j'avais vécu en Afrique, en Amérique latine et en Asie, et leur demandai leur sentiment sur la situation et les perspectives. Ils avaient des convictions très arrêtées : ce n'était pas la peine d'être rebelles et de contrôler militairement le pays pour ne faire que des réformes timorées ne menant pas vers un régime révolutionnaire.

Ils me rappelaient, dix ans plus tôt, les marxistes-léninistes québécois qui ne s'intéressaient au mouvement national que s'il débouchait sur le « socialisme ». C'était tout ou rien. Pour des minoritaires, cette intransigeance menait à l'échec. Inutile de chercher à les convaincre, c'était comme essayer de les faire croire en dieu s'ils étaient incroyants ou cesser d'y croire s'ils étaient religieux. Nous nous sommes quittés en sachant, de part et d'autre, que nous ne nous reverrions pas.

« J'en étais persuadé, me dit Ghassemlou quand je le retrouvai, mais je suis content que tu partages mon point de vue. Peut-être qu'un jour ils seront plus réalistes, mais je ne suis pas sûr de voir ce jour-là. Ils sont aussi raides que les moudjahidin du Khalk et ils resteront, comme ces derniers, des opposants perpétuels assurés d'avoir raison. »

Un matin nous sommes montés au camp d'entraînement des peshmergas, qui servait aussi de quartier général. Ghassemlou me présenta à ses lieutenants, dont le principal, Sadegh Sharafkandi, plus jeune que lui. Nous avons discuté longuement, en anglais, de problèmes concrets, liés à la guérilla, de l'importance du sanctuaire, des aides extérieures. Plus tard, dans l'après-midi, Ghassemlou m'emmena dans ce qui constituait son repaire. Il y avait là une bibliothèque de campagne avec deux ou trois cents volumes en plusieurs langues.

« J'en ai même deux des tiens, dit-il, sur la guérilla. »

Cabral[1] excepté, c'est le premier responsable d'un conflit armé qui lisait – comme les Viêtnamiens, dont même les

1. Voir note p. 26.

cadres moyens continuaient d'étudier durant la guerre. L'habileté tactique était, ailleurs, jugée suffisante.

Il y avait, non loin, dans une cabane, deux femmes dont la plus jeune, une Arménienne d'Iran, était d'une saisissante beauté. Elles s'étaient réfugiées chez les Kurdes avec le projet de sortir du pays et de rejoindre l'Europe. L'Arménienne portait deux longues nattes noires et ses beaux yeux sombres contrastaient avec sa peau très blanche. Elle protégeait sa vertu afin de contracter un riche mariage. Je la revis une fois à Paris, avant qu'elle ne gagne les États-Unis où elle n'eut sans doute aucun mal à parvenir à ses fins.

Depuis que j'avais passé six mois en Jordanie, je participais régulièrement aux entraînements des combattants. Cela me permettait de me rendre compte de leur condition physique et surtout créait un lien plus concret qu'une poignée de main. Une camaraderie physique qui facilitait les échanges et engendrait une familiarité.

Ghassemlou me confia à son lieutenant, Sharafkandi. Il y avait bien une centaine de combattants en cours de formation. Ce dernier me proposa de passer dix jours avec eux : j'étais libre de participer aux activités physiques, course, mise en forme, etc., et l'après-midi, à l'aide d'un traducteur (de l'anglais vers le kurde), je devais dresser une généalogie de la guérilla, montrer le passage de la guérilla qui harcèle une armée régulière à une guérilla qui cherche à s'emparer du pouvoir (local ou pas) et évoquer des expériences que j'avais connues : Guinée-Bissau, Viêtnam, Palestine, Érythrée...

En fait, la lutte armée n'avait été entamée que deux ans plus tôt et bien des combattants n'avaient rejoint le combat que plus tardivement, fin 1978. Depuis six mois déjà, on connaissait une paix armée. En d'autres termes, on avait là des montagnards, adaptés aux conditions de la guérilla, mais très peu de guerriers. Il s'agissait d'inculquer un « esprit de corps », préparer une force armée disciplinée et efficace. Pas de femme, ce qui n'était pas étonnant compte tenu du poids des traditions. Physiquement, les combattants étaient en bonne condition, agiles et résistants. Je me plaisais avec eux et ils m'ont adopté d'autant mieux que je suivais le même entraînement physique. À cette époque-là, j'éprouvais dans l'effort une sorte d'allégresse physiologique, bien que j'eusse le double de leur âge.

Les trois heures d'entraînement physique du matin étaient de même niveau que celui des Palestiniens du FPLP de Georges Habache que j'avais connu une dizaine d'années plus tôt. Rien d'athlétique, une solide mise en forme de jeunes gens entre vingt et trente ans, sans autre formation préalable que la marche en montagne, ce qui n'est pas rien. Absence d'abdominaux, bonnes jambes, bras moyens puisque la plupart ne faisaient qu'une quinzaine de tractions, mais il y avait du plaisir à s'entraîner et de l'enthousiasme pour l'utilisation des armes à feu (en économisant les cartouches, surtout pour les RPG 7 et 9). L'après-midi il y avait des cours politiques en kurde (personne n'était là pour traduire) et, durant deux heures, j'étais mis à contribution sur l'évolution de la guérilla d'hier à aujourd'hui... Il était rare qu'on me pose des questions, toutefois, lorsque c'était le cas, j'avais le sentiment d'être compris. Pendant la pause on buvait du thé, en abondance, très sucré, certains fumaient. Les uniformes étaient nets : le *chalvar*, comme en Afghanistan, mais plus large, chemise à poches militaires rentrée dans le pantalon, le tout ceinturé à la kurde d'une large et longue étoffe de soie ou de coton imprimée ou brodée ; la façon de nouer la ceinture indiquant de quelle tribu on venait. Les repas comprenaient invariablement du riz, merveilleusement préparé en pilaf, des légumes et des herbes, assez rarement de la viande. Le pain, sans levain, du *lavache*, était surtout servi le matin avec le thé et des olives noires. On consommait beaucoup de yaourt.

L'entraînement proprement militaire se limitant au tir à la kalachnikov et à la démonstration du RPG-7 et du RPG-9, ainsi que de la mitrailleuse 12.7. Après une dizaine de jours, j'ai demandé à être accompagné pour étudier ce qui se pouvait du terrain, puisqu'on s'était ici entendu, depuis six mois à peine, autour de réformes sociales.

Ce qu'on appelait la réforme agraire était bien modeste. Comme il s'agissait de ne pas créer d'opposition sociale aiguë au cours d'une lutte dont la perspective majeure était d'ordre national, le parti s'en était tenu à des ajustements améliorant la situation des paysans dépourvus de terre. Le but étant d'éviter un exode rural rendant la situation difficile dans les deux ou trois villes d'une certaine importance. On ne cherchait pas à aviver les antagonismes sociaux.

Je n'ai pas le souvenir précis de nos conversations. Nous sommes assis, lui, Ghassemlou, fume comme de coutume, et me fait part de la complexité de la situation. Comment apporter, sans moyens, un « mieux-être » ? Comment apporter des changements sans trop diviser les Kurdes, toujours prompts aux querelles de préséances, alors que le problème principal est celui des rapports avec l'Iran. Nous vivons un moment de grâce, disait-il, mais ce répit ne va pas durer, nous n'éviterons pas le conflit. Voilà ce qui nous attend pendant que nos rêveurs agitent leurs slogans. Il voyait juste. Face à la montée de Khomeiny, les Kurdes n'avaient aucune chance…

Au sud, Sanandaj, qui était chiite, échappait au contrôle du parti. Dans tout le Moyen-Orient, l'identité nationale, conception récente issue d'Europe, s'était affirmée parallèlement à la traditionnelle identité religieuse, aussi vivait-on sur deux registres, l'accent, ici, étant plus particulièrement mis sur le nationalisme.

À Mahābād, il y avait, de façon insolite, une garnison iranienne prisonnière des Kurdes, tandis que les tanks de l'armée nationale tenaient les hauteurs de la ville. Ce fragile équilibre n'était pas durable. Un journaliste turc qui avait visité Mahābād, après avoir constaté que la garnison était prisonnière, s'était écrié devant Ghassemlou : « *Aman, Aman*, qu'est-ce que c'est que ce gouvernement ? » Les peshmergas ne devaient pas déclencher les hostilités, afin de démontrer leur volonté de trouver une solution négociée. En revanche, à toute attaque contre leurs positions, il était convenu qu'ils devaient riposter. Cinq à six mois de répit leur avaient permis de s'organiser et les combattants étaient indéniablement populaires.

En mars, le PDKI tenait son 4e congrès et le nombre des adhérents était estimé à quelque trente mille (aucun moyen de vérifier ces chiffres, pas plus que ceux d'un conflit, lors duquel on grossit toujours les pertes de l'adversaire). Personne, en fait, du côté gouvernemental, n'était favorable à l'autonomie. Accordée aux Kurdes, elle serait exigée par d'autres minorités.

Entre 1981 et 1983, Abdul Rahman Ghassemlou vint à Paris pour y donner des conférences de presse. J'allai l'écouter, évidemment, avant de le rejoindre pour une rencontre plus personnelle. Il y avait relativement peu de journalistes à chaque fois et Ghassemlou fit remarquer à l'une de ces occasions qu'il y en aurait eu davantage si son parti faisait usage de terrorisme.

« Nous sommes pénalisés parce que nous n'utilisons pas de méthodes que nous réprouvons », dit-il avec regret.

Le combat kurde se livrait, à l'ombre du conflit entre l'Irak de Saddam Hussein, soutenu par une très large coalition incluant des États arabes importants comme l'Égypte et l'Arabie saoudite et le régime de Khomeiny, qui n'était, lui, soutenu par aucun État. L'Irak fit usage, contre l'Iran, d'armes chimiques, fournies par une compagnie allemande, sans aucune condamnation de la part des pays occidentaux… Mais l'Iran tint bon néanmoins et, après huit années de guerre, l'Irak ne l'avait toujours pas emporté et se trouva ruiné.

Abdul Rahman Ghassemlou, pour sa part, réussit à tenir près de cinq années, avant d'être obligé de se replier en territoire irakien.

Entre-temps, les Kurdes d'Irak s'étaient rangés du côté de l'Iran tandis que ceux d'Iran s'étaient réfugiés côté irakien. Les Kurdes d'Irak payeraient très cher cette alliance : Saddam Hussein, en 1988, à la fin de la guerre, fit un massacre de masse avec usage de gaz létal à Halabja[1]. Quatre mille villages furent rasés. Selon Human Rights Watch, il y eut cent mille morts, sans compter les dizaines de milliers de gens déplacés.

Après la mort de l'ayatollah Khomeiny, en 1989, à tort ou à raison, Abdul Rahman Ghassemlou pensa qu'il était possible de poser à nouveau la question de l'autonomie. Les tractations se firent par l'intermédiaire de Jalal Talabani, dirigeant de l'Union patriotique du Kurdistan d'Irak, qui avait d'excellentes relations avec l'Iran.

Le 13 juillet 1989, j'appris avec stupéfaction la nouvelle de l'assassinat de Ghassemlou, à Vienne. Il s'y était rendu avec un de ses lieutenants pour y rencontrer des émissaires iraniens, diplomates en poste à Vienne, afin de négocier les conditions d'une autonomie. Une première rencontre avait eu lieu, trois personnes de chaque côté, un intermédiaire au côté de Ghassemlou en plus de son compagnon. Les diplomates iraniens étaient repartis pour transmettre la teneur des discussions et ramener la réponse des autorités iraniennes la semaine suivante. Cette

---

1. Middle East Watch, *Génocide en Irak*, Karthala, 2003.

fois-là, dès qu'ils furent assis de leur côté de la table, les trois diplomates iraniens ouvrirent leur mallette, s'emparèrent de pistolets et abattirent chacun leur vis-à-vis. Une seconde équipe, en cas de besoin, attendait en bas, au sein de laquelle se trouvait un certain Mahmoud Ahmadinejad. Ainsi mourut Abdul Rahman Ghassemlou, qui m'avait dit à de nombreuses reprises :

« Mon père m'a souvent répété de ne jamais faire confiance aux Persans. »

Je me suis rendu à Vienne avec Hélène, sa veuve, qui avait engagé un avocat autrichien pour que les diplomates soient poursuivis, mais ce fut impossible. Les Iraniens auraient menacé, paraît-il, de recourir à des attentats, en cas de mise en accusation de leurs diplomates. Par la suite, un commissaire de police autrichien proposa, contre paiement, de procéder à l'arrestation de deux d'entre eux, en poste dans un pays voisin. Il fut payé, les diplomates ne furent pas inquiétés.

Trois ans plus tard, Sharafkandi, successeur de Ghassemlou, et deux des dirigeants du PDKI furent assassinés dans un restaurant à Berlin. Les autorités allemandes, elles, appréhendèrent les assassins. J'ai toujours ressenti à l'égard de l'Autriche un sentiment de malaise. Ce pays, qui accueillit triomphalement l'Anschluss, ne fut pas, en 1945, traité comme l'Allemagne, auprès de laquelle il avait été pourtant pleinement engagé.

Par la suite, dix ans plus tard, en 2001, je rencontrai à Koya (Kurdistan d'Irak) des militants repliés du PDKI, à plusieurs reprises. Ils ne faisaient que survivre en tant qu'appareil, puisqu'ils ne pouvaient mener d'opérations contre l'Iran. Par la suite, ils se divisèrent en deux factions.

Je me suis toujours étonné, tandis que les assassins étaient connus et qu'ils furent en poste à plusieurs reprises, à l'étranger, qu'il n'y ait eu personne de ce parti pour venger l'assassinat de son secrétaire général.

Abdul Rahman Ghassemlou était sans nul doute le dirigeant kurde le plus remarquable de sa génération. Mieux, c'était un dirigeant politique de stature internationale. Il n'était pas un chef de guerre, mais il avait du courage et le sens des rapports de forces. Par ailleurs, bien qu'économiste de formation, il joignait une pratique militante d'agitation clandestine et une capacité d'adaptation remarquable. Enfin, il aimait la poésie, l'instant qui passe, avec la même intensité qu'Omar Khayyâm qu'il goûtait particulièrement :

Je ne comprends pas les vendeurs de vin, qu'achètent-ils de mieux, pour vendre leur vin ?

Ce qu'il te faut pour boire et manger
Efforce-toi de le gagner
Pour le superflu, garde-toi de vendre ta vie précieuse.

Seigneur, si ta créature est imparfaite, à qui la faute[1] *?*

Sa tombe se trouve au Père-Lachaise, comme le voulait sa femme. L'Institut kurde de Paris organise tous les ans une cérémonie sur sa tombe pour célébrer sa mémoire.

Édition

Dans les années 1970, en France, la stratégie était un domaine réservé aux militaires. Dans l'année qui suivit le succès de *Stratégies de la guérilla*, paru chez Mazarine en 1979, on me demanda de donner un cours à l'Ena.

---

1. Traduction Roger Lescot.

C'était comme les dividendes de mes succès aux États-Unis : professeur invité à Harvard, UCLA, Berkeley, livres traduits chez de prestigieux éditeurs, Penguin, University of California Press. Puis, les éditions Berger-Levrault me proposèrent de diriger une collection d'ouvrages stratégiques. J'y republiai des ouvrages importants, mais quelque peu oubliés[1]. Cette initiative ne tarda pas à provoquer en France des bilans similaires par des centres de recherche. Bientôt parut *La Menace soviétique* (l'URSS dans les années 1980), édité par Christopher Bertram, alors directeur de l'IISS avec une préface d'Hélène Carrère d'Encausse, puis *Mahan et la maîtrise des mers* par Pierre Naville, l'un des rares civils en France avec Camille Rougeron et Raymond Aron à s'intéresser aux problèmes stratégiques dans l'après-guerre.

J'aime, de l'action, passer au savoir de l'action. J'aimais, en marge de l'aventure, des terrains toujours riches en enseignements, réfléchir sur ce que je venais de voir, d'entendre. Mettre les événements en rapport les uns avec les autres, les comparer à des situations déjà vécues ou étudiées par d'autres, analyser, synthétiser, essayer de théoriser, enfin écrire, publier des ouvrages, transmettre. Tout cela formait un tout, où le *savoir de la peau*, acquis sur divers fronts, se transformait en expérience à partager.

Par la suite, j'enseignai durant une demi-douzaine d'années à l'Ena (1980-1987), avant d'être sollicité par l'École de guerre (1990-1995).

---

1. *Discours sur la première décade de Tite-Live* de Machiavel, préfacé par Claude Lefort ; une traduction des *Maîtres de la stratégie* (E. M. Earle ed.), préfacée par Raymond Aron ; *Les Batailles décisives du monde occidental* de J. F. C. Fuller, que je présentai ; une traduction de *La Situation stratégique mondiale* (1979) de l'Institut international d'études stratégiques (IISS), dont j'étais membre.

Octobre 1980 : retour en Afghanistan

Nous venons de franchir le col de Doleï à la limite des provinces de Kunar et du Nouristan. La ligne Durand, qui délimite la frontière, est tracée sur le chemin de crête à une altitude, paraît-il, d'environ trois mille mètres.

Nous sommes six, Saïd Walid, un parent de Saïd Bahodine Majrouh, quatre jeunes moudjahidin et moi, nous soufflons un moment en contemplant la récompense du grimpeur : le paysage. J'ai toujours aimé la montagne. Pas l'alpinisme sur des parois avec cordes et crampons, non, la randonnée en montagne, entre deux et cinq mille mètres, voire davantage. L'effort physique, le paysage dominé, donnant un sentiment de puissance un peu vain dans le silence du sommet, comme d'un nid d'aigle. Après quelques minutes de halte, il faut bien redescendre pour remonter sur un autre sommet. De bonnes chaussures tenant la cheville et des chaussettes épaisses étaient tout le luxe dont on avait besoin, avec le bonheur d'être en forme.

Sur le versant pakistanais, à quelques dizaines de kilomètres à peine, il y avait d'admirables rizières en terrasse. Un paysage caractéristique de l'Asie orientale, façonné minutieusement, et qui me touche beaucoup par son harmonie et sa patiente architecture.

Sur le versant afghan, de longues chaînes de montagnes se chevauchent, à demi perdues dans la brume, évoquant des paysages chinois de la dynastie Song, lorsque le peintre saisit l'instant suspendu, comme celui, fugitif, que j'étais en train de vivre.

Redescendre est, après une dure ascension, un moment de soulagement si la pente n'est pas trop abrupte, sinon c'est, pour les genoux, une épreuve plus coûteuse que la montée. Les hauts conifères denses obscurcissent la lumière du jour en ces vallées étroites et sévères.

Contrairement à la province du Paktia où je me trouvais au printemps, le relief ici est rude. Nous descendons à bonne allure, heureux de dévaler, quand soudain, un de mes compagnons me retient fortement par le bras : à deux pas devant moi, une mine de plastique vert qui se fond assez bien avec le sol moussu, pas plus grosse qu'un paquet de cartes à jouer. Elles sont lancées des hélicoptères soviétiques, et conçues pour ne pas exploser en touchant le sol mais lorsqu'on marche dessus. Saïd Walid, qui dirige le groupe, prend une photo de la mine, puis recule, ramasse une grosse pierre et la projette sur la mine, qui éclate et fend la pierre en projetant des éclats. Ce genre de mine emporte la jambe jusqu'au genou, en général. Je réalise à quoi je viens d'échapper grâce à la vigilance de ce compagnon. L'aurais-je vue juste avant de marcher dessus ? Nous sommes le 14 octobre 1980, je suis indemne. Walid, qui ne manque pas d'humour, dit :

« *You would have spoiled the party…* » (Tu aurais gâché la fête.)

Peu après, nous en rencontrons une seconde qui est mise hors d'usage à grand bruit. La présence de ces mines provoque de nombreuses victimes, souvent parmi les enfants.

Cette randonnée en territoire de guerre, commencée un peu au sud de Barikot, se termine trois semaines plus tard à Chitral, côté pakistanais. Nous sommes une toute petite troupe, armée d'AK 47 chinois, avec trois chargeurs chacun, ce qui nous donne une puissance de feu très modeste. Étant donné la jeunesse de quatre d'entre nous, je me demande s'ils se sont jamais servis de leurs armes autrement qu'à l'entraînement. Je leur avais bien spécifié d'emporter une gourde, mais aucun ne s'en est muni, pas même Walid que m'avait recommandé Majrouh. En effet, il était fiable, comme je le constaterai au cours des semaines suivantes. On ne prévoit guère, on n'anticipe pas, cela permet d'être léger, mais démuni si les circonstances sont contraires. Parmi les quatre autres, je sympathise avec les deux qui peuvent s'exprimer tant bien que mal en anglais, Spoon et Tani. Vingt ans, bons marcheurs, mais inexpérimentés, peu bavards et fumant cigarette sur cigarette, le soir, après le repas léger. Mon sac pesait quatre kilos, celui des combattants d'aujourd'hui en pèse plus de trente, ce qui interdit la chasse… Avant de partir, à Peshawar, Majrouh, ainsi que nous l'avions décidé en avril, avait sélectionné une douzaine de jeunes cadres de divers mouvements, en excluant le Hezb-e-islami de Gulbuddin Hekmatyar. Deux jours après mon arrivée, nous avons commencé des sessions de six heures par jour (en comprenant le temps de la traduction, que Majrouh assumait). Les cours étaient divisés en trois parties :

– panorama de la situation internationale à l'heure du conflit afghan ;

– présentation de l'adversaire : l'URSS, sa nature, sa stratégie, les buts poursuivis ;

– les moyens de la résistance : guérilla, voies et moyens, exemples contemporains, caractéristiques de la guérilla afghane.

Je constatai qu'ils ne connaissaient rien de l'Union soviétique sinon qu'il s'agissait d'un État prônant l'athéisme et hostile à la foi musulmane : on y avait détruit beaucoup de mosquées. Ils ne savaient pas grand-chose de la situation internationale, sinon qu'ils étaient soutenus par les États musulmans et les États-Unis. Enfin, ils pensaient tout savoir en matière de guérilla qu'ils pratiquaient comme naturellement. Ils n'avaient aucune vision stratégique, aucune propension à anticiper ce qui pouvait advenir, et étaient surtout réceptifs aux théories de complot.

Parmi les douze, il y en avait un qui surclassait les autres : Abdel Haq, qui appartenait au Hezb-e-islami de Yunis Khalis. Il fut d'ailleurs le seul, bien qu'il eût à peine vingt ans à l'époque, à m'inviter à dîner chez lui pour me remercier. Sans doute parce qu'il appartenait à une famille de notables qui pouvait me recevoir dignement. C'était un garçon trapu, costaud, intelligent et assuré de lui-même. Il fera son chemin par la suite de façon remarquable, au sein du Hezb-e-islami, et perdra une jambe à la hauteur de la rotule en marchant sur une de ces mines antipersonnelles. Il reprendra cependant le combat et, par la suite, en 2001, cherchera, avec une petite troupe, à jouer un rôle politico-militaire. Il fut tué dans une embuscade après avoir vainement sollicité l'aide aérienne américaine. Il est possible que les services pakistanais (ISI) ne soient pas étrangers à cette embuscade.

Ici, au Kunar, en ce mois d'octobre, la récolte n'avait pas été faite. La province apparaissait dépeuplée. Nous avons rencontré une douzaine de villages abandonnés. Nous avons mangé quelques noix et des grains de blé mûrs. Pour le reste, nous n'avons consommé que des galettes de pain sans levain, du thé et, à deux ou trois occasions, du yaourt. Ce furent quelques semaines de régime sévère, compte tenu des efforts physiques.

L'architecture des maisons du Kunar ressemble à celle du Nouristan, bien que les deux communautés ne s'apprécient guère. Hautes maisons en bois sombre, agrippées aux parois de la montagne, et aux fenêtres étroites : des nids d'aigle à caractère défensif. Cela me faisait penser aux maisons corses, à la campagne, fermées sur elles-mêmes.

Le long de la rivière Kunar, de petits contingents de l'armée afghane, une cinquantaine d'hommes, appuyés par des miliciens villageois – deux à trois cents – tiennent des villages. Le régime s'efforce de pratiquer une politique de ralliements tribaux, mais ceux-ci peuvent n'être que transitoires. La guerre ici, en dehors des embuscades montées sur les voies de communication, qui sont rares, consiste, pour l'instant, à harceler à l'arme légère des villages fortifiés ou des postes militaires. Ces escarmouches maintiennent une pression sur l'adversaire. L'armée riposte à la mitrailleuse lourde et au mortier. Les résultats sont, de part et d'autre, médiocres, mais l'initiative est du côté de la résistance et les éléments de l'armée régulière se montrent rarement. Tous les accrochages n'ont pas ce caractère bénin. Il y a trois semaines, fin septembre, non loin du col de Binchel, une colonne d'environ deux à trois cents moudjahidin a été repérée par les Soviétiques. Copieusement bombardés, les résistants ont été, par la suite, pris en chasse par des « bérets noirs » soviétiques.

« Ils étaient très rapides, dit Walid, plus rapides que nous, très bons tireurs. À la tombée de la nuit, ils ont lancé des fusées éclairantes, ça pleuvait de partout. Ils ont tué beaucoup des nôtres. Les rescapés, il y en avait peu, se sont terrés deux jours sans manger et sans boire. C'était un enfer.

« En septembre, les Soviétiques ont aussi attaqué la vallée du Panshir, mais là, ils n'ont pas réussi. Ils ont aussi lancé des opérations au Logar et au Paktia. »

Les Soviétiques disposent de quelque quatre-vingt mille hommes, dont une douzaine de mille qui combattent ; l'armée afghane en a quarante mille, dont beaucoup en garnison. C'est peu pour quadriller un pays sensiblement plus vaste que la France avec, au centre, l'imposant Hindou Kouch.

J'apprendrai plus tard, à Washington, en rencontrant Zbigniew Brzezinski, que les résistants avaient reçu des armes des Américains, dès le début de 1979, avant l'intervention soviétique ; ces armes étaient véhiculées par les Égyptiens via le Pakistan.

L'annonce, à la fin de l'année 1980, reprise par l'Institut international d'études stratégiques de Londres, selon laquelle les Soviétiques auraient eu quinze mille morts et blessés, était une grossière manipulation. J'avais moi-même signalé à l'IISS, dont j'étais membre, qu'on ne pouvait pas imaginer qu'ils avaient eu plus de trois mille morts et blessés (et c'était encore trop), peine perdue.

À la fin de la guerre, en 1988-1989, les Soviétiques, soit huit ans après leur intervention, avaient perdu quelque quatorze mille cinq cents soldats, on était loin des cinquante-huit mille Américains morts au Viêtnam entre 1965 et 1973... Ainsi vont la manipulation et l'intoxication... La presse avait annoncé, en juin 1980, un assaut imminent sur Kaboul, et même évoqué un « génocide » ! Ce qu'il faut reconnaître aux moudjahidin, c'est le courage de combattre dans de telles conditions d'inégalité.

La guérilla est, de façon générale, une activité peu spectaculaire. Dans les régions montagneuses, comme ici, il faut marcher, marcher et marcher encore. Boire et manger un minimum, veiller à la forme intestinale, être prudent quand on rencontre des villages. Assister parfois à une embuscade, très rarement à un combat prolongé, subir un bombardement, tout cela de façon fragmentaire, sans avoir d'autre tableau d'ensemble que celui véhiculé par les cadres du mouvement.

Ici rien de neuf, ni école ni infirmerie attestant des innovations apportées. C'était la plus sommaire des guérillas que j'aie connues, mais elle avait l'appui des populations. Un soir, on atteint un village tandis que les chiens aboient. Nous sommes accueillis avec un thé. Je pose ma main sur une paroi de pierre et la retire aussitôt pour éviter un scorpion (*lalam*), ce qui fait rire mes compagnons. Ici, les galettes qu'on nous offre sont agrémentées de sauce. Il fait sombre dans la pièce où nous allons passer la nuit, de toute façon nous n'avons qu'une envie : dormir. Jamais, dans aucun village, nous n'apercevrons de femme.

Lever à l'aube, le thé, les galettes avec un peu de yaourt et en avant après une toilette sommaire. Je me rase cependant tous les jours. Au cours de la journée, aucun village, aucun point d'eau. Ce sera dix heures sans liquide ou presque, puisque nous n'avons que ma gourde. Je le rappelle, j'avais demandé à chacun de s'en munir ; mais ils comptent toujours sur la chance ou le destin. L'impréparation, sur ce chapitre comme sur d'autres, est patente. Nous avons finalement sucé des cailloux pour tromper la soif, une vieille technique, à demi psychologique, que j'ai apprise chez les Éclaireurs.

Quelques jours plus tard, à l'approche d'un village que nous surplombons. En contrebas, nous apercevons un soldat, l'arme à la bretelle, auprès d'un cheval qu'il tient par la bride, en train de causer avec un villageois. Nous ne faisons aucun bruit. Deux autres soldats apparaissent, armés. Le village leur est familier, ils ont l'air de ne gêner personne. Combien peuvent-ils être ? Trois seulement, en estafette, dans un village qui ne semble pas défavorable à leur présence, ou davantage ?

Que faire ? Nous sommes six, tous armés d'une kalachnikov et de trois chargeurs. Tirer sur ceux-là ne paraît pas difficile, mais sont-ils trois seulement ? Et surtout quelle sera la réaction des villageois, en tout cas de ceux qui leur sont favorables ?

À part Walid, je regarde les autres, peut-on compter sur eux ? Un quatrième soldat apparaît à ce moment-là. C'est frustrant d'être en position dominante, disposant de l'effet de surprise, et de n'en pas profiter. Walid, qui connaît sa petite troupe, fait non de la main. Il indique qu'on décroche discrètement.

Je ne saurai jamais quel dénouement serait survenu en cas d'attaque. On pouvait tuer les quatre soldats, mais on ne pouvait que conjecturer sur l'attitude du village. C'était nous les étrangers, les intrus…

Nous avons décroché en silence. J'étais, je ne sais pourquoi, un peu déçu.

Au cours de ce périple, nous avons croisé des postes tenus par l'armée afghane, selon les villageois, entre trente et cinquante hommes tout au plus, mais ne circulant que rarement et ravitaillés de temps en temps. Du côté des insurgés, quelques armes chinoises RPG-2, des SK5 égyptiens reconnaissables à leur couleur brun foncé. Rien de sérieux pour prendre un poste d'assaut.

Deux fois durant ces semaines, des hélicoptères sont apparus, annoncés par le bruit de leurs moteurs. Nous nous sommes abrités, couchés sous nos *patous* de couleur brune qui se confondent assez bien avec le paysage pelé par l'érosion. Un autre jour, on nous a signalé le ralliement de la tribu des Mohmands au gouvernement d'Hamid Karzai. C'était aussi le cas au Paktia où j'étais brièvement au printemps, au rassemblement des tribus Mangals et Jergis.

Walid m'a traduit les propos du vieux à barbe blanche (*aksakal*) : « Ils repasseront de notre côté un jour ou l'autre. Tout dépend de leur chef. »

Nous n'avons assisté à aucune embuscade, bien que par deux fois des groupes d'une cinquantaine de combattants nous aient invités à nous joindre à eux pour organiser un guet-apens sur la route, où devait à chaque fois passer un convoi soviétique ou un détachement militaire de l'armée régulière afghane. Le premier groupe a annulé le projet d'embuscade car il y eut discorde entre eux. Le second nous fit faux bond et partit sans nous. Nous n'eûmes pas de nouvelles de leurs éventuels exploits.

La province du Kunar, que nous avons traversée, était relativement déserte. Des villages repliés sur eux-mêmes, la même tradition d'hospitalité, avec le thé. Les échanges dont Walid, en quelques phrases, me résumait la teneur. Peu de renseignements significatifs. On ne voyait l'armée que très rarement. Jamais de Soviétiques, sauf sur les grandes routes ou dans les airs. Les bombardements ici avaient été violents, mais rares; la population, menée par les autorités traditionnelles, était manifestement de notre côté. Une fois, nous sommes passés devant une école détruite. C'était un bâtiment où le Khalk avait voulu scolariser les filles.

« Ça n'a pas plu du tout, dit Walid. L'instituteur était un jeune homme. Comment pouvait-on confier des fillettes de huit à douze ans à un inconnu envoyé par Kaboul ? Les hommes y ont mis le feu. De toute façon, on ne voulait pas que les fillettes soient scolarisées. »

On était loin des Érythréens ou des Viêtnamiens. Loin de tout ce que j'avais observé ailleurs. L'ordre traditionnel, aux yeux des autorités religieuses et civiles, était satisfaisant. Quant à la façon de combattre, ce désordre, où des coups de feu étaient tirés sans grand résultat, contrastait dans ma mémoire avec l'organisation minutieuse des Viêtnamiens, leur discipline, leur efficacité. Aucun panache (pour quoi faire, d'ailleurs ?), mais l'intelligence de la situation et la connaissance de l'adversaire. J'étais avec des combattants courageux, mais d'un autre âge. En revanche, on avait ici, comme d'emblée, ce qui souvent, ailleurs, demandait du temps et du travail : l'adhésion de la population.

C'est une société très traditionaliste et l'on constatait cela dans chaque village : femmes absentes ; les vieux, religieux ou non, qui prennent la parole. On voulait que rien ne change. C'était inéluctable, pourtant : la guerre, en marge de ses dégâts, est un facteur de changements accélérés. Jamais plus on ne verra ce conservatoire, apparemment serein, qui plaisait tant aux voyageurs romantiques de l'avant-guerre.

*

Fin novembre 1980, à peine étais-je rentré d'Afghanistan que je fus terrassé par un accès de *falciparum*, un paludisme particulièrement violent. Mon médecin traitant, n'étant pas familier des maladies tropicales, ordonnait un traitement banal. C'est Juliette qui m'administra de la nivaquine à forte dose, et j'ai passé cinq jours à grelotter tout en suant abondamment. Le dernier jour, lorsque la fièvre tomba, j'étais épuisé. Je traînai une fatigue sensible pendant la moitié de l'année suivante. Je publiai en 1981 *Rapport sur la résistance afghane*, chez Berger-Levrault. Cette analyse, essentiellement militaire, mettait l'accent sur les faiblesses et les divisions des moudjahidin, tout en constatant le rejet massif de l'occupation étrangère, ainsi que des réformes brutalement imposées. Tant que durerait la période brejnévienne, il n'y avait aucune perspective de retrait des troupes soviétiques. Tout changea rapidement avec la montée au pouvoir de Mikhaïl Gorbatchev (1985). Cependant rien ne l'annonçait en 1980. En ce temps-là, les spécialistes de l'URSS, en France, comme Alexandre Bennigsen et Hélène Carrère d'Encausse, misaient sur les protestations à venir des musulmans d'Asie centrale. Il manquait cependant à mon livre une analyse sociologique des sociétés afghanes, comme me l'avait fait remarquer à regret Sayd Bahodine Majrouh.

Je publiai aussi, la même année, aux éditions du Seuil, *Cuisines d'ailleurs*, une centaine de recettes du monde entier. Des plats substantiels – aucun dessert, aucune entrée, souvent mijotés, que j'avais aimés et appris à faire en regardant attentivement comment ils étaient cuisinés et assaisonnés. Le livre fut traduit en anglais et préfacé par Claudia Rosen qui, en Grande-Bretagne, avait une réputation méritée. *Food without Frontiers* – on ne manquait pas, aux États-Unis, lors de mes conférences, de signaler, dans mon CV, ce détail bien français. Je suivais, cette année-là, avec attention ce qui se passait en Afghanistan, et étais en contact avec tous ceux qui, en France, mais aussi en Grande-Bretagne et aux États-Unis, en faisaient autant. Pour certains, l'Afghanistan était la grande affaire, comme pour d'autres, leurs aînés, l'avait été le Viêtnam ou l'Algérie. De mémoire : il y avait entre autres Olivier Roy, Bertrand Gallet, Jean-José Puig, Alain Guillo, Patrice Franceschi.

Compte tenu de la présence de troupes soviétiques, il y avait nombre d'observateurs de toute nature, sans compter les ONG où les Français étaient sans doute les plus actifs. Sauf au Viêtnam, j'avais presque toujours été seul dans des guérillas qu'on appelait journalistiquement « oubliées ». L'Afghanistan était d'autant plus couvert que l'adversaire était l'URSS. La situation internationale était relativement tendue depuis l'élection de Ronald Reagan (1981). Depuis le Viêtnam (1975), les États-Unis, en politique internationale, n'avaient connu que des déboires.

Avec Ronald Reagan désormais et Margaret Thatcher en Grande-Bretagne, la contre-offensive s'organisait, notamment contre l'installation de fusées soviétiques en Centre-Europe. En France, l'année précédente, la montée au pouvoir de François Mitterrand et de la gauche avait été accueillie avec enthousiasme par une partie importante de l'opinion publique. Des soixante-huitards applaudissaient à l'envoi au Nicaragua de quelques hélicoptères. François Mitterrand, à l'instar de Charles de Gaulle à Phnom Penh (1966), qui mettait en garde les États-Unis contre les difficultés qu'ils rencontreraient au Viêtnam, voulut prononcer un grand discours tiers-mondiste à Cancún (Mexique). Dix-huit mois après son investiture, il fallut dévaluer et pratiquer une politique plus conforme aux moyens de la France.

Par ailleurs, la Révolution culturelle chinoise m'avait laissé tout à fait sceptique, bientôt conforté par les livres de Simon Leys[1]. J'avais, avec quelques autres (Laurent Schwartz, Pierre Vidal-Naquet, Maria Jolas, Juliette Minces, etc.) manifesté mon opposition au régime des Khmers rouges, qui plaisait tant, par sa rigueur, à une partie de l'extrême gauche[2].

*

En juillet, j'étais au Brésil, un pays, rare, où on a le sentiment que la sexualité n'est pas, comme dans tant d'autres, entachée de péché sinon de malédiction. Il y a au Brésil, issue d'Afrique, une joie palpable d'être à l'aise dans sa peau, d'habiter son corps avec plaisir et de partager son désir. On sent cela sur les plages de Rio, dans les rues de Bahia ou de Recife. On est à des années-lumière de l'Orient, avec la rigueur de ses interdits, ses « qu'en-dira-t-on », sa frustration, sa jalousie maladive, son désir ombrageux de possession. À cet égard on est en paix au Brésil et j'aimais cela.

Les Arméniens

À Aix-en-Provence, les 22 et 23 janvier 1982, se tint un procès dans une affaire de terrorisme. Un individu d'origine arménienne avait tenté, en vain, d'assassiner, à Berne, l'ambassadeur de Turquie en Suisse, le 6 février

1. *Les Habits neufs du président Mao*, Champ libre, 1971 ; *Ombres chinoises*, Christian Bourgois, 1974.
2. François Ponchaud aida à rétablir les faits dans *Cambodge année* zéro, Kailash, 1998.

1980. Travail d'amateur, on avait retrouvé Max Kilndjian grâce à la voiture qu'il avait louée sous son nom afin de commettre l'attentat.

Né en 1942, de nationalité française, le prévenu était inculpé de tentative d'assassinat contre la personne de Dogan Türkmen, l'ambassadeur. Ses avocats étaient Maîtres Henri Leclerc et Patrick Devedjian, venus de Paris. Pour expliquer le contexte historique de la tentation d'assassinat : Yves Ternon, historien, Jean-Marie Carzou, écrivain[1], Gérard Libaridian, professeur d'histoire, responsable des archives arméniennes de l'institut Zoryan à Boston, et Henri Noguères, président de la Ligue des Droits de l'Homme. Je témoignai brièvement, en tant qu'écrivain et professeur à l'École nationale d'administration[2].

« M. le président : Nous écoutons votre témoignage.

M. Chaliand : [...] le terrorisme arménien n'est ni social ni idéologique, ni de type déstabilisateur. Il s'agit d'une réaction de jeunes hommes indignés par le silence et le scandale de ce silence, pour un crime contre l'humanité commis entre 1915 et 1917 par l'État turc et jamais reconnu depuis. [...] Une commission des droits de l'homme de l'Onu, chargée de préparer un rapport sur la prévention et la punition de crime de génocide, a fait mentionner, en 1973, dans son paragraphe 30, l'existence du génocide des Arméniens. Entre 1973 et 1979, après une longue bataille de procédures visant à faire supprimer ce paragraphe, la Turquie y est parvenue. [...] Pour en revenir à la spécificité du terrorisme arménien, ce terrorisme est un terrorisme publicitaire parce qu'il n'y a pas d'autre recours pour faire entendre sa voix dans l'absolu silence, d'une part, de la Turquie, et d'autre part, de notre propre

1. *Arménie 1915, un génocide exemplaire*, Flammarion, 1975.
2. In *Les Arméniens en cour d'assises. Terrorisme ou résistance*, éditions Parenthèses, Marseille, 1983, p. 131-132.

conception occidentale des médias, où un événement n'a d'existence que s'il est d'actualité... [...] En revanche, je pense que tout type de terrorisme qui vise d'autres intérêts que ceux de l'État turc est stratégiquement contre-productif et politiquement débile. [...] Enfin, messieurs les jurés, en marge de l'affaire que vous avez à juger, je pense qu'il faut prendre en considération le fait que le génocide des Arméniens appartient à la conscience universelle et à notre mémoire collective et j'en appelle au président de la République, afin qu'il fasse entendre à cet égard la voix de la France[1].

— Ce n'est pas le lieu ici...

— J'ai terminé, monsieur le président. »

L'arrêt fut rendu au terme de deux journées par la Cour d'assises des Bouches-du-Rhône. L'accusé, ayant passé deux années en prison, fut acquitté. La foule, composée d'une écrasante majorité de gens d'origine arménienne, entonna la *Marseillaise*. J'étais très heureux d'avoir témoigné, d'avoir pu exprimer ce que toute l'assistance avait envie d'entendre.

Ce procès fut l'occasion de rencontrer une jeune génération de Français d'origine arménienne et d'Arméniens de France (distinguo des communautaires) que je ne connaissais pas, n'ayant quasiment pas fréquenté d'Arméniens depuis l'âge de seize ans – à de rares exceptions près.

Entre 1950 et 1975, j'ai rompu à peu près tout lien avec mes origines. Le « d » final de mon nom est une lettre de rupture. Je ne voulais plus entendre les litanies des veuves de mon enfance. Je faisais table rase, je ne voulais pas, pour héritage, d'un passé de désastre douloureusement connu seulement des Arméniens et relégué dans

1. Le génocide a été officiellement reconnu par la France en 2001, dix-neuf ans plus tard.

les oubliettes de l'Histoire. Je voulais aborder le monde à neuf, le prendre à bras-le-corps. Ces vieilles dames vêtues de noir, dévidant le fil funèbre de leurs souvenirs, n'avaient que la cinquantaine en ce temps-là. Elles se souvenaient d'êtres chers brutalement perdus, d'assassinats auxquels on assiste impuissantes, figées d'horreur, tandis que moi, j'ignorais ce qui leur était arrivé lorsqu'elles étaient jeunes filles. On ne parle pas de ces choses-là. Elles me rappellent, aujourd'hui, les chœurs antiques déplorant la ruine de la Cité. La Grande Guerre avait éclaté et l'Empire ottoman décadent, humilié, voulait non seulement survivre, mais retrouver un souffle nouveau en Asie centrale. La présence des populations arméniennes à l'est de l'Empire, soutenues par les Européens, était indésirable. Ils étaient au mauvais endroit au mauvais moment. L'intention d'en finir une fois pour toutes fut précipitée par la défaite d'Enver Pacha au Caucase durant l'offensive d'hiver au début de 1915. Ce n'était pas un massacre banal comme il y en avait eu tant, dans le passé. Cette fois, c'était l'assassinat d'un peuple. Les vieilles inconsolables de mon enfance avaient été marquées par le souvenir de ces horreurs, et léchaient leurs plaies encore et encore.

Qu'avais-je à voir avec ce masochisme ? Je n'en voulais pas pour héritage. Je vivais en France, dans un pays libre, où l'on ne courbe pas la tête, où les femmes occupent l'espace public, ma langue était le français. J'avais appris en France à penser librement.

Du côté de mon père, tout le monde avait été assassiné sauf un frère cadet et l'aîné, mon oncle avocat qui, en 1920, à la tête d'une cité montagnarde, avait soutenu un siège de sept mois grâce à l'aide fournie par le général Brémond, avant de mourir, les armes à la main.

En marge de ce génocide, mon héritage collectif, chevillé au ventre, j'avais ce qui me fonde, l'exemple de mon oncle : on ne se rend pas.

Mon père était mort, ma mère venait de mourir, j'étais le dernier de la lignée, j'avais beaucoup fait pour d'autres causes, d'autres peuples au cours des quinze dernières années. J'entrepris de commencer un petit livre, *Mémoire de ma mémoire*, en 1978, que je terminai en 2002, un quart de siècle plus tard. Il commençait ainsi : « Maintenant que tout le monde est mort, il est temps de se souvenir. »

« Les aiguilles de l'horloge du quartier juif marchent à rebours... » Lorsque Guillaume Apollinaire évoquait ainsi Prague dans *Zone*, vers 1913, il restait une trentaine d'années avant que les aiguilles ne s'arrêtent, pour ne reprendre leur course qu'après l'immense massacre qui ne portait pas encore de nom et dont le symbole deviendrait Auschwitz.

En cette année 1327 d'un autre calendrier qui, chez nous, se situe en 1915, le sort de ceux qui furent miens fut scellé. L'extermination intentionnelle des populations arméniennes d'Anatolie fut une catastrophe. Ces événements se sont passés, à la faveur d'une guerre, de façon relativement discrète, comme moins de trente ans plus tard, pour les juifs d'Europe. On ne cherchait pas à terroriser l'opinion en frappant d'horreur, l'élimination avait été programmée. Les victimes étaient impuissantes et dans l'ignorance de l'ampleur du massacre, avec, sans doute, l'aveugle espoir d'en réchapper. La population était désarmée et ceux qui étaient en âge de combattre dans l'armée ottomane avaient été, par petits groupes, privés d'armes, puis abattus.

Les hommes valides ont disparu les premiers, les déportations concernaient surtout les femmes, les enfants et les hommes âgés. Ceux de Constantinople, compte tenu de la présence des chancelleries, furent épargnés, comme ceux de Smyrne, sur l'intervention du général allemand Liman von Sanders. Quelque trois cent mille personnes parvinrent à fuir vers le Caucase. Au total, en deux années, environ un million d'Arméniens[1] disparaissaient, soit plus de la moitié d'un peuple. Un immense désastre.

Depuis, dans la vie que j'ai menée sur divers terrains de conflits armés, en Asie, au Moyen-Orient, en Afrique ou en Amérique latine, j'ai vu beaucoup de morts, des Blancs au visage cireux, des Noirs à la face terreuse, des Asiatiques au corps calciné. Malgré les charniers, les mutilations infligées dans la rage de se venger, je n'ai jamais oublié les récits des vieilles de mon enfance égrenant leur inconsolable malheur. On ne se remet jamais tout à fait de la tragédie originelle.

Bien que les puissances victorieuses eussent assuré que justice serait rendue, ce qui a suscité quelques illusions, cette tragédie fut rapidement oubliée, le contexte international et les conditions régionales ayant changé. Malgré tout, les Arméniens, au terme d'une ultime bataille à Sardarabad, avaient réussi à arracher un État au territoire modeste, mais reconnu, qui bientôt fut soviétisé.

Les survivants, dispersés sur trois continents, drainaient un deuil impossible dans un silence qui dura un demi-siècle.

Peu de voix arméniennes se sont fait entendre : Yervant Odian (1869-1926), déporté, en réchappa et publia son journal ; Kostan Zarian (1885-1969) se trouvait en Italie durant la guerre. De retour à Constantinople en 1919, il écrivit :

Dans ce siècle d'orage, tout Arménien encore vivant ressemble à une station émettant des signaux désespérés ne recevant jamais de réponse.

Le vent balaie nos hardes tandis que nos yeux abattus interrogent en vain l'horizon de l'histoire…

1. Entre 800 000 et 1,2 million selon les sources.

Il y a de la tragédie chez les grandes nations. Nous, nous sommes une nation tourmentée, nous ne sommes pas grands.

Chez les nations, comme chez les individus, la tragédie naît d'un besoin intérieur d'affronter le destin, de soutenir un combat mythique.

Nous, nous avons été victimes de circonstances défavorables, d'éléments contraires, d'événements sur lesquels nous n'avions pas prise.

Nous attendons, nos restes épars, devant les arcs de triomphe des autres nations.

Nous attendons quoi ? Qui ?

Notre génération a plus d'amis dans l'autre monde que dans celui-ci.

Il y a des lieux où je marche avec déchirement comme si je traversais un cimetière de souvenirs.

Nos pertes sont si grandes qu'il est impossible d'en parler. Nous avons tous le profond désir de les oublier. Hier est plein de feu et de sang, l'aujourd'hui d'incertitudes et les lendemains opaques.

Ceux qui sont revenus se taisent. Ils se taisent afin de pouvoir vivre. Mais leur visage porte le cachet de l'enfer.

Parfois viennent des hommes au visage triste qui remuent la cendre des lieux du bout de leurs cannes, menant avec eux-mêmes un dialogue muet.

Ils me font penser à des prêtres aveugles cherchant à tâtons leurs livres de prières dans les ruines de leur maison.

Et puis Kostan Zarian se rend en Arménie…

Je n'ai jamais vu de plaine plus lumineuse que celle de l'Ararat. La lumière ici, n'est pas comme en Occident, un bouquet de rayons tombés de nuages ou bien, à la manière de Rembrandt, un combat des ombres, mais l'étincelle pure d'un jardin de cristal.

Plaine et lumières ne font qu'un. Lorsque le paysan laboure, il retourne à chaque pelletée de terre une motte de lumière. [...]

Ici l'homme vit uni à la lumière. Le soleil est corps, pain quotidien. Notre architecture n'a nul besoin de colorations extérieures comme le dôme des mosquées persanes. L'église byzantine, surtout dans sa forme russe, est recouverte d'or, mais l'église arménienne est nue. Elle est, comme la cime de l'Ararat, lumière et musique.

Aujourd'hui j'ai réellement compris l'essence de nos cantiques anciens, de notre architecture et la construction spirituelle de notre foi, les couleurs sobres de nos tapis et les mobiles sonorités de notre langue[1].

Lorsque ces livres ont paru en arménien, il a fallu attendre plus de soixante-dix ans pour que le témoignage d'Odian soit traduit en français, cinquante années pour qu'une toute petite partie de l'ouvrage de Zarian paraisse en anglais. Aucune de ces œuvres n'a dépassé le petit cercle de ceux pour lesquels le génocide des Arméniens est une des tragédies majeures du XXe siècle. Il est vrai que le négationnisme de l'État turc a largement mobilisé, outre des spécialistes internationaux, les intellectuels arméniens, chercheurs ou non, soucieux de faire connaître ou reconnaître les faits. Peter Balakian[2] est une sorte d'exception, ayant réussi, aux États-Unis, à gagner une audience avec un livre à mi-chemin entre histoire et société. Ce sont en fait deux auteurs juifs qui ont évoqué avec le plus de force et de retentissement la tragédie arménienne : jadis l'écrivain autrichien Franz Werfel avec *Les Quarante Jours de Musa*

1. Kostan Zarian, *Le Voyageur et son chemin*, traduit de l'arménien par Alice Keghelian (inédit). Voir par ailleurs du même auteur *Le Bateau sur la montagne*, traduit par Pierre Ter-Sarkissian, Seuil, 1986.
2. *Le Tigre en flammes*, préface de Gérard Chaliand, Phébus, 2005.

Dagh[1], et plus récemment l'Allemand Edgar Hilsenrath avec *Le Conte de la pensée dernière*[2], un chef-d'œuvre.

La littérature est peut-être le seul médium qui puisse pleinement véhiculer, de façon pérenne, ce qui, par ailleurs, resterait comme un cri dans la gorge qui ne s'entend pas.

Entre 1975 et 1983, deux organisations arméniennes mènent une série d'attentats à l'échelle planétaire. L'Asala et les Justiciers du génocide, liés au parti Dashnag (sociaux-démocrates anticommunistes), qui frappent dans des pays socialistes (Bulgarie-Yougoslavie). Les activistes perdent rapidement de vue qu'il s'agit non d'exécuter des représentants officiels de l'État turc, mais d'aboutir à faire reconnaître internationalement la réalité du génocide des Arméniens. En juillet 1983, l'Asala, en pleine crise, commet un attentat à Orly au comptoir de la Turkish Airline qui fait huit morts et cinquante-cinq blessés. En janvier 1984, lors d'un procès mettant en cause quatre militants de l'Asala, je me démarque entièrement de leur action et la condamne comme nuisant à la finalité de la cause. Cependant je rappelle le contexte historique et la responsabilité de l'État turc au cours de la Première Guerre mondiale, qui voit l'élimination d'environ la moitié de la population arménienne d'Anatolie. Côté turc, le professeur Ataou évoque une déportation rendue nécessaire compte tenu des conditions de la guerre et chiffre le nombre des victimes dû à la rigueur des temps entre deux et trois cent mille personnes, minimisant de 50 % au moins le chiffre de six cent mille de l'historien proturc Justin McCarthy lui-même. C'était comme remuer le couteau dans la plaie.

1. Préface d'Élie Wiesel, Albin Michel, 2015.
2. Albin Michel, 1992.

À la sortie, je suis félicité par Méliné Manouchian, la veuve de Missak Manouchian, exécuté par les nazis (voir l'Affiche rouge).

C'est à cette occasion, qu'après en avoir discuté avec mon ami Yves Ternon (nous avions ensemble écrit naguère un ouvrage intitulé *1915, le Génocide des Arméniens*[1]), je prends la décision d'organiser un tribunal, à l'instar du Tribunal Russell, pour que soit présentée à l'opinion publique, à l'aide d'experts internationaux, la réalité des faits. La tenue d'un Tribunal international permettrait de ramener la « question arménienne » sur le plan juridique et historique mettant ainsi fin à la dérive des attentats à caractère terroriste. J'en fis part à Léo Matarasso, avocat que je connaissais depuis une quinzaine d'années, puisque nous nous étions souvent rencontrés lors de la préparation du Tribunal Russell, devant lequel j'avais témoigné à mon retour du Viêtnam (Roskilde, Danemark, 1967).

Puis, à partir des années 1980, j'ai fait éditer ou rééditer une quinzaine d'ouvrages[2] relatifs à la liquidation

1. Complexe, 1981, 2006; Archipoche, 2022.

2. G. Chaliand, Y. Ternon, *1915, le génocide des Arméniens*, *op. cit.* A. Chiraguian, *La Dette de sang*, présentation G. Chaliand, Ramsay, 1982. H. Morgenthau, *Mémoires*, préface G. Chaliand, Flammarion, 1984. J. Lepsius, *Archives du génocide des Arméniens*, préface A. Grosser, Fayard, 1986. F. Werfel, *Les Quarante Jours du Musa Degh,* préfacé par E. Wiesel, Albin Michel, 1986. J. Derogy, *Opération Nemesis*, préface G. Chaliand, Fayard, 1986. Y. Ternon, *Enquête sur la négation d'un génocide*, Parenthèse, 1989. V. Attarian *Le Génocide des Arméniens devant l'Onu*, Complexe, 1991. *La Tragédie de Soumgaït*, préface B. Kouchner, postface E. Bonner, Seuil, 1991. L. Davis, *La Province de la mort*, préface d'Y. Ternon, Complexe 1994. V. Dadrian, *Autopsie du génocide des Arméniens*, Complexe, 1995. V. Dadrian, *Histoire du génocide des Arméniens*, préface A. Grosser, Stock, 1996. Y. Ternon, *Guerres et Génocides au XXe siècle,* Odile Jacob, 2007. R. Kévorkian, *Le Génocide des Arméniens*, préface

concertée des populations arméniennes d'Anatolie au cours de la Première Guerre mondiale.

Il était temps de prendre en charge la blessure originelle. En organisant ce tribunal, j'avais pour ambition de porter à la connaissance du monde ce crime oublié et nié par les héritiers des criminels[1].

Jamais encore le tribunal n'avait examiné une question historique. Toutes les sessions concernaient des conflits en cours. François Rigaud, juriste belge président du tribunal, pensait que rien ne s'opposait à examiner, à l'aide d'experts, un dossier historique concernant un génocide dont le caractère imprescriptible avait été établi (1968).

Il fallut trouver les moyens logistiques et, pour cela faire appel à la communauté arménienne. La réunion en question eut lieu à l'église arménienne, où se trouvaient présentes des personnalités de mouvements politiques, concurrents sinon hostiles. N'appartenant à aucune faction, n'étant pas même connu dans ces milieux, sinon comme l'auteur de l'*Atlas stratégique* et de divers ouvrages – dont *Le Génocide des Arméniens* (avec Yves Ternon) –, j'exposai le but du tribunal, l'importance de sa tenue et la nécessité de trouver les moyens financiers pour payer les déplacements de ses membres et des experts. Ce fut accepté. Le tribunal était officiellement sollicité par trois organisations non gouvernementales : le Groupement pour les droits des minorités

---

G. Chaliand, Odile Jacob, 2009. R. Kévorkian et Y. Ternon, *Mémorial du génocide des Arméniens*, préface G. Chaliand, Seuil, 2014.

1. Le Tribunal permanent des peuples a été fondé à Bologne en 1979, par Lelio Basso, juriste et sénateur. Il faisait suite au Tribunal Russell, créé durant la guerre du Viêtnam, afin de juger la politique menée par les États-Unis dans ce pays. Je suis reconnaissant à l'égard de ceux et celles qui m'ont activement aidé : Alice Samuelian, Claire Mouradian, Isabelle Kortian, Varoujan Attarian, Gérard Libaridian, Juliette Minces et bien d'autres.

(France) dont j'étais le président, Gesellschaft für bedrohte Völker (Göttingen, Allemagne de l'Ouest), Cultural Survival, Cambridge, Massachusetts (USA).

Les questions posées au tribunal étaient : Est-il établi que le peuple arménien a été victime de déportations et de massacres dans l'Empire ottoman ? Ces faits constituent-ils un génocide au sens de la Convention internationale sur la prévention et la punition du crime de génocide (1948) et par conséquent tombant sous la Convention de 1968 sur l'imprescriptibilité de crime de génocide ?

La session se tint les 13-14 avril 1984, au grand amphithéâtre de la Sorbonne ; les experts étaient logés non loin, sur la place, et le lieu de réunion de nombre d'entre eux était la librairie Samuelian, située rue Monsieur-le-Prince, véritable quartier général. Celle-ci, la plus ancienne avec Geuthner et Maisonneuve des librairies orientalistes de France, créée par Hrant Samuel à la fin des années 1920, et reprise après son décès par ses enfants Alice et Serge, a représenté, outre la richesse de son fonds, une sorte de maison de la culture pour les intellectuels arméniens à l'échelle de la diaspora. C'était un lieu de passage et de rencontres aux idées libérales ouvert aux chercheurs et aux passionnés de l'Asie, aux voyageurs et, tout naturellement, à ceux d'origine arménienne ouverts sur le monde qui savaient que ce foyer de savoir était aussi un fragment de patrie perdue, mais toujours vivant.

Le jury comprenait trois Prix Nobel : Seán MacBride, président d'Amnesty International (Irlande), Adolfo Esquivel (Chili), George Wald (États-Unis).

Le président du jury était François Rigaux, professeur à l'université de Louvain (Belgique), secondé par neuf autres membres[1].

1. George Wald, biologiste (États-Unis), Ajit Roy, économiste (Inde), Léo Matarasso, avocat (Paris), Andréa Giardina, juriste (Italie), James

Il y eut de nombreux témoignages[1] dont celui, dans la salle, du cinéaste kurde de Turquie, Yılmaz Güney, qui avait, l'année précédente, reçu la Palme d'or du Festival de Cannes pour *Yol.* Ce fut, de tous les témoignages, celui qui provoqua les réactions les plus vives dans la presse turque.

Le verdict fut rendu à l'Assemblée nationale. « L'extermination des Arméniens, durant la Première Guerre mondiale, constitue un génocide et par ailleurs, un crime international. »

Les trois Prix Nobel furent reçus par le président de la République française. À l'audition du verdict, Gérard Libaridian me dit : « *You did more with those two days that all the Armenian political organisations in more than fifty years* » (« Tu as fait plus avec ces deux jours que toutes les organisations politiques arméniennes en plus de cinquante ans »). Et Ara Toranian, qui fut membre de l'Asala, vint me serrer la main en disant : « Bravo. »

Le tribunal, après la sentence, reçut l'appui de plus d'une centaine de personnalités[2].

Petras, sociologue (États-Unis), Ken Fry, parlementaire (Australie), Harold Edelstan (Suède), Madjib Bencheikh, juriste, (Algérie), Georges Casalis, théologien protestant (France).

1. Yves Ternon, historien (France), Christoph Walker, historien (Grande-Bretagne), Tessa Hoffman, professeure à la Freie Universität de Berlin-Ouest, Joe Verhoeven, professeur à l'Université de Louvain (Belgique), Richard G. Hovanissian, professeur à UCLA (États-Unis), Gérard Libaridian, de l'Institut Zoryan, Dikran Kouyoumdjian, professeur à California State University (Fresno, Californie, États-Unis), plus quatre témoins et ayant entendu le rapport du professeur Leo Kupper (UCLA), le mémorandum du professeur Theo van Boven, ancien directeur du Human Rights Division, United Nations, le témoignage du professeur Ataou, Université d'Ankara, prononcé à la cour criminelle de Paris (janvier 1984).

2. Dont Jürgen Habermas, Jacques Derrida, Paul Ricœur, Hans-Georg Gadamer, Pierre Vidal-Naquet, Emmanuel Levinas, Claude Lefort, Emmanuel Leroy-Ladurie, Jean-François Lyotard, Laurent

J'aurais tant aimé que mon père et ma mère aient pu être là.

La traduction de mon livre *Mémoire de ma mémoire* en arménien n'est pas due à l'initiative de l'administration arménienne, mais à celle d'Isabelle Kortian, journaliste pour *Nouvelle d'Arménie* et pour la radio. Depuis la préparation du Tribunal des Peuples (Sorbonne, 1983), elle a suivi ce que j'ai tenté de faire pour la reconnaissance officielle qui fut couronnée par celle de l'Allemagne en 2015. C'est elle qui a pu organiser la traduction, la publication et la présentation de *Mémoire de ma mémoire* à Erevan, grâce au concours essentiel de Gérard Libaridian, que je connaissais depuis 1982 (procès d'Aix). Il avait épaulé Jacques Derogy à Boston lors de l'élaboration d'*Opération Némésis*[1] (la traque politique la plus extraordinaire du XXe siècle).

Cette version venait après la traduction anglaise, italienne, espagnole, turque (traduite par des Kurdes). C'est Isabelle qui a organisé ma conférence auprès de l'ambassade de France, où j'ai eu le bonheur de rencontrer Jonathan Lacôte et Claire Le Flécher. L'estime de ceux qu'on estime soi-même est la récompense la plus précieuse. Une traduction en grec s'est ajoutée aux précédentes, grâce à Eleni Motsianou.

Schwarz, le cardinal Lustiger, René-Samuel Sirat, Grand Rabbin de France, Louis Mermaz, président de l'Assemblée nationale, Jack Lang, ministre de la Culture, Lucien Neuwirth, sénateur de la Loire, Raymond Aron…

1. Jacques Derogy, *Opération Némésis. Les Vengeurs arméniens*, préface de Gérard Chaliand, Fayard, 1986.

La poésie

Malgré ses résonances politiques et son caractère tragique, je place *Mémoire de ma mémoire* parmi mon œuvre littéraire, sinon poétique, bien plus qu'historique. Cette histoire me fonde et le cours de ma vie m'a permis d'en comprendre bien des aspects qui ne se peuvent transcrire qu'en littérature.

Tout au long de mon existence – et non seulement à l'adolescence comme c'est fréquent –, la poésie a occupé une place privilégiée. La chair des mots y atteint sa plénitude sous la forme la plus serrée afin de marquer les mémoires.

J'ai publié *La Marche têtue* chez Gallimard, en 1959, j'avais vingt-cinq ans ; *Feu nomade* en 1970 ; *Cavalier seul* en 2015 ; et l'ensemble de mes poèmes sous le titre *Feu nomade* en 2016, à nouveau chez Gallimard ; et, entre-temps, deux courts recueils. En somme, des premiers poèmes, *Les Couteaux dans le sable*, au dernier, *Saga si lointaine*, il s'est écoulé soixante années. Sans la préface de Claude Burgelin et la postface d'André Velter, mes poèmes comptent cent cinquante pages. Peut-être seront-ils encore lus dans l'avenir ?

J'ai eu beaucoup de mal à faire publier mes traductions de poètes turcs anciens et les poèmes populaires kurdes (trop exotiques vers 1960, l'un des lecteurs de chez Gallimard les trouva d'une « aimable rusticité »...), refusés par plusieurs maisons avant que le hasard ne leur soit enfin favorable. François Maspero rappelle comment il a pris connaissance, puis publié *Poésie populaire des Turcs et des Kurdes* (1961)[1] :

1. Ces deux recueils refusés d'abord par Seghers, Gallimard, Les Lettres nouvelles, etc., ont été repris maintes fois depuis par Stock, les Presses universitaires de Lyon, les éditions de l'Aube, etc.

« Mon premier livre de poésie, *Poésie populaire des Turcs et des Kurdes*, j'en ai trouvé le manuscrit par hasard lors d'une activité de militant : je venais de faire passer la frontière luxembourgeoise à deux condamnés à mort algériens évadés. Dans le tiroir du tableau de bord de la voiture, le conducteur, dont j'avais pris le relais, avait glissé des feuillets dactylographiés anonymes ; je lus, à une halte, un texte d'un ailleurs très lointain et cette lecture m'apporta beaucoup de joie. Il fallut remonter la filière de la clandestinité pour savoir que l'auteur s'appelait Gérard Chaliand[1]. »

Il y a une grâce romantique à ce hasard qui convient à la poésie. Tout au long de ma vie, j'ai été accompagné dans mes voyages d'un carnet de route avec des vers dans une demi-douzaine de langues comme des fragments de rêve… Avec des rencontres inoubliables, la poésie aura été l'aspect solaire de ma vie. La plupart des poètes écrivent trop. J'admire la sobriété du Baudelaire des *Fleurs du mal*, de T. S. Eliot, de Rimbaud. Tout Apollinaire n'est-il pas dans *Alcools* ? Et Cendrars dans *La Prose du Transsibérien* ?

L'ami le plus cher de ma génération, l'un des rares toujours présents, n'est autre que Claude Burgelin, qui a d'ailleurs préfacé mon dernier recueil de poésie[2]. Je l'ai connu en 1961, quand il vint avec Georges Perec proposer une étude sur le Nouveau Roman que publia la revue *Partisans*. Cette année-là, nous étions quelques-uns, à tour de rôle, à garder, la nuit, la librairie de François Maspero, La Joie de lire, régulièrement menacée par l'Organisation de l'armée secrète (OAS). En général nous étions trois, pauvrement armés d'un fusil de chasse et d'un 7.65, un pistolet conservé par un ancien résistant. Nous avions le

1. « Comment je suis devenu éditeur », *Le Monde*, 26 mars 1982. L'événement relaté date de 1960.
2. *Feu nomade et autres poèmes*, Poésie/Gallimard, 2016. Postface d'André Velter.

temps de faire connaissance. Singulièrement, le seul soir où la librairie ne fut pas gardée est celui où elle fut attaquée. Une première voiture passa et un pavé fut jeté dans la vitrine, presque aussitôt suivie par une seconde qui tira une rafale qui aurait causé des victimes.

Née dans ces circonstances, une longue amitié s'est renforcée avec les années, les préoccupations communes, et cette dimension d'éthique protestante qui, bien qu'incroyants, nous est commune. S'il fallait rendre compte d'un itinéraire, je serais honoré de l'avoir pour juge. Récemment, Burgelin, mieux qu'un essai biographique, s'est révélé un subtil descripteur de l'œuvre de Perec, permettant d'établir les facettes de sa personnalité.

Atlas

En 1982, je travaillais depuis l'année précédente sur un atlas. L'idée m'en était venue au fil des voyages. Ces déplacements continentaux où changeaient les heures, mais aussi les étoiles :

« Nous avons donné au monde des étoiles nouvelles », écrivait le Portugais Camoëns, reflétant ainsi sa perception d'Ibérique vivant à Macao dans un monde autre où le ciel se lit différemment. À la fin du XIXe siècle, quand Londres était au centre du monde grâce à sa suprématie navale, les horaires furent calculés à partir de Greenwich. Au XXe siècle, le poids des États-Unis s'est imposé et toutes leurs cartes montraient le monde ordonné autour du continent américain trônant entre deux océans où les États-Unis sont coiffés par l'Alaska. Grâce à mes lectures à la bibliothèque des Langues O, j'avais fait connaissance avec l'Orient ancien, où la perception du monde connu était autocentrée, sur Babylone. La Chine ne se concevait-elle pas comme l'empire du *Milieu* ? Selon les Incas, Cuzco, au Pérou, était au centre du monde.

Par la suite, lorsque j'ai mieux connu, par de longs séjours, d'autres terrains sur la masse eurasiatique et en Afrique, j'ai, au-delà du conflit Est-Ouest où il n'y avait que les alliés de l'un et les partisans de l'autre, pu connaître la perception d'un certain nombre d'États anciens dont l'épaisseur historique continuait d'avoir une logique géopolitique. Le Viêtnam, par exemple, s'affirmait contre la Chine, s'étendait au détriment des Chams, du Cambodge sinon du Laos. L'Éthiopie perdurait et par la suite se renforçait au fil des siècles contre l'islam.

L'Égypte, cet isolat relatif, protégé par des déserts, devait surtout couvrir son flanc oriental en occupant une partie des côtes du Levant.

La Chine comme l'Iran avaient été durant quelque deux millénaires des États civilisateurs des vagues nomades d'Asie steppique, turcophones ou mongoles.

J'avais évoqué ce projet d'atlas à mon ami Jean-Pierre Rageau (également ancien élève des Langues O) et nous avons décidé de faire équipe. Il a esquissé les cartes dont nous discutions, j'écrivais le texte, restait à trouver un cartographe, ce qui fut fait grâce à un ami commun. Catherine Petit fit un bon travail et il fallut près de deux ans pour mener l'entreprise à bien. J'avais débuté les recherches à la bibliothèque de l'Institut international d'études stratégiques (IISS) de Londres, dont j'étais membre à l'époque et dont le directeur était Christopher Bertram, qui facilita mes recherches. Je me rendis à Washington D.C., à la Bibliothèque du Congrès. Mon étonnement fut grand lorsqu'au sous-sol, à la section cartographique, s'avança un jeune homme qui me demanda « *What can I do for you ?* ». Je restai un moment interloqué. Quel contraste avec la

Bibliothèque nationale, où il fallait attendre longuement avant d'être servi par des fonctionnaires qui donnaient le sentiment d'être là pour conserver les livres, non pour les prêter.

Cet atlas fut d'abord refusé par une demi-douzaine d'éditeurs. On ne publiait aucun atlas en ce temps-là, sinon scolaire. Berger-Levrault, où j'éditais une collection de « stratégie » (ce n'était pas à la mode à l'époque en France), ne voulut pas s'engager. Le Seuil, par l'intermédiaire de Michel Chodkiewicz, me fit savoir que « les Français ne s'intéressaient pas à la stratégie ». Finalement, le seul qui voulut bien assumer le risque de la publication d'un atlas, de surcroît à l'italienne, c'est-à-dire plus large que haut, donc difficile à classer en librairie, fut Claude Durand, qui savait prendre des décisions. « Je vous offre 6 % à partager en deux », dit-il. Il ne fut pas question, si le livre se vendait, d'augmenter le pourcentage.

L'*Atlas* fut un extraordinaire succès. Claude Durand, directeur de Fayard, me fit inviter chez Bernard Pivot. J'y allai avec une mappemonde gonflable que je montrai pour rappeler que le monde est un globe. J'avais sélectionné quelques cartes jamais vues qui firent choc et j'ai lancé le globe qui légèrement retomba entre les bras de Pivot.

« Tu as gagné », dit Durand. En effet, quatre-vingt mille exemplaires furent vendus en quelques semaines et, avec les clubs et les éditions en poche (que le seul André Versaille publia dans le format d'origine, tant nous sommes conservateurs), on atteignit les deux cent mille. L'atlas fut publié aux États-Unis (Harper and Row) et en Grande-Bretagne (Penguin), premier atlas français publié chez les Anglo-Saxons ; en espagnol (Allianza), à Madrid et Buenos Aires ; en italien (Garzanti) ; et il y eut une édition piratée en persan publiée à Téhéran, où ne manquait qu'une carte, celle des minorités non persanes en Iran…

L'introduction disait : « Cet atlas constitue une innovation. Il n'existe, en effet, d'atlas stratégique ni en français ni en anglais ni en allemand ni, à notre connaissance, dans aucune autre langue. Notre vision dans la projection de la planète rompt avec la représentation de Mercator, ce monde horizontal [...]. Nous avons voulu aussi, en dehors des visions et des représentations usuelles des Européens ou des Américains, montrer le monde tel que le perçoivent les Chinois, les Soviétiques ou les musulmans. Cet *Atlas stratégique* prend également en compte une dimension non exprimée dans les ouvrages habituels : les perceptions de la sécurité des États : non seulement celles, majeures, des États-Unis ou de l'URSS, mais celles, moins connues, de puissances régionales tels la Chine, l'Inde, l'Iran, l'Arabie saoudite l'Afrique du Sud, le Japon, le Viêtnam, Israël, etc.[1] »

Par la suite, nous avons publié une douzaine d'atlas aux sujets fort divers.

*

En 1982, je passai six semaines en Amérique centrale (Mexique, Belize, Honduras, Guatemala, Salvador) avec pour objectif de jauger la situation révolutionnaire au Salvador. La conclusion, publiée dans *L'Express*, disait : « Gageons, compte tenu de la situation, que la "*Pax*

1. « Un instrument indispensable à la compréhension des phénomènes de notre temps » (Hélène Carrère d'Encausse). « Tous ceux qui s'intéressent aux relations internationales devraient posséder l'*Atlas stratégique*. Une fois qu'on l'a consulté, on ne peut plus s'en passer. Les grands problèmes de la politique mondiale y sont tous présentés en cartes, de manière claire et vivante. Chaliand et Rageau sont à la fois didactiques et pleins d'imagination. Ce livre, conçu pour la recherche et le plaisir de l'œil, est une véritable œuvre d'art. » (Stanley Hoffmann)

americana" restera, à moyen terme, le destin de l'Amérique centrale. » Cela déplut à la direction de l'époque et je ne fus plus invité à collaborer à cet hebdomadaire.

Mexique, 1982

C'était mon quatrième séjour dans ce pays, où le cours du peso venait brutalement de s'effondrer. En 1961 j'y arrivai avec mes illusions nourries d'images révolutionnaires remontant aux années 1910, un demi-siècle plus tôt, suggérées par le *Viva Mexico* romantique et guerrier d'Eisenstein… Le Mexique contemporain vantait le Coca-Cola dans une capitale bondée de touristes américains distraits par des rengaines chantées par des obèses courtauds coiffés de sombreros. Les deux autres fois, en 1969 et en 1973, ne m'avaient pas réconcilié avec le « Parti révolutionnaire institutionnel » et ses pratiques. J'avais mieux connu le pays : le Nord, si différent avec le *corrido*, ce chant épique, les provinces pauvres comme celles, souvent troublées, de l'État de Guerrero, la beauté d'Oaxaca et l'élégance sévère des sites mayas. Trois décennies plus tard, le pays était surtout marqué par un narcotrafic d'une extrême brutalité. Cette fois, je me contentai de traverser le pays en direction de l'Amérique centrale. Les Cubains soutenaient, au Salvador, le « Front Farabundo Martí ». Les Américains y finançaient leurs adversaires, à partir du Honduras voisin.

Trois années plus tôt, la révolution sandiniste renversait le long règne d'un vieil allié des États-Unis, le dictateur Somoza. Vingt ans après celle de Cuba, une insurrection latino-américaine venait enfin de l'emporter ! Les échecs avaient été nombreux tout au long de ces années et, à l'exception de la Colombie que je connaissais, rien ne paraissait solidement enraciné. Venezuela, Guatemala, Pérou, Argentine, des foyers suivant le modèle esquissé par Ernesto Guevara (entamer la lutte armée afin d'entraîner par l'exemple les populations) avaient débouché sur des échecs. Le plus retentissant fut celui de Guevara lui-même en Bolivie (1967). Tous ceux qui avaient applaudi par la suite aux « guérillas urbaines », telle celle des Tupamaros d'Uruguay, qui avait brillamment commencé pour finir par provoquer la montée d'une longue dictature policière, ou qui avaient déploré la chute de Salvador Allende au Chili (1973), se réjouissaient de l'avènement d'un second souffle révolutionnaire symbolisé par la victoire, au Nicaragua, de Daniel Ortega.

J'écris ces lignes près de quatre décennies plus tard, tandis que Daniel Ortega, qui perdit le pouvoir, puis, par la suite, le reprit, a fait tirer à l'été 2018 sur des protestataires qui dénonçaient son pouvoir dictatorial, qu'il conserve à ce jour. En Amérique centrale, une aire considérée avec le golfe du Mexique comme essentielle sur le plan stratégique, les États-Unis étaient bien décidés à ne pas subir d'échec. Ronald Reagan avait bien haut décrété son soutien aux « combattants de la liberté » : les Afghans opposés à l'intervention soviétique ; le mouvement angolais Unita de Jonas Savimbi, épaulé par l'Afrique du Sud où régnait l'Apartheid ; les « Contras », surtout composés d'anciens partisans du dictateur Somoza, équipés et réorganisés par les États-Unis.

J'enquêtai surtout au Salvador. Aux Contras s'étaient joints des Indiens Mosquitos du Nicaragua, déçus par le caractère jacobin du régime de Daniel Ortega. Ces opérations obligeaient l'État révolutionnaire à s'arc-bouter sur la défensive, sans pouvoir se concentrer au mieux-être économique qu'il s'était engagé à apporter. Au fil du temps, la population fut déçue dans son attente.

Au Salvador, la majorité des hôtels sont fermés. Au Ritz, sur cinquante chambres, six sont occupées. Dans le pays, une seule route est sûre : la panaméricaine, qui court du Mexique au Panama. La majeure partie des autres est risquée, compte tenu de la facilité d'y tendre des embuscades. Le mieux est d'emprunter l'autobus, la guérilla s'efforçant de ménager les populations, du moins dans les déplacements. J'ai pu me rendre à Tegucigalpa, capitale du Honduras voisin. En quelque 300 kilomètres, cinq contrôles, ce qui est modeste comparé au Guatemala, où ceux-ci se font à chaque carrefour. N'étant pas accrédité, je n'ai pu rencontrer de responsables contras, mais j'ai pu constater, côté salvadorien, l'efficacité de leurs interventions.

« L'offensive finale » lancée l'an dernier a échoué. Était-il utile d'annoncer qu'elle serait l'assaut ultime ? On tend ici à privilégier l'action spectaculaire, la démonstration de force plutôt que le travail, peu visible, de mobilisation et d'organisation. La ténacité, d'une façon générale, n'est pas la vertu cardinale en Amérique latine.

Beaucoup de proclamations, d'agitation ponctuée d'actions violentes, mais guère de structures destinées à remplacer l'État en suscitant des hiérarchies parallèles. Pour sauver la face, le Front accentua sa pression militaire au détriment du travail politique. La population a fait les frais de cette politique du chaos.

Enquêter en Amérique latine était décevant. Trop de verbe, peu de travail organisationnel, c'était aussi triste que le Moyen-Orient arabe.

*

Le Sentier lumineux

J'arrivai avec Kim à Buenos Aires, où je ne connaissais personne. Le temps de parcourir la ville, à pied et en autobus, de savourer les vieux bistrots et de tenter de danser le tango, sans grand succès, quand on voyait l'élégante virtuosité avec laquelle évoluaient certains couples. Au restaurant, de goûter jusqu'à satiété aux viandes grillées exceptionnelles, et de jouir de soirées qui duraient aisément jusqu'à 3 heures du matin, Buenos Aires est une ville nocturne… Il fallut cependant remonter vers le nord par Rosario et Tucumán. C'est là, dans un journal local, que j'appris, en première page, la mort de cette inoubliable actrice qui incarnait la « Loulou » de Pabst, Louise Brooks. Combien d'événements ai-je ainsi appris au détour de journaux locaux, dans d'autres langues que la mienne ?

Nous avons attendu le train pour La Paz. Il y avait foule. Un premier train est arrivé. Vide, avec des wagons à bestiaux qui rappelaient ceux de la Seconde Guerre mondiale dans lesquels on avait parqué les déportés. Déjà, certaines des femmes, parmi les plus délurées, s'étaient procuré des sacs plastiques pour uriner en route. Il n'était pas question de monter là-dedans. On a attendu plusieurs heures, finalement il est arrivé un train déjà bondé. Pour rentrer, il valait mieux passer par les fenêtres. Le train roulait sans hâte, au fil des heures, avec des gens accrochés aux marchepieds. Par lassitude, nous avons abandonné le train en passant par la fenêtre, à Villazón. Nous avons marché jusqu'à Andahuaylas puis vers la petite ville d'Abancay, où il n'y avait rien d'ouvert pour manger. Nous avons dormi dans une école, à même le sol, heureux de trouver un abri et, au matin, nous sommes montés dans un autobus qui allait vers le nord. Il faut de la patience pour supporter l'exiguïté de l'espace laissé à chacun, durant des heures.

Le véhicule roule par des pentes escarpées, trop chargé, surtout sur le toit pour être véritablement stable dans les virages. L'un d'eux, mal négocié, parut nous précipiter dans le vide, aux cris des paysannes. Nous avions frôlé la catastrophe. On s'est arrêté peu après devant une auberge. Tout ici est mené à la diable en espérant, avec l'aide du Seigneur ou de la Vierge, que cela se passera bien (là encore, comme au Moyen-Orient… Inch Allah). Deux jours plus tard, nous étions à La Paz. C'est une ville entonnoir. En haut les pauvres, car l'air est plus rare et plus rude. En bas les riches, moins gênés par l'altitude. On est à près de 4 000 mètres.

Il y a, à La Paz, un musée, sans doute unique au monde, qui s'appelle le « musée du Littoral perdu ». Aux murs, des photos datant du dernier quart du XIXe siècle, d'Antofagasta, le port perdu au terme d'une guerre avec le Chili. La Bolivie, depuis, est un pays enclavé, flanqué sur le versant oriental d'une forêt tropicale. On regarde ces photos, noires et blanches, tristes comme un paradis perdu, dont demeure le souvenir sur du papier glacé. La Bolivie est d'une rare mélancolie. On ne sait pourquoi, on a l'impression d'être venu trop tard, après la catastrophe. Rien de plus morne que la *puna*, cette steppe d'altitude quasi déserte où parfois cheminent quelques Indiens ou Indiennes vêtus de noir sous leur chapeau melon d'autrefois. Il y pleut souvent, une pluie fine, la *garua*, le son de la flûte indienne, la *quena*, convient à cette nature où l'on a le sentiment d'être écrasé par le destin, la cordillère des Andes, et une histoire ponctuée de défaites. La Bolivie, je ne savais pourquoi, me touchait, particulièrement. En écrivant ces lignes, je m'avise que le sentiment du « jamais plus » ressenti dans ce musée évoquait peut-être ma propre histoire, sans que je fisse le rapport à l'époque. Je ne m'étais pas encore vraiment penché sur le passé, celui que j'avais écarté à l'adolescence.

Nous sommes allés à Potosí, où jadis les Indiens, dans d'épouvantables conditions, extrayaient l'argent qu'on envoyait en Espagne. On est à 4 200 mètres et cela se ressent physiquement. Dans un des bâtiments administratifs les plus imposants, on visite une salle où se trouvent les portraits de ceux qui gouvernèrent la Bolivie, une impressionnante suite, essentiellement de militaires, qui se sont succédé, à vive allure, d'un *pronunciamiento* à l'autre. Je remarque que l'un d'eux n'a été au pouvoir qu'une seule journée... Le général Tapioca était donc bolivien ? En 1952, ici s'est produite une révolution. Ses conséquences ont été raciales. Le pays n'est plus comme jadis dirigé par des Blancs, mais des métis, cependant on est encore loin d'un minimum de justice sociale.

Pour passer au Pérou, on longe le lac Titicaca. Une eau lisse, où naviguent de petites embarcations fragiles faites de roseaux *totora*. Tout près, quelques ruines dites précolombiennes. De Puno, au bord du lac, jusqu'à Ayacucho, le « carrefour du diable » paraît-il en langue indienne, il y a près de 800 kilomètres. Pour couvrir cette distance, il faut près de soixante heures. Les journées sont très chaudes, les nuits très froides. C'est l'hiver austral. Les autocars sont bondés, avec des paysans et des paysannes chargés de victuailles qu'ils vont vendre. Le couloir central, étroit au milieu des ballots et des gens debout, est quasiment impraticable. Il faut, de surcroît, surveiller ses affaires. On vole beaucoup au Pérou, ce qui n'était pas le cas il y a une quinzaine d'années. On est dans une sorte d'insécurité sans violence, sournoise, née de la misère. Contrairement au Mexique, où l'héritage précolombien est assumé, au Pérou, en cette année 1985, on est encore dans un monde culturellement créole, le monde des Indiens est resté ignoré. À la télévision le modèle est blanc.

Le Sentier lumineux, de son vrai nom Parti communiste péruvien, né en province dans les milieux universitaires, s'est développé dans la sierra méridionale parmi les populations rurales n'ayant pu bénéficier des réformes du régime militaire moderniste du général Velasco au début des années 1970. Le mouvement s'appuie sur des populations de métis, les *cholos*, mais aussi d'Indiens et sur des urbanisés récents.

Lima était, il y a deux décennies, une ville blanche, elle est devenue, avec l'exode rural massif, une ville métisse. En ce milieu des années 1980, les Blancs sont à San Isidro, Miraflores ou Barranca, les quartiers chers. Nous logeons dans une pension que je connaissais d'un séjour précédent, tenue par deux vieilles Anglaises, comme sorties d'un roman victorien.

Avant d'arriver à Ayacucho, nous avons été contrôlés près de dix fois au cours de la dernière journée. L'armée est omniprésente. En ville, au coin des rues, des sacs de sable derrière lesquels s'abritent des militaires armés de mitraillettes. Le dimanche, sur la place d'armes, défilé militaire avec musique martiale et, aux quatre coins, par groupes, des Sinchis, unités des services antiguérillas portant des chemises noires et réputées redoutables.

Le Sentier se réclamant de la « pensée Mao Zedong », le petit groupe dirigé par Abimael Guzmán, professeur de philosophie à l'université d'Ayacucho, est animé par des gens d'origine provinciale n'ayant jamais quitté le Pérou (sauf quelques cadres qui visitèrent la Chine durant la Révolution culturelle). Le parti s'est imposé en défendant les intérêts des paysans contre l'arbitraire, les empiétements des gros propriétaires, les prêts usuraires pratiqués par certains commerçants. C'est en 1983 que le pouvoir passe à l'offensive afin de ravir l'initiative au Sentier lumineux. L'année précédente, le Sentier avait réussi à libérer près de deux cents de ses militants détenus à la prison d'Ayacucho.

Des deux côtés, les exactions se multiplient. Le Sentier se rend impopulaire en forçant les villageois à ne plus vendre leurs produits, afin de gêner l'approvisionnement des villes.

Mon contact à Ayacucho, un prêtre, se révèle introuvable. Quadrillée, la cité est un piège pour des étrangers immédiatement repérables. Comme j'avais un autre contact, établi par le truchement d'une institution caritative elle-même en contact avec les prisons, nous avons préféré gagner la capitale, où les étrangers ne sont pas exceptionnels. Je n'ai pas rencontré les dirigeants, qui tenaient à une clandestinité aussi rigoureuse que possible. On estimait, parmi les cadres, jeter « les bases d'une démocratie nouvelle inspirée du modèle maoïste ». Abimael Guzmán, dénommé le « président Gonzalo », était considéré comme « la quatrième épée du marxisme après Lénine, Staline et Mao ». Après une série de contacts, par le truchement soit d'ONG, soit d'institutions caritatives proches de l'Église, j'ai pu obtenir trois entretiens avec un cadre du Sentier. La trentaine, métis, fils de paysan pauvre. Il a quitté la campagne il y a quatre ans, sur ordre du parti, pour s'installer à Lima. De ces entretiens, il me reste un discours idéologique particulièrement roide – j'ai déjà connu cela, mais en moins sous-développé.

« Sous la direction du président Gonzalo, le parti marche vers le pouvoir. Le Sentier jette les bases d'une démocratie nouvelle inspirée du modèle maoïste. Non, il n'y aura pas, comme en Chine, de trahison du maoïsme (à la Deng Xiaoping), où la ligne juste a été abandonnée. Pourquoi ! Parce que Mao ne contrôlait, à la fin, ni l'État ni l'armée. Tandis qu'au Sentier, le président Gonzalo contrôle l'ensemble de l'appareil du parti. Nous avons cinq femmes parmi les dix responsables principaux. Le président Gonzalo, fidèle au modèle proposé par Mao, estime que les campagnes feront tomber les villes. Nous n'avons aucune intention de négocier. »

La révolution serait radicale et menée avec la dernière sévérité. On avait là des militants convaincus, prêts à risquer la mort sans hésiter puisque le président Gonzalo détenait la ligne correcte menant à la victoire. Plus tard, sous la présidence très autoritaire de Fujimori, le président Gonzalo fut fait prisonnier alors qu'il se cachait en ville, et il enjoignit ses troupes à déposer les armes.

Le Sentier lumineux ne se remit jamais de cet échec.

Le bilan latino-américain

La montée au pouvoir des castristes date de 1959. Un quart de siècle plus tard, quel est le bilan du mouvement révolutionnaire latino-américain ? Guevara, dans son analyse, négligeait le fait que la révolution cubaine en 1956-1959 se présentait comme une insurrection au nom du « pain et de la liberté » contre une dictature. Aussi fut-elle, à Cuba, un point de ralliement pour beaucoup de forces sociales. Les États-Unis, dans ces conditions, firent preuve d'une neutralité bienveillante. L'enlèvement publicitaire du célèbre coureur automobile Fangio fut un coup d'éclat qui rendit la guérilla castriste célèbre et populaire auprès des opinions publiques occidentales et, bien sûr, d'Amérique latine. L'unique analyse critique de terrain au cours des années 1960 a été celle d'Héctor Béjar[1]. Elle est remarquable par sa lucidité.

J'ai pu apprendre, à Lima, par la veuve française de Guillermo Lobaton, l'un des cadres dirigeants de la guérilla péruvienne, le caractère volontariste et bâclé de

1. Héctor Béjar, *Les Guérillas péruviennes de 1965*, Maspero, 1967.

l'implantation de ce petit groupe initial qui devait faire tache d'huile. Et, par la suite, les circonstances de sa liquidation évoquée avec précision par Héctor Béjar. D'autres expériences n'ont malheureusement pas laissé de contribution lucide concernant leurs échecs.

Le bilan de Guevara en Bolivie est pathétique. Une communication linguistique avec les populations indiennes était impossible, ce qui accentua l'isolement des guérilleros, presque tous étrangers. En conséquence, comme l'écrit Guevara au neuvième mois de sa présence (il décède au onzième) : « Pas un paysan n'a rejoint la guérilla[1]. »

Après cette quasi-décennie d'errements, Carlos Marighella, les Tupamaros d'Uruguay et des mouvements révolutionnaires argentins décident de recourir à la « guérilla urbaine ». Ce terrorisme dans les villes se solde au Brésil par la mort de Marighella et la rapide marginalisation des Argentins. Les Tupamaros, issus d'une société plus avancée, avec une relation au temps et au travail plus industrielle, vont connaître des débuts spectaculaires. Cependant, avec le temps, les Tupamaros seront de plus en plus étroitement isolés (clandestinité oblige) et finiront par provoquer la montée au pouvoir d'une dictature militaire qui durera douze années. La démonstration selon laquelle la démocratie uruguayenne n'était qu'apparente trouvait ainsi une conclusion tragique[2].

Incidemment, les comptes rendus journalistiques de leurs exploits initiaux, lorsque la police fut prise par surprise, suscitèrent, hors d'Amérique latine, des émules (aux États-Unis, au Québec, en Italie, en Allemagne de

---

1. Ernesto Guevara, *Journal de Bolivie*, François Maspero, 1968.

2. La démocratie « bourgeoise » n'était, selon les Tupamaros, qu'une apparence. En provoquant la violence (révolutionnaire) le mouvement allait démontrer aux « masses » que cette démocratie est fondée sur la violence de classe.

l'Est) avec des résultats aussi peu probants. Les « masses populaires » au nom desquelles ces mouvements se sont soulevés n'avaient pas l'intention de s'engager à leur côté même si, en Italie, les Brigades rouges provoquèrent parfois des sympathies agissantes dans les milieux artistiques et littéraires. Avant la fin des années 1970, pour les mieux organisés, tous ces mouvements subversifs avaient pratiquement disparu.

J'étais à Cuba en 1961, au lendemain de l'effervescence révolutionnaire et de l'enthousiasme de la victoire cubaine à Playa Girón (la CIA avait épaulé une tentative, par des Cubains, pour renverser le régime castriste, ce qui témoignait de leur sous-estimation de la popularité du régime) et, en 1967, lors de la conférence de l'Olas – Organisation latino-américaine de solidarité, où étaient présents tous les mouvements combattants ou d'extrême gauche latinos. Cette conférence faisait suite à celle de l'année précédente : la Tricontinentale[1], où Amílcar Cabral s'était distingué par le sérieux de ses analyses, centrées sur les faiblesses des mouvements combattants, et non par des déclarations tonitruantes et creuses comme celles de la plupart des participants. En Amérique latine, le *machismo* était de rigueur.

À cette occasion, je signalai en vain à Osmany Cienfuegos (en charge de la conférence) ma critique de la théorie du *foco*, telle qu'elle fut théorisée dans *Révolution dans la révolution*[2]. Guevara était encore vivant en Bolivie en cet été 1967 et portait tous les espoirs des Cubains et des mouvements combattants dans divers pays latino-américains. Début octobre, tandis que je venais d'arriver au

1. Roger Faligot, *Tricontinentale*, La Découverte, 2013.
2. Régis Debray, recension refusée par *Partisans* (revue de F. Maspero), par *Le Nouvel Observateur*, partiellement publiée dans la *Revue internationale du socialisme* de Lelio Basso et finalement publiée in extenso grâce à Jean-Marie Domenach dans *Esprit*, 1967.

Nord-Viêtnam, Guevara, *le dernier héros blanc*, était tué à Camiri. C'était il y a plus d'un demi-siècle. Depuis, on n'en voit plus que dans les films américains.

Vu d'aujourd'hui, le bilan révolutionnaire latino-américain est d'une pathétique pauvreté. Celle-ci est due, dans un premier temps, à la « théorie » du *foco*, qu'il soit rural ou urbain, mais plus généralement à une cause majeure : l'absence physique de l'adversaire étranger qui facilite la mobilisation. Contrairement à l'ère coloniale, on n'a jamais connu, en Amérique latine, que des guerres civiles. L'« impérialisme yankee », pour la paysannerie, notamment andine, reste une abstraction.

Maigre bilan, tandis que les Andes devaient devenir une « nouvelle Sierra Maestra ».

L'idéologie et l'inflation verbale ont tenu, en Amérique latine comme dans certains pays du Moyen-Orient, une place considérable au détriment du travail politique.

Entracte

Professeur en visite à l'université de Berkeley, je faisais en 1983 un cours sur les mouvements de libération nationale, de la guerre d'Indochine aux organisations palestiniennes. J'habitais chez mes amis très chers, à quelque 7 kilomètres de l'université que je faisais à pied ou en courant selon les nécessités de l'horaire. Enseigner à Berkeley, au printemps, ressemblait à des vacances : la décontraction dans les attitudes, les vêtements, les pelouses de l'université où les étudiants étaient étendus sur l'herbe... Tout reflétait une atmosphère de liberté sans tension apparente. Le tournant personnifié par l'élection de Ronald Reagan n'était encore que peu sensible sur cette Côte ouest, dans les milieux étudiants, encore marqués par le vent du changement qui avait soufflé de la seconde partie des années 1960 jusqu'au milieu des années 1970. Une époque regrettée par ceux qui eurent le privilège de la vivre. Bien sûr, nombreux parmi les étudiants et les étudiantes, festifs bien que studieux, étaient ceux qui s'inquiétaient d'un avenir paraissant moins facile qu'autrefois. Mais l'Amérique restait optimiste, combative, ouverte à la nouveauté et à l'initiative, j'aimais cela.

Kim me rejoignit vers la fin de mon séjour et nous avons, ensemble, exploré San Francisco, qui avait tant changé depuis les années 1970 et la première fois que je l'avais vue. Bien sûr, il y avait toujours City Lights, la librairie de Ferlinghetti, un célèbre beatnik. Et les cafés italiens, les rues vertigineuses où l'on avait l'impression que la voiture allait verser une fois au sommet, du moins la première fois. Nous étions jeunes, en bonne santé, amoureux, et nous le savions, ce qui n'est pas si fréquent, tant ce qui va bien semble aller de soi. Même si l'on sentait combien elles étaient éphémères, ces années-là avaient quelque chose de miraculeux dans la légèreté.

À Pâques, nous sommes allés en Italie, invités à Bologne par le EPLF, le mouvement sécessionniste érythréen, qui connaissait des jours difficiles sur le terrain depuis la volte-face de l'Union soviétique à la fin des années 1970, laquelle soutenait désormais le régime « marxiste-léniniste » du colonel Mengistu en Éthiopie. Les Cubains, à l'époque, suivaient l'URSS en se rangeant du côté de l'Éthiopie et expédiaient des troupes contre un mouvement de libération nationale. Sur le chemin du retour, nous nous sommes arrêtés quelques jours dans d'inoubliables villes italiennes : Pérouse, Sienne, Ferrare. C'est un pays inépuisable.

L'été, Kim, qui était actrice, avait une tournée théâtrale organisée par la troupe de Mehmet Ulusoy en Martinique.

Je l'accompagnai. Nous fûmes reçus par Aimé Césaire, alors maire de Fort-de-France, qui jouissait d'un prestige considérable. Nous nous étions rencontrés en 1960, par l'intermédiaire d'une amie martiniquaise. Il avait lu à cette occasion *La Marche têtue* et m'avait dit: « C'est un très beau poème. » Cela ne s'oublie pas… La vie, en apparence, était facile en Martinique – on n'y constatait pas ce ressentiment à fleur de peau qu'on pouvait rencontrer dans certains milieux sociaux de la Guadeloupe. On dansait beaucoup, jusqu'à une heure avancée de la nuit. Dans l'administration on faisait preuve d'une décontraction très marquée. Il y avait foule au théâtre et la troupe interprétait une version très poétique des *Mille et une Nuits*. La douzaine d'actrices et d'acteurs – sans compter la régie – était ravie. Le soir, nous dansions, le punch était à base d'excellent rhum agricole. Il y avait parmi les actrices une très sculpturale Éthiopienne nommée Dido. Kim me fit comprendre qu'elle apprécierait que je ne lui fasse pas la cour et je respectai son souhait. Il faut savoir ce que l'on veut sauvegarder. Dans les micromilieux où tout se sait, c'est une discipline à laquelle je me suis, par la suite, plusieurs fois astreint, même si je pense que personne n'appartient à personne. Mais dans le tissu complexe des sentiments, la raison n'occupe pas la première place. C'est à l'automne de cette année-là que parut de façon fracassante l'*Atlas stratégique*… C'était le succès, soudain vous prenez de l'importance, on vous proposait ceci ou cela… Le succès, c'était aussi l'argent.

L'année suivante, grâce à Michel Jan, attaché militaire à l'ambassade de France à Pékin, nous sommes allés en Chine, Juliette et moi. Elle avait jadis étudié le chinois durant quatre ans à l'École des langues et civilisations orientales. Bien qu'on oublie une langue apprise adulte si on ne la pratique pas durant longtemps, elle avait une bonne mémoire et l'oreille musicale. Cela nous fut précieux dans nos déplacements. Michel Jan m'avait ménagé une rencontre auprès du ministère des Affaires étrangères. Nous étions trois, un membre de l'ambassade de France, Juliette et moi. Un diplomate chinois demanda : « Qui est le chef de la délégation ? » Nous nous sommes retenus de rire. Je répondis : « Il n'y en a pas. » L'entrevue se déroula à la chinoise, c'est-à-dire que l'échange s'en tint essentiellement au monologue de l'invité. J'ai évoqué le soutien de la Chine aux Khmers rouges, indiquant, au passage, que cela avait été fort peu apprécié par les Viêtnamiens. En face de nous, le vieux diplomate chinois, un éventail à la main droite, luttait contre la chaleur. Il dit sèchement, en agitant son éventail : « Les Viêtnamiens… des tributaires arrogants. » Cela valait un volume…

L'entretien, si l'on peut appeler ainsi mon quasi-monologue, ne donna rien de plus. Je remerciai. Par la suite, nous avons traversé la Chine du nord au sud, en passant par Xi'an pour voir l'impressionnante armée muette du premier empereur Qin Shi Huangdi, le père de la dynastie des Han, trois siècles avant l'ère présente, inaugurant à sa façon le légisme qui, au IIe siècle, trouvera avec Dong Zhongshu son théoricien majeur. Le légisme partait du constat que l'homme est mauvais et préconisait un contrat social autrement rigide que celui proposé par le confucianisme. À Xian, on était en train de restaurer la dernière mosquée de la route de la soie – une aire qui du VIIIe au XIIe siècle fut plus ou moins dominée sur la masse eurasiatique comme sur l'océan Indien par les musulmans…

Puis nous avons eu le privilège de visiter Luoyang et les grottes de Longmen, des chefs-d'œuvre qui ne furent sauvés, lors de la Révolution culturelle, que par l'intervention de Zhou Enlai ! Puis Shanghai, avec ses réminiscences de comptoirs coloniaux, dépassés désormais par la Chine nouvelle – nous avons aussi rencontré Joris Ivens à Pékin, dont nous connaissions les films et qui était en tournage avec Marceline Loridan. Elle n'avait pas encore écrit son chef-d'œuvre : *Et tu n'es pas revenu*. Ivens était fasciné par la Chine et très optimiste sur les changements en cours depuis Deng Xiaoping.

À Canton, Michel Jan nous mena dans un restaurant d'une délicatesse qui faisait oublier ce qu'on appelait un restaurant cantonais à Paris puis, ce fut Hong Kong, d'une vitalité exceptionnelle, de jour comme de nuit, où je retournerai plusieurs fois avant qu'elle ne soit rendue à la Chine par la Grande-Bretagne, à la fin du siècle dernier.

Cette année-là, par un décret du ministère des Relations extérieures (18 septembre 1984), je fus nommé pour une période de trois ans conseiller au Centre d'analyse et de prévision (CAP) avec sept autres personnes : Jean-Luc Domenach, Jean-Louis Gergorin, Jean Guyot, Pierre Hassner, Vincent Labouret, Thierry de Montbrial et Maxime Rodinson. En fait, j'y fus consulté de 1984 à 1993. Notamment à l'époque de Philippe Coste, de Bruno Racine et de Jean-Marie Guéhenno.

1985 fut pour moi une année économiquement faste, grâce aux ventes de l'*Atlas stratégique*. Je pus offrir un studio à Kim, un tour du monde à Juliette avec moi, et faire quelques cadeaux à des amis. Je retournai en Afrique du Sud cette année-là puis, en octobre-novembre au Québec, puis à UCLA…

Angola (21 avril-27 mai 1985)

J'ai été invité deux fois par Jonas Savimbi (1934-2002), dirigeant de l'Unita en Angola. J'avais refusé une première fois, Savimbi étant soutenu par l'Afrique du Sud, où régnait l'Apartheid. La seconde fois, il m'avait dépêché, à Paris, un de ses lieutenants, pour me dire que son invitation ne m'obligeait nullement à écrire quoi que ce soit, qu'il appréciait mon livre *Lutte armée en Afrique,* consacré à l'organisation des régions libérées par le mouvement d'Amílcar Cabral, vingt ans plutôt, pour lequel il avait beaucoup d'admiration, et qu'il souhaitait montrer ce que l'Unita avait réalisé. J'acceptai en demandant d'être accompagné par un ami photographe. J'en parlai à Alain Guillo, qui accepta sans hésiter. À l'époque, le pouvoir était aux mains du Mouvement populaire de libération de l'Angola (MPLA), qui se disait d'extrême gauche, soutenu par l'URSS et des milliers de soldats cubains. L'Unita, cependant, représentait le groupe ethnique le plus important du pays, les Ovimbundus (40 %). Quelques années plus tard, le MPLA, contacté par les compagnies pétrolières américaines par l'intermédiaire d'un chercheur américain de mes amis, Gerald Bender, qui avait séjourné en Angola et connaissait les cadres du MPLA, changeait de camp en passant dans la mouvance américaine. Savimbi devenait isolé et indésirable pour les services américains qui, par la suite, eurent connaissance de sa localisation par un appel téléphonique qu'il eut l'imprudence de donner. Sa position fut communiquée à ses adversaires du MPLA. Le lendemain, Savimbi était tué.

La morale de cette histoire, qui n'en a pas, est qu'il ne faut en aucun cas se croire à l'abri d'une écoute.

Nous sommes arrivés à Kinshasa, où j'avais un ami, Régis Blin, économiste, qui avait travaillé à Washington au Fonds monétaire international et se retrouvait conseiller financier du colonel Mobutu. Régis nous reçut avec plaisir, j'étais très lié à son fils, Arnaud, et comme nous avions quelques jours de libres avant de partir pour l'Angola, il nous fit remonter en voiture le long du fleuve Congo jusqu'à Matadi. La route dominait le fleuve en contrebas, large, puissant, aux eaux limoneuses et rapides charriant parfois de grands troncs d'arbres capables d'éventrer des embarcations d'un volume imposant. Cela rappelait la descente du fleuve, un siècle plus tôt ou davantage, narrée dans *Au cœur des ténèbres* de Conrad. Nous nous sommes arrêtés pour regarder rouler le fleuve à vive allure.

Diving up that river was like travelling back in the earliest morning of the world, when vegetation rioted on the earth and the big trees were kings. An empty stream, a great silence, an impenetrable forest. [...] *The broadening waters flowed through a mob of wooded islands, you lost your way on that river as you would in a desert, and butted all day long against shoals, trying to find the channel, still you thought yourself bewitched and cut off for ever from everything you had known once – somewhere – far away – in another existence perhaps*[1].

Il y avait là une puissance à la fois exaltante et maléfique... C'était une de ces manifestations de la nature qu'on n'oublie pas tant elle est forte. Comme un tremblement de terre violent qui donne le sentiment d'être écrasé et dérisoirement impuissant.

Le lendemain, deux émissaires de Savimbi nous ont emmenés à l'aéroport, sur une piste à l'écart des compagnies régulières, où nous attendait un avion de taille modeste, sans marque aucune. Deux pilotes sud-africains étaient là.

1. « Remonter le fleuve, c'était se reporter, pour ainsi dire, aux premiers âges du monde, alors que la végétation débordait sur la terre et que les grands arbres étaient rois. Un fleuve désert, un grand silence, une forêt impénétrable. [...] Le fleuve élargi coulait au travers d'une cohue d'îles boisées, on y perdait son chemin comme on eût fait dans un désert et tout le jour, en essayant de trouver le chenal, on se butait à des hauts-fonds, si bien qu'on finissait par se croire ensorcelé, détaché désormais de tout ce qu'on avait connu autrefois, quelque part, bien loin, dans une autre existence peut-être. »

« Pas de photos », ont-ils dit à Alain. Dans la carlingue, rien qui ressemble à un siège. Il y avait un gros réservoir de la taille d'un tonneau. « Il faudra pomper quand on vous le demandera. » C'était dangereux, me dira plus tard mon cousin Jean-Claude, capitaine de Boeing 747. Nous avons pompé quand il a fallu, avec insouciance. Dans la loterie des erreurs commises par inconscience, j'ai été largement épargné. Trois heures plus tard, nous atterrissions sur la bande de Caprivi, à l'extrême sud de l'Angola. Une jeep nous y attendait. Nous étions cinq dans le véhicule et après une heure de route peu boisée, nous avons atteint Jamba, le quartier général. On nous a indiqué une case et, plus loin, une seconde pour se laver. « À ce soir pour dîner, vers 19 heures… » avec le président.

À 19 heures, Jonas Savimbi était devant une table, entouré de quatre officiers. Il nous a accueillis et s'est adressé aux nombreux hommes de troupe pour leur expliquer, en portugais, qui j'étais et rappeler la lutte exemplaire d'Amílcar Cabral et le rôle qu'il avait joué dans les colonies portugaises. Il était heureux de pouvoir montrer ce qui avait été accompli par l'Unita. Il ajouta en français : « Vous êtes les bienvenus ! » Nous avons ensuite dîné d'une antilope aux arachides et bu du vin rouge portugais, Tierras Altas, et il nous a demandé ce que nous voulions voir.

L'organisation militaire et politique des zones contrôlées, les rapports avec la population, et aller jusqu'au chemin de fer de Benguela coupant le pays en deux d'est en ouest, que son mouvement disait contrôler.

Le lendemain matin, il nous fit convoquer et nous dit que tout était prêt pour notre enquête. Celle-ci a duré cinq semaines.

Savimbi fonde son mouvement, l'Unita, en 1966. Et en 1968, il entre au maquis et, contrairement aux autres dirigeants africains, il n'en sortira plus.

En 1976, les Soviétiques se servent des forces armées cubaines pour porter au pouvoir le Mouvement populaire de libération de l'Angola, au grand dam du président Nixon et de son conseiller Kissinger. L'année suivante, les forces cubaines mènent une offensive afin que le MPLA s'assure du contrôle du Sud angolais. Savimbi doit faire retraite dans des conditions dramatiques : quatre cents rescapés se replient au cours d'une longue marche. Au terme de plusieurs centaines de kilomètres, lorsque les débris du mouvement arrivent à la frontière de l'Afrique du Sud, il reste à Savimbi soixante-neuf hommes.

Les Sud-Africains les accueillent, les réorganisent, les équipent car ils ne veulent en aucun cas, à leur frontière, d'un État soutenu par Moscou.

Au fil des années, l'Unita parvient à contrôler le sud-est du pays et mène des opérations plus ambitieuses. En 1979, le MPLA lance une offensive destinée à en finir avec l'Unita, qui soutient le choc. L'année suivante, nouvelle offensive, nouvel échec. C'est en 1984 que se produit une volte-face inattendue : le MPLA accepte l'offre de passer dans le camp américain pour bénéficier, très largement, de la manne pétrolière. Savimbi cesse d'être un allié pour se transformer en adversaire.

Deux générateurs, de jour et de nuit, fonctionnent en permanence. La logistique est assurée par des camions « Oural », dont les moteurs d'origine, qui chauffent trop, dans ce climat, ont été remplacés par des moteurs Benz. Il y a un vaste atelier mécanique où les pièces sont réparées ou refaites : on forme, sur le tas, des élèves mécaniciens. Nous sommes à quelques années-lumière du bricolage afghan. En chemin, par la suite, nous pourrons constater dans la province de Cuando-Cubango comment des équipes féminines prennent en charge la logistique. Les trois pannes de notre camion soviétique ont été prestement réparées à chaque fois par des femmes.

L'Unita, sur le plan économique, survit en grande partie grâce au trafic de diamants avec la compagnie sud-africaine De Beers.

Nous traversons des régions de savane arborée et de forêts de densité moyenne en remontant vers le nord. Nombre de bases, bien équipées, sont camouflées. La supériorité militaire des forces gouvernementales – quelque quarante mille hommes et douze à quinze mille soldats cubains – tient, entre autres, aux hélicoptères soviétiques Mi-24. (L'Unita est créditée de vingt-cinq mille combattants.)

Comme toute guérilla inspirée du modèle lénino-maoïste – bien que l'idéologie de l'Unita ne soit pas marxiste au sens de la lutte des classes –, l'Unita fait un gros travail de formation en matière scolaire et sanitaire. L'Unita ne cherche pas à démanteler les structures traditionnelles du village. La justice est rendue par le chef de village, le *soba*, afin qu'il conserve son prestige, mais c'est le parti qui prend les décisions essentielles. L'Unita s'appuie surtout sur l'ethnie la plus importante du pays, dont Jonas Savimbi est lui-même issu, les Ovimbundus (40 %). Le MPLA, qui se veut le représentant de la « nation », s'appuie surtout sur les Kimbundus (25 %). Il est dirigé par des métis liés lors de la période coloniale aux Portugais – parmi lesquels on trouvait aussi les cadres anticolonialistes les plus radicaux.

Nous roulons sans discontinuer. Aucune présence aérienne… Huit jours après le départ, c'est la dernière base, la petite gare aux couleurs pastel de Munhengo, avec ses bougainvilliers. Il y a un charme architectural portugais qu'on retrouve partout où le Portugal s'est déployé, de Macao au Brésil en passant par le Cap-Vert et Madère.

Demain, à l'aube nous partirons à pied pour une longue marche de quelque vingt-deux heures aller-retour vers le chemin de fer de Benguela à travers des collines boisées…

Nous sommes une vingtaine, armés de kalachnikovs, précédés par deux éclaireurs. Deux des cadres parlent anglais. Rien ne vaut la marche pour découvrir une ville, une région. J'ai toujours aimé randonner, quel que soit le terrain, le plus éprouvant étant la forêt tropicale à la saison des pluies, avec son sol spongieux.

Ici, le paysage alterne entre des collines aux reliefs modérés, ponctuées d'une végétation dense, et des étendues sans couvert à mesure qu'on approche de la voie de chemin de fer qui vient de Zambie et aboutit au port de Benguela. Je me souviens, à moins d'une centaine de mètres, d'un éléphant se déplaçant avec placidité. « On ne chasse pas, dit un des cadres, on regarde. » À un autre moment, effrayé par notre intrusion, un impala a sauté par-dessus un fourré. J'ai admiré l'élégance souveraine de ce bond d'une grâce inoubliable… Comment peut-on tuer une bête pareille ?

Aux haltes, on boit, on s'allonge pour quinze minutes la tête sur le sac à dos. La marche se fait dans le silence, aucune rencontre en chemin, pas même un village. La guerre paraît avoir désertifié la région centrale et, de toute façon, compte tenu de sa superficie, le pays est sous-peuplé. Il fait chaud et humide, mais c'est supportable. Je suis en forme et mon compagnon, Alain Guillo, également.

À l'aube à peine naissante, nous avons levé le camp pour parcourir la dernière vingtaine de kilomètres, afin d'atteindre la ligne de chemin de fer, toujours précédés par deux éclaireurs. Ceux-ci, en fin de matinée, ont fait demi-tour. La route était sûre. La voie de chemin de fer est apparue. Nous avons hurlé comme après une victoire. « Attention aux mines ! » a prévenu un cadre, les mains en porte-voix. On pouvait esquisser quelques pas de danse en ne posant les pieds que sur les planches sur lesquelles étaient fixés les rails. On était heureux.

Au cinéma, c'est le moment où surviennent l'embuscade et un feu nourri. Ici, rien, nous étions dans un vide sidéral, le long d'une voie ferrée qu'aucun train n'empruntait plus depuis des années. Il y avait même des roseaux ici et là, entre les rails. Mais enfin, on y était comme nous l'avions souhaité, et tout ce que nous avions constaté en chemin, sur l'organisation du mouvement, était de qualité, et la motivation, comme le moral, excellents. Vingt-deux heures après être partis, nous sommes revenus vers le camp où nous attendait un repas. Nous avions faim et étions d'excellente humeur. Il y avait pour nous et deux des cadres qui avaient été nos accompagnateurs attitrés deux bouteilles de Tierras Altas qui furent bienvenues. Alain alla se coucher, tandis que je restai avec les deux Angolais, fumer une pipe dans le calme de la nuit éclairée par un feu de camp bien abrité. Il faisait bon vivre.

Quelques années plus tard, le « combattant de la liberté » Jonas Savimbi était trahi par ses alliés d'hier, ainsi va la Realpolitik.

Carole

En novembre 1986, à Montréal, je rencontrai Carole Laporte.

Tes os blanchissent dans ton cercueil de bois. C'est ainsi qu'on enterrait, par chez nous, avant que les bûchers d'autrefois ne reviennent, avec le progrès, réduire les corps en gravier gris qu'on appelle cendres.

Tu es, depuis tantôt vingt années, dans un cimetière situé sur Côte-des-Neiges où je ne me suis jamais rendu, puisque tu es dans ma mémoire. Ta mère, que j'ai rencontrée à Montréal après ta mort, m'a dit : « Elle est toujours là. »

Pour moi aussi, tu es toujours là. Elle a ajouté que l'hiver, son dernier amant montait déblayer la neiger sur ta tombe. C'était un Japonais qui savait se comporter selon des règles destinées à honorer les morts et à conforter les vivants.

Je n'ai pu venir t'aider à mourir, en septembre de cette année 1998 où tu n'avais pas encore atteint quarante ans. Il y avait une longue grève d'Air Canada et aucun vol pour Montréal. Juste ta voix brouillée au bout du fil, en écho de ce que nous avions vécu et de notre amour. C'était le dernier jour d'un cancer qui venait d'atteindre ton foie. C'est ce qu'au téléphone, gorge serrée, me dit le Japonais qui te veillait.

Toi et moi avons vécu près de neuf années (1986-1995) intenses, tissées de chair, d'élans, d'orages et d'amour. Je t'ai connue dans des circonstances qui n'intéressent plus que moi. Qu'il suffise de préciser que c'est toi qui m'as choisi et que je t'ai suivie. La première nuit avec toi fut bouleversante. On sait, au matin, qu'on ne se quittera pas.

Toi, belle, sensible, si présente sensuellement avec ton visage aux pommettes marquées, souriante, avec cette démarche déliée, légèrement balancée qui, pour moi, évoquait ce qu'avait désigné Breton comme « un mouvement d'horlogerie et de désespoir ».

On ne se rassasiait pas de te célébrer. Tu es une de ces très rares rencontres au fil d'une existence, n'excédant pas les doigts d'une main, ou à peine. Tes longues cuisses, tes fesses superbes, tout toi, des aisselles sombres au ventre d'herbe en feu, était entièrement voué au plaisir.

J'ai tôt connu ton intimité que tu cachais, par gêne. Tu étais ce que peu d'hommes ont rencontré, ce que l'on décrit comme des « femmes fontaines ». Ton plaisir, lorsqu'il venait, était un long ébranlement d'où jaillissaient violemment des eaux en abondance. Cela te laissait anéantie pour un long moment, dans une paix du ventre sidérale que nous autres ne connaîtrons jamais. C'était comme s'accoupler avec une espèce semblable, mais singulièrement mieux dotée, auprès de laquelle nous n'éprouvions que des émissions violentes et brèves, libératrices certes, mais très loin de la bouleversante pâmoison que tu éprouvais.

Le cancer qui t'a emportée t'avait frappée une première fois au sein droit, sous lequel apparaissait une discrète cicatrice, des années avant que je ne te rencontre. Ton chirurgien t'avait dit que si rien ne se déclarait au cours des dix années suivantes, tu étais sortie d'affaire.

Nous avons fêté ensemble cette dixième année. Tu étais si vivante et ta façon d'occuper l'espace était d'une aisance souveraine. Certains êtres, ainsi, paraissent mieux accordés au monde, par l'effet d'une grâce.

Tu vivais librement, mais ayant été élevée religieusement, tu avais conservé une grande droiture morale. Tu étais fiable, cette qualité dont j'ai découvert, par la suite, la rareté. Tu parlais en joual quand tu téléphonais à ta mère, un français sans accent aucun dans tes échanges avec moi, l'anglais, fort bien, et l'hébreu, appris en Israël où tu avais vécu une année avec un amant juif originaire du Maroc.

Quand je t'ai connue, tu suivais à l'Université du Québec à Montréal des cours d'art plastique. Tu sculptais bien, peignais sans originalité, mais avais un sens de la fresque. J'avais vu une maquette que tu avais préparée, qui me paraissait ambitieuse et j'ai été confondu lorsque tu m'as invité à voir l'œuvre une fois terminée. C'était un triptyque de 4,80 x 2,80 mètres représentant la *Mémoire de la matière*. C'était superbe de force, avec quelque chose d'épique. Tu as obtenu le premier prix et l'université décida de l'installer à demeure dans la grande bibliothèque. Il y avait de quoi être fière et j'étais heureux pour toi, t'ayant beaucoup encouragée.

Durant ces années-là, j'ai souvent enseigné un semestre à l'Université de Montréal, en automne et en hiver. Nous avons loué un appartement à Verdun, avec des fenêtres à l'anglaise aux petites vitres cerclées de plomb donnant sur le Saint-Laurent, large et puissant, dont ne nous séparait qu'un chemin de terre.

Issue d'un milieu populaire, n'ayant reçu qu'une éducation parcellaire, tu écrivais un français à l'orthographe médiocre, dû aux méthodes d'enseignement de ce temps-là. Mais tu avais beaucoup appris en lisant, en voyageant et en observant. J'admirais chez toi cet effort constant de t'élever au-dessus de toi-même.

Au début de notre liaison, tu vivais au centre de Montréal dans un vaste studio au rez-de-chaussée, prêté par un étudiant de tes amis qui se trouvait à l'étranger. Pour n'être pas vue de la rue, à travers les grandes fenêtres sans rideaux, tu déployais devant le lit un grand drap blanc. «Tu hisses la voile!» disais-je et, en effet, nous prenions le large pour un pays où, la nuit durant, il n'y avait plus que toi et moi, enlacés jusque dans le sommeil.

Elle m'aimait et je l'aimais. Je me souviens lui avoir téléphoné de Manille, au sortir de la jungle de Luzon où j'avais séjourné avec la New People's Army, juste avant de la rejoindre, sa voix heureuse et son impatience…

C'est le soir. Après toutes ces heures d'avion, je frappe à la porte. Tu m'ouvres et tu recules. Je vois, d'un regard, la grande table que tu as dressée, recouverte d'un tissu aux couleurs vives, des bougies, des verres à pied, du vin.

Je lance en l'air ma casquette comme un hourrah de célébration et je t'enlace. Nous avons soupé, plus tard, après le plaisir des retrouvailles.

Tu savais faire la fête.

Je t'ai présentée aux Larue-Langlois, mes amis québécois les plus proches, et à personne d'autre, tant nous avions plaisir à être ensemble, avec cette plénitude que connaissent les amants lorsqu'ils se suffisent à eux-mêmes.

Nous avons beaucoup voyagé ensemble, dans un tourbillon de fête, ces déplacements n'ayant d'autre but que de nous trouver ensemble dans des lieux que j'avais plaisir à te faire découvrir.

Madrid, pour les Goya hallucinés du sommeil de la raison, Salamanque où se trouve la plus belle place d'Espagne et dont tu avais aimé l'église San Marcos, ronde comme une tour défensive, avec des meurtrières pour faire face aux Maures, le pont romain emprunté par tant d'armées où, paisiblement, nous avons regardé couler le Tormes entre des îlots d'herbes et de roseaux.

Venise, où tu étais comme une petite fille éperdue devant ce miracle d'eau et de pierres. Nous allions par des rues non fléchées à la rencontre d'une Venise des Vénitiens, comme cette fois, via Garibaldi où le Parti communiste italien tenait une réunion politique.

Il n'y a que le Maroc qui fut déplaisant. Tu étais trop désirable dans ce royaume de la frustration où j'ai passé huit jours à être ton garde du corps. On avait peine à savourer le charme des ruelles de Fez menant aux peausseries où trempaient des peaux de couleurs aux odeurs fortes. J'ai un dessin de toi, de Melilla, quand nous sommes retournés en territoire espagnol, comme si nous étions à nouveau soudain chez nous.

Amsterdam où, tandis que je cherchais un hôtel, quelqu'un, au café où tu m'attendais, proposa la location d'un appartement. C'est ainsi que nous avons vécu comme des habitants de la ville, sur Herrengracht, face aux eaux paisibles qui entouraient, comme des douves, une cité qu'aucun danger ne menace plus.

Tu es venue chez moi, à Paris qui t'a charmée au printemps et en automne, et je t'ai emmenée canal Saint-Martin et au bord de la Seine, qui te paraissait si menue comparée au Saint-Laurent.

Un hiver, au Québec, nous avons vécu dans une cabane dans les Laurentides. Il faisait -15 °C, parfois -20 °C. Les Européens de l'Ouest, qui vivent sur le 46e parallèle, ne savent rien du froid. Peut-être a-t-il neigé deux ou trois fois au cours des dernières décennies. Lorsqu'on dispose du matériel vestimentaire adéquat, c'est loin d'être une épopée. -15 °C est une bonne température d'hiver, et même -20 °C. Seul intervient de façon décisive le facteur vent. La cabane était relativement protégée, encore que nous ayons connu -30 °C. Il a fallu parfois passer par la fenêtre pour déblayer devant la porte qui ne s'ouvrait plus. Nous avions provision de bois pour la cheminée et des skis pour aller faire, de temps en temps, des courses au village. Nous avions quelques livres et, par-dessus tout, le bonheur d'être ensemble. Dans ces moments qui durent ce qu'ils durent, on a le sentiment qu'on est comblé. Nous avons vécu des sommeils partagés, des veilles aux étreintes éperdues. Rien ne peut effacer cela, sinon la mort de la mémoire. Tu es toujours là.

« Mon pays, ce n'est pas un pays, c'est l'hiver ! », disait une chanson de ce temps-là. Nous avons passé des soirées devant le feu de bois, après avoir sillonné la campagne dans la blancheur d'un monde de silence ponctuée de bouleaux. La paix qui venait du ciel en flocons de neige s'ajoutait à la neige déjà tombée comme un carillon muet. Jamais nous n'avons connu l'ennui.

Peut-être, durant ces années-là, n'avons-nous pas subi l'usure du quotidien qui émousse l'amour, grâce à un équilibre entre présence et absence dicté par mes déplacements en Afghanistan, en Amérique latine ou ailleurs. La vie, avec toi, était poétique et la passion violente. Tu avais une faculté d'émerveillement rare et une extraordinaire présence physique.

Carole, en sculpture, excellait dans le monumental. En voyant les photos de son catalogue, François Vitrani, directeur de la Maison de l'Amérique latine, proposa d'organiser une exposition à Paris d'une dizaine de ses pièces monumentales. « Le Québec, dit-il, c'est bien l'Amérique latine ? » Celle-ci tourna court, les pièces étant bloquées par une grève de dockers au Havre. (Ah, la France !) Carole s'en sortit, l'exposition ayant été annoncée, en projetant de très belles photos de ses fresques, qu'elle commenta avec grâce et précision.

Je ne voulais ni ne pouvais l'épouser, comme elle me l'avait demandé, ni n'avais consenti à avoir un enfant avec elle, ce qu'elle souhaitait. J'avais pris en charge ses besoins matériels, l'avais épaulée sur le plan professionnel et partagé avec elle des années de fêtes sur trois continents. Elle avait confiance en moi comme j'avais confiance en elle, mais je n'étais ni disposé ni en mesure de lui offrir ce qu'elle désirait le plus. Sans doute, au fil des années, ressentit-elle de la frustration.

Un jour elle me dit en pleurant, c'était en février 1995, que je ne l'aimais plus. Je tentai de bonne foi de l'assurer du contraire, nous faisions l'amour avec la même ardeur, mais je ne sais comment, quelque chose s'était brisé et, au fil des mois, ce sentiment diffus devint palpable.

Six mois plus tard, en France, nous nous sommes séparés. Quelque chose s'était usé plutôt que brisé. Ce fut une séparation sans drame. Durant les trois années suivantes, je lui téléphonai tous les deux jours. Elle m'était très chère, je n'avais rien à lui reprocher.

Maintenant elle repose en moi, comme les quelques êtres que j'ai fortement aimés et perdus et que je ne perdrai tout à fait qu'avec ma propre fin.

Afrique du Sud : de 1979 à l'indépendance

Ma première rencontre avec un Sud-Africain en 1979 fut singulière. Mon interlocuteur représentait le parti national, celui des Afrikaners. J'avais été invité par un représentant en France de ce parti, qui considérait que j'étais un observateur qui, bien qu'opposé à l'Apartheid, était en mesure de restituer la complexité de la situation unique qu'occupait l'Afrique du Sud. Au bout d'une demi-heure de conversation, mon interlocuteur lâcha, tout à trac : « En fait nous, Afrikaners, sommes dans ce pays depuis 1652, soit trente ans à peine après que le *Mayflower* n'aborde la côte américaine. Nous estimons appartenir à ce pays. À l'époque, d'ailleurs, la majeure partie des ethnies africaines aujourd'hui présentes en Afrique du Sud n'en avaient pas même pénétré le nord. Bien sûr, nous avons un problème démographique avec eux. Il n'y a pas si longtemps ils étaient quatre fois moins nombreux. Pour parler franchement, ceux auxquels j'en veux, et je ne suis pas le seul, ce sont les Anglais. Ils nous ont obligés à nous retirer vers l'Hinterland[1] et, après cela, convoitant l'or et les diamants, ils nous ont écrasés. Au tournant du siècle (1899-1902), nous nous sommes bien défendus (parmi les observateurs se trouvaient Winston Churchill, Rudyard

1. Le Grand Trek (1835-1845) sous la direction d'Andries Pretorius. Vers le Natal. Les Afrikaners battent les Xhosas (Blood River). En 1852-1854 sont fondés la République de Transvaal et l'État libre d'Orange. Après la découverte de diamants, puis de l'or (1886), les Anglais annexent le Transvaal et l'Orange.

Kipling et Arthur Conan Doyle), mais ils ont eu recours à la politique de la terre brûlée et à des camps d'internement pour les femmes et les enfants. Dieu merci nous avons démocratiquement repris le pouvoir en 1948 (nous étions 60 % de la population blanche) avec l'intention de le conserver. »

Bien sûr la ségrégation raciale était très rigide du temps où les Britanniques régnaient en maîtres, mais l'Apartheid constituait, pour les Afrikaners, le moyen de conserver leur hégémonie. En 1948, la décolonisation est à peine esquissée. En 1919, le Japon, seule puissance non blanche, ne put obtenir qu'on ajoute à la Déclaration fondant la Société des Nations un article condamnant la discrimination raciale, la délégation américaine s'y étant opposée. L'esprit du temps était encore éloigné de l'indignation des dominés, qui commençait à germer. (La première mesure pour lutter contre la ségrégation aux États-Unis intervint en 1954. Il faudra encore dix ans pour que les Noirs – on ne disait pas encore Afro-Américains – se voient accorder les droits civiques.) C'est en 1960, alors que le colonialisme est largement battu en brèche, qu'éclatent les manifestations de Sharpeville (soixante morts), tandis qu'un Premier ministre britannique évoque « les vents du changement » quatorze ans plus tard, c'est la révolte massive de Soweto (plus de sept cents morts). Le bastion blanc que représentaient l'Angola, le Mozambique, la Rhodésie agonisait. Vers 1975, l'Afrique du Sud, isolée, est perçue comme scandaleusement raciste.

Quand j'y enquête pour la première fois, en 1979, le système est très rigoureux. Je me souviens de villes blanches, de jour comme de nuit, où les Noirs doivent rejoindre leur *township*, situé à bonne distance des villes blanches, chaque jour, après le travail. Une fois, à Johannesburg, au détour d'une rue, je suis surpris de voir massés, de façon compacte, plusieurs centaines de Noirs, jeunes pour la plupart, attendant un moyen de locomotion pour rejoindre leur domicile. Désagréable sentiment physique d'être le seul à paraître différent.

Le train de luxe qui relie Le Cap à Johannesburg rappelle ce que j'ai lu sur l'Orient-Express de l'entre-deux-guerres. Il est exclusivement réservé aux nantis. Tout est déterminé par l'appartenance à un groupe défini par la couleur : blanc, métis, indien, noir. Tout est codifié : l'appartenance à telle catégorie sociale, le lieu du domicile, obligation d'avoir un *dompass*[1] qui régit les déplacements. Pour refouler les Noirs, on les a installés dans des foyers destinés à devenir soi-disant « indépendants » ; 3,5 millions de Noirs vivent ainsi en *homelands*. Les cités noires ressemblent aux hameaux stratégiques des temps de guerre où les rues bien droites sont aisées à contrôler, sinon à mitrailler.

La domination blanche tient à l'atomisation et au contrôle des dominés, l'usage de la force restant sélectif. On frappe les meneurs dont certains finissent « suicidés » en prison, tels Steve Biko, un protestataire charismatique dont j'ai connu la compagne, Mamphela Ramphele, qui deviendra ministre de l'Éducation de Nelson Mandela. Enfin, l'État dispose de nombreux agents noirs servant le système et un très large réseau d'informateurs.

À cette époque-là, il y avait 15 % de Blancs, 72 % de Noirs, 10 % de métis (*colored*) et 3 % d'Indiens. Contrairement aux Européens d'Algérie, les Blancs et, plus particulièrement les Afrikaners, n'avaient pas de métropole de repli. Au total, en trois séjours, j'ai passé un peu plus de six mois en Afrique du Sud, avec une incursion en Namibie, jusqu'à Lüderitz, cet insolite Baden-Baden africain qui fut colonie allemande jusqu'en 1918.

Il y avait, à cette époque, parmi les Blancs, un petit nombre de gens activement opposés à l'Apartheid, et van

1. Passeport intérieur.

Zyl Slabbert, que j'ai bien connu, en était l'un des principaux, en tant que chef de l'opposition parlementaire. Il est celui qui a osé dire, en 1984, en pleine séance : « Nous sommes ici dans le dernier parlement blanc. » C'était un Afrikaner vigoureux, au physique de joueur de rugby, qui courait le marathon. Nous sommes devenus amis. Quand il est passé en France, j'ai pu lui faciliter son entrée en téléphonant au directeur du Centre d'analyse et de prévision de l'époque, Bruno Racine. Nous sommes restés très liés de 1979 à 1986 et, par la suite, nous avons correspondu pendant des années. Dans son livre *The Other Side of History*[1], écrit plusieurs années après la fin de l'Apartheid, il évoque la déception de l'ère post-Mandela, lorsqu'on a commencé à ne plus vouloir considérer comme Africains des Afrikaners installés dans le pays depuis quatre siècles et dont certains avaient activement contesté le système raciste. J'ai eu aussi des rapports amicaux avec Hermann Giliomee, un calviniste dévot et végétarien qui s'est beaucoup battu pour hâter la fin de l'Apartheid. Parmi les anglophones, Francis Wilson et sa compagne cinéaste, Lindi.

Je suis allé voir le promontoire rocheux, dont j'ai oublié le nom, qui domine un des spectacles naturels les plus extraordinaires du monde : la rencontre épique entre les eaux de l'océan Indien et celles de l'Atlantique. C'est d'une formidable puissance. On songe à ces navires portugais arrivant à cette tumultueuse croisée des routes maritimes, si terrifiante qu'ils l'ont baptisée, pour l'exorciser, cap de Bonne-Espérance et qui, sans doute, a dû être celui de la terreur, né d'un choc brutal et comme apocalyptique des mondes océaniques. J'ai aimé cette violence et Mary X., enseignante, afrikaner et juive, qui était avec moi également. Nous sommes rentrés en ville ensemble.

1. Jonathan Ball (2006).

Les horloges de l'Histoire tournent, en Afrique du Sud, plus lentement qu'ailleurs. Les fameux vents du changement qu'avait évoqués le Premier ministre britannique vingt ans plus tôt avaient mis beaucoup de temps à atteindre l'Afrique du Sud. Quand le régime portugais a été balayé par un coup d'État militaire décidé à en finir avec les guerres coloniales en 1974, l'Afrique du Sud a soutenu contre l'Angola et le Mozambique qui se réclamaient du marxisme-léninisme des mouvements de guérilla – opposés à ceux qui étaient soutenus par l'Union soviétique. En 1984, la pression indirecte de l'Afrique du Sud oblige le pouvoir antiapartheid du Mozambique à expulser les membres de l'African National Congress, opposé au pouvoir blanc, qui vont se réfugier en Tanzanie, d'où ils ne pourront intervenir dans les affaires sud-africaines. En aidant l'Unita, Pretoria entendait contenir l'influence qu'avaient les Soviétiques sur le régime de Luanda et leurs alliés cubains. Le régime sud-africain paraissait un rempart contre l'influence soviétique en Afrique australe comme sur la route du Cap. Il faudra attendre la chute de l'URSS pour que l'Apartheid soit considéré, par les conservateurs américains, comme contraire aux intérêts de l'Occident. L'Apartheid prit fin avec la première élection multiraciale, en 1994.

Je retournai en 1986, une troisième fois en Afrique du Sud, à l'heure où l'érosion de l'Apartheid était visible. Johannesburg, qui était une ville blanche en 1979, est alors partiellement devenue une ville noire, en deux années. La suppression des passeports intérieurs qui interdisaient la libre circulation des Noirs a tout changé. Les métis et les Indiens ont été cooptés par les Blancs, ce qui laisse 75 % environ de Noirs en marge. Il y a toujours une ségrégation territoriale, les Noirs vont toujours dormir dans leur cité à l'écart des grandes villes. Les divisions entre ethnies[1] noires sont toujours encouragées et entretenues. Mais les émeutes se sont multipliées. Le climat psychologique s'est modifié. On supporte de plus en plus mal – surtout chez les jeunes – ce qu'il fallait bien subir naguère. Les Noirs urbanisés ont de plus en plus confiance en eux-mêmes. Dans les cités noires, les jeunes Noirs nationalistes liquident dans des conditions souvent atroces (un pneu arrosé d'essence autour du cou et mis à feu) les agents noirs de l'administration. Les grèves se multiplient et sont de plus en plus dures. Les conditions économiques se détériorent et la monnaie locale, le rand, perd de sa valeur. L'opinion publique internationale, en ce milieu des années 1980, est de plus en plus hostile à l'Apartheid.

C'est le grand tournant auquel j'ai assisté.

Au fil des années suivantes, la position intérieure comme internationale de l'Afrique du Sud est devenue intenable. Frederik De Klerk, le dernier président afrikaner, joua un rôle important dans le démantèlement du système. C'est lui qui fit abroger les piliers de l'Apartheid en 1991 (Land Act, Group Area Act, Population Registration Act) malgré la droite afrikaner. En 1990, Nelson Mandela, après vingt-sept années de captivité, fut libéré. L'affrontement dégénérant en guerre civile qui pouvait paraître inévitable quelques années plus tôt fait place, de façon inattendue, à une autre solution, où Frederik De Klerk et Nelson Mandela ont joué un rôle décisif – ce dernier surtout. Mandela optait pour la concorde plutôt que pour la vengeance. Il s'est produit là un accident historique comme il en arrive rarement. On peut expliquer en partie ce comportement singulier par le fait que les deux protagonistes étaient protestants. La notion de pardon ne leur était pas étrangère et celle-ci s'est révélée un choix cohérent

1. Zoulous, Xhosas, Sothos, Tswanas, etc.

dans un moment de grâce. Que serait-il arrivé si Nelson Mandela et ceux qui en avaient fait leur héros avaient été musulmans ?

Alain Guillo

L'annonce, en 1987, de l'arrestation d'Alain Guillo, au nord de l'Afghanistan, fut pour moi un rude coup. C'était un compagnon fiable et nous avions beaucoup travaillé ensemble. Guillo avait été donné par un des combattants afghans qui se trouvait dans le groupe avec lequel il cheminait aux alentours de Mazar-i-Sharif. Il fut interrogé pendant près de quatre mois. Il refusa, lors de son procès, de se soumettre aux règles habituelles auxquelles s'étaient prêtés d'autres observateurs ou journalistes : reconnaître la légitimité du gouvernement de Kaboul en désignant la résistance afghane comme terroriste. C'est, je l'espère, ce que j'aurais fait également. Ce genre de donquichottisme se paye cher, il fut relégué en réclusion solitaire. Réclusion d'autant plus angoissante qu'on ignore si ceux qui vous sont chers savent que vous êtes en vie et combien de temps cette situation va durer. Plongé dans une semi-obscurité, entendant les cris des suppliciés, dans une cellule froide sans fenêtre avec, pour tout contact, un judas qui s'ouvre une fois par jour pour recevoir une soupe, tel était son ordinaire.

On n'a rien à faire, rien à lire, on est seul avec soi-même, ses souvenirs, ses pensées, son angoisse et ses espoirs. Cela dura deux mois pendant lesquels il tenta de se suicider en courant se frapper violemment le crâne contre un mur. Il se mit à entendre des voix et à leur parler, phénomène point si rare, paraît-il, dans l'univers carcéral, chez certains sujets. Il a conté tout cela dans un livre : *Un grain dans la machine* (1989).

Finalement, les autorités afghanes l'ont mis en cellule collective où il s'est réadapté et a fini par nouer des relations très cordiales. J'avais organisé un comité pour sa libération. Comme il n'avait toujours pas accepté de céder et soucieux de tirer avantage de sa détention, on nous fit savoir, à nous qui avions organisé un comité pour sa libération et de publier un album de ses photos en signe de solidarité[1], que le régime afghan serait disposé à le libérer à condition qu'une demande officielle soit faite à cet effet par les autorités françaises. Grâce à Bertrand Gallet qui travaillait, si j'ai bonne mémoire, au sein du Parti socialiste dans la mouvance de Ségolène Royal, nous avons obtenu une audience, Jeanne, la compagne d'Alain, Bertrand et moi-même, auprès du président de la République, François Mitterrand.

Jeanne Lesieur, institutrice en maternelle, avait la quarantaine et l'amour partagé qu'elle éprouvait à l'égard d'Alain était profond. L'histoire d'amour avec Alain avait, pour elle, éclaté en un printemps qu'on n'espère plus, tandis qu'elle en avait déjà fait le deuil. J'étais là, il y a quelques années, quand tout avait commencé, en coup de foudre, avec une fraîcheur adolescente. L'incarcération d'Alain, son sort incertain avaient été très durs pour elle, et je m'étais efforcé de la réconforter. Maintenant nous allions essayer de le faire libérer, et c'est tendue qu'elle entra dans le bureau où nous reçut tous trois François Mitterrand, distant et froid. Sans doute devions-nous représenter une affaire tout à fait marginale. Une sollicitation de plus. Présentation brièvement faite par Bertrand Gallet, je pris la parole.

1. *Témoin en Afghanistan*, Stock, 1988.

Mon message ne véhiculait qu'une idée: Alain Guillo appartenait à ce groupe de Français qui, d'emblée, avait fait beaucoup pour l'Afghanistan en lutte. Il avait fait preuve de beaucoup de courage et l'avait payé chèrement. Il serait bon qu'il n'ait pas à payer aussi parce que son pays, par calcul politique, ne ferait pas le geste qui lui ferait recouvrer la liberté. Guillo s'était comporté selon un code de l'honneur auquel il était attaché. Cela méritait d'être salué. François Mitterrand ne fit aucun commentaire. « Je vais attendre le mois prochain après les élections. Puis vous aurez la lettre. »

Nous sommes sortis, contents pour Alain, Jeanne tout particulièrement. On le reverrait bientôt. Deux mois après, nous attendions à Roissy avec une foule compacte de journalistes. J'annonçai qu'il ne ferait pas de déclaration au terme de ce long voyage, qu'il y aurait, après-demain, une conférence de presse.

À sa sortie d'avion, Alain avait un visage blafard, visiblement fatigué. Je lui dis qu'il allait avoir l'occasion de s'expliquer le surlendemain, mais il tint à dire quelques mots aux journalistes présents et à rappeler le sort de ses codétenus afghans et leurs conditions de détention.

À la conférence il fut précis, sobre et parla surtout de ses codétenus.

Peu après, j'étais avec lui dans un restaurant vietnamien quand il fut abordé par Gérard de Villiers, l'auteur des fameux SAS, accompagné d'une blonde beaucoup plus jeune, le visage vide et qu'il traitait avec beaucoup de condescendance. Il offrit à Alain une grosse somme pour le publier chez Plon. Il déplut à Alain comme il me déplut, ainsi qu'à Jeanne, à laquelle il n'accorda pas un regard. Alain refusa malgré l'importance de la somme.

Il avait retrouvé Jeanne mais continuait d'entendre des voix, il se mit en rapport avec d'autres télépathes. Nous nous sommes revus plusieurs années avant de nous perdre, ses préoccupations n'étaient plus les miennes. Entre-temps Jeanne vécut encore quelques années de bonheur avant de mourir d'un cancer.

L'URSS naguère

J'ai passé l'année 1987 hors d'Europe. En URSS, au Sri Lanka, au Québec.

J'avais connu brièvement, au retour du Japon, Moscou, en 1976, vingt ans après le XXe Congrès où Nikita Khrouchtchev révélait un pan des réalités staliniennes. L'Union soviétique n'était plus aussi totalitaire; depuis deux ans Mikhaïl Gorbatchev évoquait une *glasnost* qui devait libérer la parole et une *perestroïka*, une réforme économique qu'on ne verrait jamais, l'appareil administratif du Parti disposant d'un atout redoutable: la force d'inertie.

L'exploration de l'univers soviétique a commencé par les pays baltes: Lettonie, Estonie. À Riga et davantage encore à Tallinn, je découvris, émerveillé, l'architecture de la Hanse, cette guilde de marchands germaniques dont les centres furent Lübeck et Dantzig. Lorsque Juliette leur parlait en russe, ils ne répondaient pas, c'était l'inverse si elle le faisait en allemand. Cette guilde nordique s'étendait de Novgorod en passant par les îles suédoises pour atteindre Bergen en Norvège, Bruges et jusqu'à Londres. Chez les Baltes on se sentait en Europe et la population, bien que tenue par Moscou, n'était pas proche de la Russie, même si une proportion non négligeable des citoyens venait de Russie depuis une quarantaine d'années. Après l'effondrement de l'Union soviétique (1991), ces deux pays et la Lituanie voisine retrouvèrent l'indépendance. L'Estonie, proche sur le plan ethnique et linguistique de la Finlande, était de surcroît protestante (luthérienne), ce qui la distinguait des autres pays baltes, catholiques, comme la Pologne.

Nous sommes allés à Leningrad, qui finira par retrouver son nom originel de Saint-Pétersbourg. Cette « fenêtre sur l'Europe », pour reprendre l'expression de Pierre le Grand, était admirable. Des architectes italiens, qui avaient ordonnancé cette ville, avaient, comme par magie, rattaché l'histoire de la Russie prémongole comme on pouvait en juger en admirant les églises du XIIe siècle à Vladimir, à Souzdal ou à Pskov, à celle de l'Europe occidentale. À cette époque, les princes russes épousaient des princesses de pays européens.

Au cœur de la ville, ce printemps charriait des blocs de glace sur la Neva… Même si cela peut paraître banal, c'était romantique… La ville, ici et là, portait encore les stigmates du long siège qu'elle avait victorieusement soutenu en 1941-1942. Les vieux habitants qui avaient jadis connu Leningrad trouvaient les nouveaux habitants singulièrement paysans, phénomène classique, tous les exodes ruraux se ressemblent. C'était une ville où l'on pouvait flâner avec bonheur sans les bâtiments staliniens sur chaque place, avec le sentiment de n'être pas en URSS.

Moscou par contraste était à cette époque (cela a beaucoup changé) laide, sombre, triste avec ses hôtels surveillés, ses marchés à demi vides, sa foule morne. Seul le métro, peut-être, si profond avec ses escaliers roulant à vive allure et ses stations ultramodernes, paraissait un ailleurs dynamique et étrange. J'aimais cependant les librairies aux livres bon marché et en plusieurs langues, et les boutiques du label Melodiya qui vendaient pour des sommes très modiques des disques de musique classique. Les fruits et légumes, qu'on ne trouvait que parcimonieusement à Moscou, abondaient à Tbilissi, capitale de la Géorgie. Quelles que soient par ailleurs les difficultés, il y avait à Tbilissi une atmosphère festive, inconnue à Moscou. La ville, avec ses collines, était traversée par un large fleuve. Les grandes avenues étaient pleines de piétons et les ruelles pentues avaient, avec leurs restaurants et leurs petits cafés, un charme exquis. J'ai fait la connaissance de l'œuvre de Pirosmanachvili, appelé familièrement Pirosman, un peintre baladin payant souvent ses notes de restaurant d'un dessin. J'ai de lui des images mémorables de festins caucasiens (entre hommes évidemment). Il y avait à Tbilissi des rues où l'on pouvait s'arrêter pour boire un café local, préparé dans une cafetière de cuivre au col étroit, prolongé d'un long manche, qu'on promenait sur des braises encore brûlantes. Tout paraissait familier pour ceux qui comme nous connaissent l'Orient, de la Grèce à l'Iran.

C'est cette année-là que nous avons connu, grâce à nos amis des Langues orientales qui étaient originaires de Géorgie, Tariel, dit Tato, Sikharulidze. D'emblée s'établit une amitié qui dure encore, trente ans après. Il m'a maintes fois hébergé à Tbilissi, comme je l'ai fait aussi à Paris, toutes les fois qu'il donne des cours à Sciences Po ou à l'Ena. Tato, par la suite, me fit inviter comme professeur à l'université Ilia Chavchavadze et nous en avons profité pour aller admirer la chaîne du Caucase, abrupte et imposante. J'imagine le choc visuel que cela dut être pour Pouchkine, Lermontov et Tolstoï après une longue traversée de steppes mélancoliques, coupées de fleuves, de soudain apercevoir cette imposante barrière dont la conquête devait se révéler si difficile au Daghestan. La beauté des églises aux cols un peu longs, si l'on peut dire, et des chants géorgiens, était inoubliable. Le vin, en ce temps-là, était honnête, il deviendra, au fil des années, excellent, tant le blanc (Tsinandali) que les rouges (Saperavi et Moucousani). La Géorgie, avec sa diversité – à l'époque on pouvait aller en

Abkhazie et en Ossétie du Sud –, était comme le joyau de cette aire. Puis nous sommes allés à Erevan, une capitale provinciale, désuète, quand on arrivait de Tbilissi. En fait, historiquement, Tbilissi avait été et restait, dans une certaine mesure, une ville multiethnique. Vers 1920, il y avait environ quatre-vingt-dix mille Arméniens à Tbilissi, et dix mille à Erevan, où l'on comptait plusieurs milliers de « Tatars ». L'ambiance de Tbilissi était festive comparée à celle des voisins.

Bakou était un centre culturel et multiethnique jusqu'à ce que les nationalismes contemporains imposent des ruptures brutales (1905, 1920, 1988, 1992). La cuisine était souvent similaire dans une aire vaste, le *melting-pot* étant avant tout un chaudron commun dont chaque groupe, le nationalisme aidant, réclame la paternité. À mes yeux, les églises arméniennes sont peut-être les plus belles de Transcaucasie (Noravank, Geghart, etc.). Même si le pays, pourtant superbe, est moins varié et plus austère que la Géorgie ; la population géorgienne est décidément plus festive, étant moins marquée par la tragédie que les Arméniens.

Bakou était plus belle que je ne m'y attendais, avec ses caravansérails, et ses mosquées, en ce temps-là, n'avaient que des appels discrets après soixante-dix ans de marxisme-léninisme…

L'Europe

J'ai beaucoup appris aux États-Unis et j'ai un attrait profond pour l'Asie dite sinisée, que j'ai d'abord connue à travers le Viêtnam, avant d'être sensible à la Chine, ce monument d'Histoire considérable, au Japon, à la Corée du Sud et à Singapour. J'en aime l'épaisseur historique, l'absence de tabou culinaire, le goût modéré pour la métaphysique, le sens stratégique et la beauté lisse des visages féminins.

En 1988, avec mon ami Jean-Pierre Rageau, nous avons publié un *Atlas des Européens*. C'était un projet culturel qui me tenait à cœur. Le noyau européen m'est très cher. Si j'étais français, je me sentais aussi européen.

Mon Europe était diverse. Jeune, quand on s'apprivoise vite, j'avais vécu mes premières expériences en Angleterre, en Allemagne. J'aimais les plages de la mer du Nord, la Bretagne, la pluie, la mélancolie de la Baltique, les paysages et la lumière d'Écosse, Amsterdam. Dans ma mémoire j'avais des fragments tôt recueillis de l'empire des Habsbourg : Prague, Budapest, toute la floraison intense et souvent juive de cette culture peu avant sa chute. On était bien, dans les vieux cafés de Vienne, pour découvrir, à vingt ans, *La Marche de Radetzky* de Roth et *Le Monde d'hier* de Zweig...

J'aimais l'Espagne, beaucoup, la vie nocturne des villes ; la sobre Castille, Salamanque, sa grand-place, son architecture couleur de miel, les mésaventures du picaresque, la corrida, l'écho amer de la guerre d'Espagne... L'inépuisable Italie, son sens de la beauté, Venise en hiver...

Les Balkans et le monde danubien, qui avaient connu la domination ottomane, m'étaient familiers et j'en aimais la musique où se mêlent le désespoir et l'allégresse, le regret et l'exultation. Skopje, le soir où j'allais régulièrement écouter des chansons macédoniennes...

La Grèce m'était doublement chère, comme matrice, mais aussi comme Empire romain d'Orient jusqu'en 1453, et la renaissance culturelle apportée par Kazantzakis et Séféris. Et puis elle me renvoyait à l'amitié de mon cher Dubois.

Enfin j'étais particulièrement sensible à la tradition protestante, véhiculée par ma grand-mère, faite de rigueur et de dépouillement. À la culture russe qui avait produit trois ou quatre des très grands romans européens.

Cet Atlas annonçait ce que nous avions de commun et ce qui nous séparait et montrait à quel point la construction de l'Europe était un chantier mal assuré.

L'observateur perspicace qu'était Stanley Hoffmann, qui avait l'avantage d'être dedans/dehors, écrivait à propos de l'Europe : « Les Européens sont-ils prêts à entreprendre les actions communes qu'ils ont évitées jusqu'à présent, en matière de défense et de diplomatie, de politique économique et monétaire, d'aménagement régional, d'énergie de transport, d'investissement (notamment étrangers) ? Sont-ils prêts, sur chacun de ces terrains, à ne pas se laisser arrêter par des vetos américains ou à adopter, quand l'intérêt européen l'exigera, des mesures autres que celles que suggérera Washington – à un moment où la volonté américaine, soit de diriger la communauté dans une voie "atlantique" sous leadership des États-Unis, soit d'en favoriser la dislocation si elle résiste, et de s'appuyer alors sur les "bons" contre les "méchants", ne fait pas l'ombre d'un doute[1] ? »

Ce texte a été écrit en 1975. En 2018, au moment où le diktat de Donald Trump donnait cent quatre-vingts jours aux entreprises européennes pour choisir entre les échanges avec les États-Unis ou ceux avec l'Iran, il était toujours pertinent, mais entre-temps, quarante-cinq années ont passé[2]. On verra pire par la suite (2021).

Il y a nombre d'étoiles filantes sur le drapeau européen…

1. Stanley Hoffmann, *Sur la France*, Seuil, 1976.
2. Voir annexe III, p. 310.

Kim

Le 17 avril 1989, Kim Lefèvre, dont le lecteur du début de mes mémoires connaît l'importance qu'elle a dans ma vie, eut le privilège de figurer parmi les invités de l'émission littéraire qu'animait à l'époque, avec beaucoup de talent, Bernard Pivot.

Son livre, *Métisse blanche*, était l'œuvre de près de dix années de mûrissement et de travail. J'avais beaucoup fait pour la pousser à l'écrire et à l'encourager. C'était un très beau récit. Parmi les invités, Dominique Fernandez et Charles Juliet. La prestation de Kim fut excellente, le livre fut un succès.

Kim, dont le prénom original est Kim Thu, est née des amours illicites d'une jeune femme originaire du Tonkin et d'un militaire français qu'elle ne connut jamais.

Je ne sais à quoi ressemble mon géniteur. Ma mère ne m'en a jamais parlé… J'ai nourri, à l'égard de ce père inconnu, une haine violente, comme seuls en sont capables les enfants profondément meurtris…

Cette naissance marque l'enfant car c'est une double infamie d'être métisse et bâtarde tandis que le nationalisme vietnamien s'exprime avec force. La petite fille est l'objet de rejet.

Mon oncle était persuadé qu'on ne pourrait rien tirer de moi, que la meilleure solution était de me rendre « aux miens », c'est-à-dire aux Français… « Crois-moi, répétait-il à ma mère, tu couves une vipère en ton sein, son sang français prendra le dessus malgré tes bienfaits, c'est de la mauvaise graine, elle te trahira. »

Pour sa mère, cette gamine est un aveu de déshonneur. Elle quitte le Tonkin pour échapper à la vindicte, mais cette hypothèque raciale s'affiche d'elle-même comme l'évidence d'un lien avec le colonisateur. Finalement la fillette est confiée à un orphelinat catholique.

J'avais six ans et j'allais être abandonnée…

Affolée par l'ampleur des conséquences que mon existence allait faire peser sur sa vie, ma mère s'enfuit loin, jusqu'à Saigon, terre pour elle étrangère où elle espérait rebâtir un avenir. On mettait tout ce qui était mauvais en moi sur le compte du sang français qui circulait dans mes veines. […] *Moi aussi je détestais ce sang que je portais.*

Car j'aimais ce pays, les rizières, les haies de bambous verts, les mares où je pataugeais en compagnie d'autres enfants du même âge.

Je n'ai gardé aucun souvenir des premières années de ma vie, hormis ce sentiment très tôt ressenti d'être partout déplacée, étrangère. J'en ai beaucoup souffert, non comme d'une injustice, mais comme d'une tare existentielle.

Mon enfance, c'est une nuit dans ma mémoire. Nuit d'exode. J'ai des lambeaux d'images de déplacement d'un lieu à l'autre, paquet sans destinataire.

Cependant, après quelques années, sa mère reprit sa petite fille de l'orphelinat et s'installa dans un village.

Dans ma famille, on vivait sur le qui-vive. Les souffrances engendrées par la colonisation, qu'on ne cessait d'évoquer en public, finissaient par susciter une colère qui risquait d'être néfaste pour la métisse que j'étais ainsi que pour ma mère, coupable d'avoir entretenu des relations charnelles avec l'ennemi. Elle me cachait dès qu'un étranger mettait le pied dans le village.

Or un jour, un cadre viêtminh venu de la ville clama son indignation devant les massacres perpétrés par les Français à Hanoi. [...] *Une sourde révolte parcourut l'assistance où je me trouvais par curiosité.* [...] *Ma mère me ramena à la maison, où elle m'enferma dans la jarre destinée à recueillir l'eau de pluie. On était à la saison sèche et la jarre était vide. Recroquevillée au fond de son ventre, les membres endoloris, j'étais morte de peur.* [...] *L'injustice dont j'étais l'objet m'était intolérable en même temps que naissait en moi – encore ténue il est vrai – la certitude que le Viêtnam ne voudrait jamais de moi. Je pleurai silencieusement avec le sentiment que personne ne viendrait à mon secours. De fatigue je m'endormis, la tête entre les genoux.* [...] *La lueur d'une torche pénétra au fond de mon trou. J'ouvris les yeux. Ma mère chuchota : « Sors, mon enfant, ils sont partis. »*

Cette nuit-là, j'eus du mal à trouver le sommeil. D'anciennes terreurs prirent possession de moi[1].

Une religieuse intervient en sa faveur et grâce à une marraine elle peut toutefois intégrer le couvent des Oiseaux, à Dalat, un établissement modèle. Sa chance fut de pouvoir faire des études. Tôt elle comprit que le savoir était pour elle comme une voie vers la libération et l'indépendance. Elle décrocha les diplômes nécessaires pour enseigner. Elle a le sentiment, un moment, d'être considérée pleinement comme une enfant du Viêtnam. Et puis les circonstances font qu'elle postule pour une bourse pour se rendre en France et l'obtient. Elle décide de partir, en principe provisoirement. On est à l'aéroport de Tân Son Nhât, le jour du départ, sa mère est présente avec ses demi-sœurs. Peut-être a-t-elle le sentiment qu'elle s'en va à jamais.

1. Kim Lefèvre, *Métisse blanche* © Éditions Bernard Barrault, 1989.

Je n'avais cessé, depuis mon enfance, d'essuyer du mépris, des rejets, de la haine parfois, de la part d'un peuple que je considérais comme mien. C'est que je rappelais, à mon corps défendant, l'humiliante colonisation et l'arrogance du Blanc. J'étais le fruit impur de la trahison de ma mère, une Viêtnamienne.

J'avais passé ma vie à vouloir prouver mon innocence en me conformant à toutes les règles de ma société. Mais c'est mon essence même qui était inacceptable. J'avais profondément aimé – et je l'aimais d'autant plus que j'allais maintenant le quitter – ce pays qui m'avait faite. Il me fallait, maintenant lui dire adieu pour toujours[1].

Métisse blanche, ce récit autobiographique, restitue un Viêtnam authentique, entièrement dénué d'exotisme. Ce livre parle d'humiliation, de courage et de l'importance du savoir. On est, au Viêtnam, dans une des sociétés – assez rares – où le savoir est hautement valorisé. Celui-ci est dispensé en français dans la tradition de la IIIe République. C'est un récit de formation qui rend compte de la xénophobie et de la discrimination dans les sociétés non européennes. L'auteure exprime son amour pour le pays où elle a été élevée et pour la France, à travers la langue et la liberté que celle-ci lui a données.

Quand j'ai connu Kim Thu, en France, elle était considérée comme vietnamienne. Elle avait apparemment rompu tout lien avec sa communauté d'origine et fréquentait un milieu français, soit comme professeure de lettres au lycée Hélène-Boucher, ou comme comédienne, notamment dans la compagnie, un moment célèbre, de Mehmet Ulusoy, où personne ne savait distinguer une métisse d'une Viêtnamienne, et on ne lui avait d'ailleurs rien demandé. Mariée, elle n'avait rien dit concernant son

1. *Ibid.*

passé. Les mois que je passai au Nord-Viêtnam en 1967, où l'aviation américaine menait une campagne de destruction des infrastructures bâties en une dizaine d'années d'indépendance, me la firent redécouvrir à mon retour. Les circonstances, par la suite, nous rapprochèrent et, en 1970, naquit entre elle et moi une violente passion dont le souffle premier dura quelque quinze années suivies d'une douzaine d'autres, belles elles aussi malgré ma liaison avec Carole Laporte au Québec.

Durant un quart de siècle, nous avons été amants. C'est toi qui m'as fait quitter le deuil de mon père, cinq années après l'avoir perdu, subitement, un jour de pluie, dans le brouillard du jamais plus. Trois années pour encaisser le choc premier ponctué par la Guinée-Bissau, la Transjordanie, le Nord-Viêtnam, la Colombie. Deux autres années encore jusqu'à toi pour redécouvrir une joie de vivre. J'avais trente-cinq ans, j'avais beaucoup appris. À écouter. Être attentif. La compagne de ma vie, Juliette, avait d'une certaine façon payé le prix de mes apprentissages. J'étais, pour toi, neuf et averti. Tu pouvais, puisque je t'aimais et te comprenais et connaissais ton pays, ta culture, tout me confier : tes douleurs d'enfant, tes liens avec ton pays d'origine, de rizières, d'eau et de travail patient, de courage sobre. Tes humiliations nées d'une condition et d'une situation sans autre issue que celle du départ pour recommencer dans un monde neuf qui ne te rejetterait pas.

Tout cela comptait dans notre amour et bien d'autres choses encore qui ne regardent que toi et moi, permettant d'effacer les tabous, de se recomposer une fraîcheur première, au-delà des ténèbres et des interdits. Je me souviendrai toujours de mon ravissement, lorsque tu dormais près de moi, de ton beau visage lisse aux sourcils finement tracés, de tes lèvres ourlées que je ne me lassais pas de contempler. Tu étais fragile comme le tremblement d'un mirage que je savourais en sachant qu'il n'allait pas disparaître. Je ne désirais rien d'autre que d'arrêter le temps.

Il y eut ce printemps dans la plus menue des îles anglo-normandes, où nous étions en ce mois de mars les seuls étrangers, dans une villa mal chauffée louée par une dame d'origine huguenote, tandis que le printemps éclatait de jonquilles et d'aubépines, d'ajoncs et de genêts d'un jaune solaire au bord de la mer grise au sortir de nos nuits.

Le succès de ton livre fut important. Plusieurs éditions, suivies par une publication en livre de poche, dépassant les cinquante mille exemplaires. Peu après, j'appris par un ami vietnamien de vieille date que *Métisse blanche* était en cours de traduction au Viêtnam.

De façon tout à fait inattendue, on était en 1991, Kim Thu reçut une invitation de l'Union des écrivains vietnamiens à l'occasion de la publication de son livre à Hanoi. L'invitation était valable pour deux personnes, je fus l'invité.

Ce fut un choc intense. La perspective toute proche d'un retour pour revoir sa mère et ses demi-sœurs à Saigon devenue Hô Chi Minh-Ville. La reconnaissance par une société qui l'avait rejetée, mais qu'elle avait toujours considérée comme sa patrie d'origine, dont la culture et la langue étaient siennes, profondément, tout remontait à la fois. Elle écrivit à sa famille, prépara des cadeaux.

Finalement c'était une consécration, et l'Union des écrivains avait bien fait les choses : nos deux billets d'avion, un accueil télévisuel, une voiture à notre disposition avec chauffeur pour aller d'Hô Chi Minh-Ville à Hanoi via Nha Trang où elle était née, Dalat où se trouvait le couvent des Oiseaux, Hué l'ancienne capitale sur la rivière aux

Parfums. Enfin Hanoi et la remise de son livre traduit en vietnamien en présence du vieux général Giáp[1]…

Elle a conté tout cela, plus tard, dans *Retour à la saison des pluies*[2].

La remise solennelle de la traduction de son livre par le responsable de l'Union des écrivains vietnamiens a été un moment exceptionnel qui, à lui seul, comme par magie, effaçait, l'espace d'un instant, un quart de siècle de rejet et ressuscitait une patrie charnelle dont le noyau était resté intact.

En 2018, près de trois décennies après sa publication, paraissait à l'université d'Honolulu (Hawaï) la traduction en anglais de *Métisse blanche*.

Quoi qu'il advienne, *Métisse blanche* restera un livre important sur le XXe siècle en Asie du Sud-Est.

Entre-temps, Kim a écrit un très beau récit : *Moi, Marina la Malinche*, qui conte la vie de cette Indienne qui fut l'amante et le truchement d'Hernan Cortés durant la conquête du Mexique. C'est grâce à elle que les Espagnols surent comment pensaient leurs adversaires, quelle perception ils avaient du monde. La Malinche, rejetée au Mexique, parce qu'elle avait trahi, devrait au contraire être perçue comme la première métisse culturelle (un rôle que Kim pouvait comprendre) d'un Mexique créé comme tant d'autres États par le fer et le mélange des corps, volontairement ou pas. En effet, quel que soit, aujourd'hui, le retour à l'indigénisme, le Mexique est catholique et hispanophone. Le fils que Marina eut avec Cortés fut reconnu par le conquérant, scellant ainsi la fusion violente de deux mondes.

---

1. J'avais emporté *Stratégies de la guérilla*, où Giáp était abondamment cité, que je lui offris ce jour-là. « Je l'ai déjà », m'a-t-il dit. En effet, celui que j'appelle toujours Kien (son pseudonyme de partisans) Ngo Van Lam, un de ses « conseillers », le lui avait fait parvenir.
2. Publié avec *Métisse blanche* en un fort volume chez Phébus, dans la collection « Libretto ».

Tu as été une amoureuse dotée de tous les charmes et cette magie était toujours prête pour la fête. Tu as mené ta vie avec fermeté et discernement, travaillé tout en élevant un fils, le nôtre, et relevé tous les défis. Lorsque la maladie t'a frappée, tu as fait preuve de vaillance sans jamais te plaindre.

1989

De janvier à mars, j'enseignai au Québec à l'Université de Montréal. Si le nationalisme était encore vif, surtout chez les étudiants et les milieux intellectuels, l'élan des années 1967-1975 était perdu.

Cette année-là, le Mur de Berlin est démantelé, marquant de façon palpable la mort du communisme européen, à l'exception de la Roumanie. À Cuba, par contre, la dictature exercée par Fidel Castro rappelle avec l'affaire Ochoa les années staliniennes. Le général Ochoa, après avoir été le chef de la mission militaire au Nicaragua, fut nommé à la tête des troupes cubaines en Angola. De sérieuses divergences s'exprimèrent avec la politique castriste et il fut arrêté, emprisonné puis jugé. Au procès, Ochoa reconnut tout ce dont on l'accusait, selon la tradition des années 1930. Peut-être, en échange, lui avait-on promis d'avoir la vie sauve ? Toujours est-il qu'il fut exécuté, dans le droit-fil des procès staliniens.

Le général Lucien Poirier me demanda, après le retrait soviétique d'Afghanistan, un bilan de leur intervention pour la revue *Stratégiques*. On pouvait dégager trois points essentiels : les troupes soviétiques s'étaient retirées en bon ordre, n'ayant jamais dépassé cent vingt mille hommes. Le mythe de la victoire militaire de l'Afghanistan « tombeau des empires » était contrebattu par l'incapacité, durant près de trois ans après le retrait soviétique, de s'emparer d'une ville aux mains du régime afghan (Khost exceptée). Le peu de développement de l'Afghanistan s'était révélé un atout – il y avait peu à détruire – et l'émiettement des organisations rendait impossible de frapper une direction centralisée qui n'existait pas. En fait, le véritable changement dans cette affaire eut lieu à Moscou avec la montée au pouvoir de Gorbatchev, non sur le terrain afghan. Enfin, jamais ce type de « guerre coloniale » ne doit être mené par le contingent, comme les Américains au Viêtnam. Les Soviétiques ont été, paradoxalement, victimes de la démocratie.

En avril 1989 surviennent les manifestations de Tiananmen à Pékin, encouragées en Occident et très durement réprimées.

Si la direction chinoise avait plié, ce qui l'attendait aurait ressemblé à ce que vivait, peu avant la chute du Mur de Berlin, Mikhaïl Gorbatchev : un délitement de son État qu'il n'avait pas voulu. La perspective de devenir la seconde puissance économique eût été caduque. Cela avait coûté, selon l'estimation de l'ambassadeur britannique en Chine, quelque dix mille victimes. À cette histoire, il n'y a pas de morale.

Dans les années 1980-1990

Dans ces années-là, j'ai travaillé soixante heures par semaine et vécu intensément. Au tournant du siècle, ce nombre d'heures a augmenté à l'excès. Il est inutile de mentionner des circonstances qui, pour le lecteur, ne sont qu'un écho de rencontres émouvantes évoquant des visages, un sourire, ou tel voyage au Brésil, en Espagne, aux Pays-Bas ou aux États-Unis. Vécu, oui j'ai, et des histoires très belles.

Les voyages dans les cultures autres ont toujours été des moments intenses – certains physiquement difficiles, d'autres aux conditions moins rigoureuses, mais toujours riches. Les voyages ont été bien plus que mes universités, mais des existences d'aubaines dans un temps multiplié. Ainsi vit-on pleinement, aux aguets, pour saisir d'autres rapports au monde avec, d'aventure, la grâce d'une rencontre inoubliable qui devient une part de soi-même.

J'en étais, à cette époque, au stade final de mes recherches pour composer une anthologie mondiale de la stratégie, largement axée sur des cultures qui n'étaient pas celles de l'Occident. Tournés que nous étions (comme tout le monde) sur nous-mêmes, tout un pan fort large de l'histoire nous échappait : les contributions byzantines – de l'Empire romain d'Orient qui survécut près de mille années après la chute de Rome – ou celles, foisonnantes, des stratégies chinoises, ou encore l'impact, sur la durée, des cavaliers-archers nomades déferlant par vagues, durant deux mille ans, de l'Asie centrale sur la masse eurasiatique. Il fallait se familiariser avec ces cultures plus ou moins dévalorisées ou oubliées que des idéologues (comme Edward Said condamnant l'« orientalisme ») attribuaient seulement au désir de domination de l'Europe alors que le désir de savoir, de restituer, était au cœur de cette recherche.

Je présentai ce travail[1] au volume considérable à Guy Schoeller, alors directeur de « Bouquins » chez Laffont. Ce dernier était un homme de culture, à la personnalité parfois

1. *Anthologie mondiale de la stratégie*, coll. « Bouquins », Laffont, 1990.

fantasque, mais qui savait saluer le travail. Il me dit : « On n'en vendra pas beaucoup, mais je publie, ça restera. » En effet, le livre vit le jour avec une préface du général Lucien Poirier et une postface du général Pierre Gallois. Quand éclata la guerre du Golfe, en janvier 1991, je passai une trentaine de fois à la télévision pour commenter ce conflit inégal entre l'Irak de Saddam Hussein, après l'annexion du Koweït et la coalition dirigée par les États-Unis. Le livre fut montré à chaque fois et fut un succès. Par la suite, il devint un des classiques à l'École de guerre, fut couronné par le prix Castex, doté de 3 000 euros que j'utilisai afin qu'il soit traduit en anglais. Il fut alors publié par les Presses de l'Université de Californie à Berkeley.

C'est à la même époque que j'ai publié un livre sur la conquête espagnole de l'Amérique[1]. Mes multiples voyages en Amérique latine entre 1961 et 1985 m'avaient porté à m'intéresser aux Indiens, nombreux au Mexique, en Amérique centrale, en Colombie, en Équateur, au Pérou et en Bolivie. Par ailleurs, Cortés, le conquérant du Mexique, me paraissait une figure de capitaine de haute envergure, même s'il n'avait commandé que peu d'hommes. En revanche, ce qu'il avait accompli, la conquête du Mexique, parachevée par la chute de Mexico, n'était-elle pas plus « décisive » que nombre de batailles considérées comme telles bien qu'elles fussent sans lendemain ?

Je composai un triptyque décrivant les visions de la conquête telle qu'elle fut vécue par les Espagnols, dont Bernal Díaz a donné une version admirable de lucidité : la vision des Indiens telle qu'elle fut partiellement recueillie peu après la conquête par des prêtres espagnols parlant le nahuatl, enfin notre perception, compte tenu de ce que l'Histoire nous a légué.

---

1. *Miroirs d'un désastre. La conquête espagnole de l'Amérique*, Fayard 1990, 2018.

Le livre fut publié en 1990, à une époque où les conquistadors n'étaient pas encore considérés comme des bouchers coupables de « génocide ». Les sensibilités ont évolué de façon abrupte en deux décennies. La victimisation s'est imposée. Comme bien souvent, la balance tend à passer d'une lecture uniquement centrée sur la gloire des vainqueurs à leur diabolisation.

Les condamnations de l'esclavage au XXIe siècle ont moins de sens que celles émises au XVIIIe siècle par Condorcet ou Olympe de Gouges ou celles des antiesclavagistes britanniques qui s'en prenaient à des colons puissants. Lorsque le président français, Emmanuel Macron, déclare à Alger : « La colonisation est un crime contre l'humanité », il semble oublier que toute l'histoire de l'espèce humaine est en quelque sorte un crime contre l'humanité. Faudrait-il cesser de lire Aristote parce qu'il avait des esclaves ou Platon parce que la place qu'il réservait à la femme dans la cité était conservatrice ? Je n'ai pas de goût pour l'anachronisme.

Les conquistadors s'étaient battus pour leur foi, leur souverain et par désir d'or et de gloire. Ils avaient consenti à se mettre d'eux-mêmes le dos au mur et n'avaient d'autre choix que de vaincre ou de mourir. Ils étaient mieux armés dans leur rapport au monde que leurs adversaires, inquiets d'une catastrophe annoncée ! Les conceptions mêmes de la guerre des Indiens étaient très en retrait par rapport à celle des Espagnols, qui menaient une guerre absolue et disposaient de chevaux et, par-dessus tout, d'un interprète capable de véhiculer les perceptions du camp adverse.

Revenir des terrains précaires dont je rentrais me rendait, au fil des années, de plus en plus étranger à cette nouvelle sensibilité. Nombre de ceux que j'avais connus sensibles aux injustices commises à l'encontre d'autres peuples n'étaient plus concernés que par eux-mêmes.

L'Europe était peuplée de gens qui avaient peur de leur ombre et les médias, surtout ceux de l'image, vendaient quotidiennement de l'angoisse. En 2018, *Le Monde* publia qu'au cours des cinq dernières années le nombre de morts causées par le terrorisme (islamiste) était, en France, de deux cent quarante personnes. L'article rappelait que le terrorisme est une arme psychologique et qu'il est néfaste, une fois l'information donnée, de repasser des images et de les commenter, avec pour résultat de relayer la propagande de l'adversaire. Au cours des trente ou quarante dernières années, je n'ai guère entendu de hauts responsables dire après des attentats, « mes compatriotes, je vous demande de faire preuve de courage ». Quant à l'annonce selon laquelle nous « sommes en guerre », elle était manifestement excessive. Dans ce cas, une des premières mesures eût été la censure de guerre, qui aurait coupé l'herbe sous le pied de ceux qui vendent de l'angoisse en relayant à répétition la propagande de l'adversaire.

Après avoir été les premiers à élaborer un *Atlas stratégique*, puis un *Atlas de la découverte du monde* intégrant la cartographie musulmane ainsi que celles d'Asie orientale – chinoise, coréenne etc. – avec trente ans d'avance, nous fûmes également les premiers à donner un *Atlas des diasporas* qui fut lui aussi traduit en anglais, chose très rare pour un atlas étranger. Nous abordions ainsi un thème ancien qui paraissait connaître des vagues nouvelles dont on verra si elles deviendront ou non des diasporas destinées à perdurer. À l'heure des communications faciles, il est très probable que cela soit le cas.

Sans doute ces deux années ont-elles été particulièrement fertiles.

La guerre du Golfe

Le 15 janvier 1991, les États-Unis, à la tête d'une considérable coalition d'États opposés à l'annexion du Koweït par l'Irak, dont l'Égypte, la Syrie et l'Arabie saoudite[1], entament les hostilités. Les États-Unis remportent là leur dernière victoire militaire, dans la mesure où cette guerre a été classique. George Bush, le président américain, a eu la sagesse politique de ne pas permettre au général Schwarzkopf de continuer son offensive victorieuse. La chute du régime sunnite de Saddam Hussein aurait profité au rival régional le plus important des États-Unis : l'Iran.

La disparition de l'Union soviétique, à la fin de l'année, détermine pour les États-Unis un sentiment d'omnipotence. Après la victoire, le président des États-Unis déclare : « *America is back*[2] ! » On effaçait ainsi l'échec du Viêtnam. Cette guerre fut menée de façon à causer le moins de victimes possible chez la coalition. Quelques centaines d'hommes à peine, dont une partie par *friendly fire* (exquise expression). En face, peut-être cent mille soldats irakiens. Pour la première fois dans la longue histoire des batailles, on n'annonçait pas les pertes de l'adversaire. Contrairement à la guerre du Viêtnam, le dernier conflit montré sur le vif, l'information, cette fois – sans présence de journalistes –, fut délibérément filtrée, manipulée et orchestrée, entre autres par CNN. La dimension psychologique du conflit fut très importante. La peur, en Europe comme aux États-Unis, était palpable, alors que le

1. Le Koweït a été créé par la Grande-Bretagne en 1899 sur la route maritime des Indes. Il a été revendiqué par l'Irak dès que cet État est devenu indépendant de la mainmise postcoloniale britannique par le colonel Kassem.

2. L'Amérique est de retour !

conflit se passait à des milliers de kilomètres. Les grandes entreprises interdisaient à leurs cadres de se déplacer par avion, les lieux de rencontres, restaurants, salles de spectacles, etc., étaient à demi vides, et nombre de personnes stockaient des produits de première nécessité. Ce conflit inégal jusqu'à la caricature a éveillé des craintes démesurées. La vulnérabilité psychologique inédite des Occidentaux, conséquence d'une longue période de paix et de sécurité chez des populations vieillissantes, était patente. Désormais, il fallait compter avec la *dimension sociale de la stratégie*, la mort de soldats au combat étant mal supportée, tandis qu'était lancé le slogan rassurant et absurde de « guerre zéro mort ». L'arrière devenait plus vulnérable que le front. Même victorieuse, cette guerre démontrait que le « syndrome vietnamien » dépassait le Viêtnam et ouvrait une ère nouvelle dans notre rapport à la violence et à la mort.

En 1991, avec Arnaud Blin, nous avons rendu compte de la guerre du Golfe dans *America is Back*[1] (1991). Arnaud avait brossé en première partie une superbe fresque de la tradition politique américaine. Par ailleurs, la persuasion de masse, l'intoxication feutrée commençaient à être de mieux en mieux rodées, comme l'avait démontré la version du conflit offerte au public occidental. Quels que soient les mensonges et les non-dits durant la guerre du Viêtnam vingt ans plus tôt, on était mieux informé compte tenu d'observateurs sur le terrain qui pouvaient être entendus. Cette fois pas de témoin, CNN véhiculait la version officielle et démontrait à quel point nous étions manipulés par notre propre propagande. Si celle-ci s'était imposée aux masses démocratiques lors de la Première Guerre mondiale, la guerre du Golfe, superbement orchestrée, constituait un pas décisif vers l'intoxication

1. A. Blin et G. Chaliand, *America is Back*, Bayard, 1993.

de sociétés conditionnées et surveillées. Cela déterminerait une opinion publique d'apparente liberté soumise à l'influence, sinon au contrôle, de ceux qui détiennent le monopole des moyens de communication. Avec quelques amis, le général Maurice Prestat, le colonel Guy Mandron, Pierre Conesa, etc., parut bientôt, sous ma direction, un petit livre concernant ce phénomène en train d'être affirmé : la persuasion de masse[1]. Celle-ci avait et continuait d'avoir de beaux jours devant elle. La pensée libre, on le constaterait entre le 11 septembre 2001 et le début de la guerre d'Irak en 2003, aux États-Unis, deviendrait une anomalie qui pourrait professionnellement coûter cher. On assistait à une mise au pas dans les démocraties bientôt sous surveillance.

La sous-commission des Droits humains des Nations unies me sollicita en 1992 pour rédiger un rapport sur la situation des Kurdes au Moyen-Orient. Il s'agissait de dresser un bilan concernant la condition politique de ces derniers en Turquie où ils étaient les plus nombreux, en Iran où ils disposaient de droits culturels, en Irak, etc.

Apprenant que j'avais été choisi pour rédiger ce rapport, les autorités académiques turques me proposèrent de le rédiger en commun. Je leur répondis qu'on m'avait chargé de ce travail et que j'entendais le rédiger seul, mais qu'ils étaient bienvenus s'ils voulaient me faire parvenir de la documentation. Je reçus, peu après, une dizaine d'ouvrages, la moitié concernait le sort des Arméniens dans l'Empire ottoman durant la Première Guerre mondiale. Je renvoyai ceux-ci sans commentaire. L'autre moitié était consacrée aux Kurdes de Turquie. C'était de la propagande d'État et d'une mauvaise foi avérée.

1. *La Persuasion de masse*, présenté par G. Chaliand, Robert Laffont, 1992.

Je leur écrivis pour les remercier en ajoutant que ce n'était pas ce qu'attendait la sous-commission de l'Onu. Pour toute réponse je reçus une invitation pour Chypre Nord. Je remerciai à nouveau, je ne voyais pas pourquoi j'étais invité dans une entité territoriale reconnue par l'État turc seulement. Pourquoi ne m'invitait-on pas à Istanbul ou Ankara ? Nos relations s'arrêtèrent là. Cinq ans plus tard, tandis que j'étais depuis deux ans le directeur du Centre européen d'étude des conflits à la Fondation pour les études de Défense (aujourd'hui FRS), devait se tenir, en Turquie, une conférence internationale concernant la région. J'étais invité, sous égide internationale, mais fus prévenu par Bruxelles, peu avant mon départ, que j'étais considéré *persona non grata* en Turquie.

Le rapport, auquel participa Gilles Dorronsoro[1], qui était mon adjoint au Centre européen d'étude des conflits à la FRS, à l'époque, fut publié et traduit en anglais.

Érythrée

En cette année 1991, à Asmara, on fêtait une indépendance durement arrachée. Il y avait une imposante cérémonie, dans un stade, où nous avions pris place, Kim et moi, avant que n'entrent les combattantes et les combattants en uniforme ou vêtus de blanc. Beaucoup étaient amputés d'un bras ou d'une jambe. L'hymne a retenti dans le silence, évoquant celles et ceux qu'on avait perdus. Pour les survivants les plus anciens, c'était deux décennies de combats qui venaient de s'achever. Je me trouvais avec

1. *Le Malheur kurde*, Seuil, 1992.

eux, en 1977, face au mouvement concurrent, musulman, issu de la plaine côtière, soutenu par l'Arabie saoudite, qui voulait que la mer Rouge devienne un lac arabe.

L'EPLF (Eritrean People's Liberation Front), issu du massif montagneux abyssin, était composé de chrétiens d'origine, mais il était « marxiste-léniniste », avec une petite proportion de musulmans marxisants. Les femmes combattantes représentaient un peu plus du tiers des effectifs. La discipline était stricte, le mouvement hautement motivé et efficace. En 1977, c'était l'offensive : Afabet venait de tomber. Nous entrions dans une petite ville que l'armée éthiopienne n'avait pu tenir. Le mouvement, sur le plan politique, traversait cependant des jours difficiles. L'URSS, qui les avait soutenus, choisissait abruptement de se ranger aux côtés de l'Éthiopie où le colonel Mengistu venait de se déclarer « marxiste-léniniste ». Cuba envoyait des troupes soutenir le nouveau régime.

J'avais fait la connaissance d'Isaias Afwerki, leur dirigeant, qui m'avait demandé en 1977 de donner quelques cours aux cadres, désarçonnés par cette volte-face. Les rapports entre l'idéologie et la Realpolitik sont souvent amers.

Sur sa lancée, l'EPLF bousculant l'armée éthiopienne en désarroi était parvenue aux faubourgs de Massawa, verrou stratégique sur la mer Rouge. L'assaut était donné sur une bande de terre menant au port lorsque des navires soviétiques arrêtèrent net l'élan des Érythréens par un feu nourri.

L'armée éthiopienne fut réorganisée et le EPLF dut retraiter. Afin de n'être pas rejetés vers le Soudan, décision fut prise de s'enterrer et de s'accrocher coûte que coûte, dans une guerre humainement très coûteuse. Les rails de chemin de fer menant d'Addis-Abeba à la mer Rouge furent utilisés pour étayer de profondes tranchées, et la discipline de fer de l'organisation permit de tenir à grand prix.

C'est presque vingt années de lutte et de sacrifices que rappelait cet hymne, dans le silence de cette foule de combattants et de combattantes enfin victorieuse. Un moment intense.

À la fin de la cérémonie, Isaias fut entouré d'une cohorte de jeunes Américaines qui le félicitaient. Il est monté en voiture. Je me suis approché et j'ai dit: « *Congratulations, you made it!* » Il m'a regardé sans me reconnaître. Près d'une quinzaine d'années avaient passé. Plus tard, je me suis rendu à leur quartier général et j'ai demandé à être reçu. Sans succès. J'ai dit: « Votre mouvement, dans les moments difficiles, était heureux de rencontrer des gens qui les ont aidés. » J'ai insisté après m'être fait connaître et j'ai fini par obtenir une audience.

Ils étaient trois. Lui, imposant avec sa haute taille, très peu changé, sec et droit; un cadre important, de toute évidence, vautré avec arrogance et désinvolture dans un fauteuil, les jambes sur l'accoudoir; et un troisième, silencieux. J'ai brièvement rappelé les circonstances dans lesquelles nous nous étions connus et j'ai écouté, avec un peu d'étonnement, le discours en langue de bois qu'il m'a débité. Ce qu'il était devenu était déplaisant. Il le prouva, par la suite, en menant une politique de petite puissance régionale particulièrement tyrannique.

Bien que j'eusse déjà perdu mes illusions quelques années avant de me rendre en Érythrée, ce fut comme un point final au sentiment d'avoir partagé quelque chose, jadis, avec un mouvement combattant.

Et puis, Kim et moi sommes allés en Éthiopie. Il pleuvait sur Addis et les tentes des réfugiés étaient entourées de petites tranchées trop étroites débordant d'eau. Nous avons emprunté un véhicule pour aller vers Dire Dawa. La route n'était pas sûre, il y avait des *shiftas* (bandits) armés, qui arrêtaient les véhicules pour dépouiller les occupants. Un jeune Français voulut se joindre à nous. Il fut convenu que nous passerions outre, j'étais au volant, bien décidé à forcer le passage si nécessaire, mais nous avons eu de la chance, la voie était libre. Kim ne dit rien, c'était son côté viet, on prend sur soi.

À Dire Dawa nous avons rencontré les derniers cheminots qui parlaient notre langue, ils avaient connu le temps où le chemin de fer fut construit par les Français.

De retour, il y eut visite des églises célèbres et en effet fort belles, et l'envie nous prit, comme tout lecteur de Rimbaud, de nous rendre au Harrar. La maison supposée du poète avait été celle d'un commerçant indien. L'Éthiopie, outre sa beauté alpestre et son architecture, est très attachante dans son farouche désir de durer en restant elle-même, si isolée soit-elle. C'est un empire qui s'est constitué, paradoxalement, à la fin du XIXe siècle, tandis que toute l'Afrique était conquise par les Européens. Un empire dominé par les chrétiens, multireligieux et multiethnique. Cela se paye un jour ou l'autre. La récente tentative de susciter un ordre démocratique et pluraliste s'est surtout soldée par des explosions de violence.

Pologne

Juliette et moi avons été invités, quelques mois plus tard, par une de mes anciennes élèves de l'Ena (promotion 1980), Sylvie de Bruchard, devenue consule à Cracovie. Naguère nous avions été ensemble à Moscou où son mari, Pierre, occupait un poste à l'ambassade de France. Nous avons visité cette fois-là Souzdal, Vladimir et Pskov, une Russie prémongole aux églises sobres, un hiver, dans le silence de la neige qui tombe.

Nous avons débarqué à Varsovie où les graffitis antijuifs dans ce qui, jadis, avait été le ghetto étaient non seulement toujours visibles, mais récents. Pourtant il n'y avait plus guère de juifs. Non loin, de jeunes Polonais et Polonaises vendaient des symboles religieux juifs, ce qui nous parut pour le moins ambigu. Juliette chercha le quartier où ses parents avaient vécu au cours des années 1920, sans résultat. Une partie de la ville, détruite, avait entièrement disparu, tandis que les beaux quartiers avaient été reconstruits à l'identique. Ce fut une plongée désagréable dans un passé douloureux.

Cracovie était d'une architecture manifestement Habsbourg comme Budapest ou Prague. C'était l'Europe centrale avec son charme singulier. L'église Sainte-Marie, sur la grand-place, avait deux tours asymétriques et un autel gothique dû à Wit Stwosz. Sur la tour la plus haute, l'horloge sonnait les heures au son d'une trompette très caractéristique (Hejnal Mariacki) qui s'interrompait brusquement à mi-note sur la dernière heure, pour rappeler le sonneur de cor atteint d'une flèche mongole à la gorge tandis qu'il donnait l'alarme un jour de 1241...

La Pologne avait joué un rôle actif dans la chute du communisme européen, sinon dans celle de l'Union soviétique elle-même. Solidarność et Lech Walesa, tout comme le pape d'origine polonaise, avaient largement contribué aux tensions Est-Ouest qui s'étaient révélées fatales pour l'URSS et les vaines tentatives de réformes de Mikhaïl Gorbatchev. La Pologne avait été puissante quelques siècles plus tôt, mais se trouvait malgré elle comme prisonnière entre les Russes et les Allemands.

Cette année-là, j'ai été *visiting professor* au Québec et j'ai donné une série de conférences à Berkeley et à UCLA. Les États-Unis m'étaient toujours familiers. Je m'y sentais chez moi et j'aimais le côté direct des rapports avec les étudiants, à une époque où le « politiquement correct » n'avait pas encore donné aux cours un air d'exercice d'équilibre entre les faits et leur interprétation, au gré des modes. Cette Amérique-là, je ne l'ai pas connue, ayant cessé peu après le tournant du siècle de m'y rendre, parce qu'elle devenait de plus en plus intolérante.

Yémen

J'ai eu le privilège de séjourner deux fois au Yémen. Une première fois au nord vers 1992-1993 grâce à des amis de l'ambassade de France. Le Nord-Yémen constituait à l'époque une entité étatique distincte de celle du Sud. En tant que pays montagnard, le Nord-Yémen surpasse de plusieurs coudées la beauté de l'Afghanistan. On est, au Yémen septentrional, dans les *Mille et une Nuits*. La capitale, Sanaa, est d'une architecture admirable. Il y a là, au Nord-Yémen, ce qui fait défaut en Afghanistan: une architecture militaire de montagne. Ces châteaux forts agencés de façon à se couler dans l'âpreté des escarpements sont d'une stupéfiante beauté.

Je me souviens de la révolution de 1962, au Yémen. J'étais à Alger et on s'y réjouissait de voir apparaître une révolution qui se voulait «socialiste». C'était une époque d'illusions. On eut une guerre civile entre royalistes, épaulés par l'Arabie saoudite, et républicains, soutenus par l'Égypte, qui dura près d'une demi-dizaine d'années. L'armée égyptienne, composée de paysans de la plaine, connut l'échec face aux montagnards yéménites pour lesquels la guerre était comme une manière d'être. On s'est toujours déplacé armé: poignard à la ceinture et fusil à l'épaule.

Finalement, après beaucoup de proclamations et de fureur, en 1990, les deux Yémen furent réunis – sans désir de l'être –, avec Sanaa pour capitale, pour bientôt s'affronter à nouveau.

À cette époque-là, on pouvait randonner au Nord-Yémen. Au nord de Sanaa – 2 250 mètres –, on pouvait aller jusqu'à Kawkaban, à l'ouest jusqu'à Ma'rib, au sud jusqu'à Jibla, voire Taïz qui fut jadis capitale.

Le *qat*, des feuilles fraîches que l'on mâchait jusqu'à ce qu'elles forment une boule dans la joue, occupait, grâce à son effet euphorisant, une place centrale dans la vie quotidienne. On traitait affaire tout en mâchant du *qat* quotidiennement (les hommes seulement). Ainsi pouvaient se nouer d'éphémères alliances tribales.

On était bien sur les routes, à pied. On croisait des groupes d'hommes qui saluaient en passant ; dans les villages on vous offrait un café – le café des origines, celui que l'on buvait immémorialement sur le massif éthiopien et ici, au Yémen. Quatre années plus tard, je suis retourné, avec Sophie, ma dernière compagne, au Yémen du Sud, cette fois. Une géographie radicalement différente de celle du Nord. C'est un plat pays, désertique, baigné par l'océan Indien, et s'ordonnant autour de l'Hadramaout. Nous avons loué une voiture à l'agence Universal tenue par Marco Livadiotti, un ami d'Hugo Pratt qui avait, dans son bureau un très beau dessin représentant Corto Maltese. Le chauffeur, un homme âgé mais encore vert qui avait beaucoup d'humour, parlait un peu d'anglais et était armé d'une kalachnikov.

Bien que je préfère le Yémen du Nord et, d'une façon générale, la montagne, le Yémen du Sud recélait des bâtiments du XVIe siècle d'une stupéfiante beauté. À Shibam, Sayun ou Tarim, on voyait jaillir du désert des constructions de plus de quinze étages, de couleur ocre, aux fenêtres cerclées de blanc, d'une parfaite harmonie. Le Wadi Doman était d'une étrange beauté. Le désert, si l'on continuait vers l'est, finissait par des régions parmi les plus désertiques du monde dont Wilfred Thesiger a rendu compte dans *Le Désert des déserts*[1].

Al Mukalla était un port singulier où s'abritaient des boutres ventrus qui pouvaient, les vents de la mousson aidant, atteindre les Moluques. On était là à l'une des extrémités du monde maritime qui s'étendait jusqu'aux limites de l'océan Indien avant d'atteindre les côtes de la Chine…

Aujourd'hui, le nord du Yémen connaît un conflit régional opposant l'Arabie saoudite et ses alliés aux Houtis soutenus par l'Iran. Les Nations unies, en général lentes à se mouvoir, ont qualifié les conséquences de ce conflit mené avec beaucoup de brutalité dans les bombardements aériens d'une des catastrophes humanitaires les plus graves des dernières décennies. L'Arabie saoudite est notre alliée et achète en quantité du matériel militaire, mais n'est pas parvenue à l'emporter malgré ses moyens considérables…

L'Ouzbékistan après l'URSS

Tachkent, capitale de l'Ouzbékistan, était une ville administrative, morne, que je n'avais pas aimée jadis. J'y suis revenu moins de deux années après la chute de l'Union soviétique. C'était toujours laid, mais il y avait effervescence dans les mosquées. Les prédicateurs wahhabites étaient là et fort actifs. Ils cherchaient à rattraper le temps perdu, à faire renaître l'élan de la foi, hier considérée comme

1. Plon, coll. «Terre humaine», 1959.

archaïque et aujourd'hui ressentie comme une renaissance. Le nombre de mosquées détruites durant l'Union soviétique avait été considérable. Je suis entré dans une des rares grandes mosquées du centre. Il y avait une longue rangée de fidèles face au mur, en train de se balancer d'arrière en avant tout en psalmodiant. C'était comme s'abandonner dans la prière, s'enivrer d'au-delà. Cela me rappelait les derviches tourneurs turcs, en extase. Je suis ressorti. Une amie française parlant russe et vivant en Ouzbékistan depuis plusieurs années me dit que cela avait commencé l'année précédente (1992). « Les wahhabites sont venus prêcher d'abord à Tachkent, avant d'aller dans d'autres villes. Pour l'instant le régime laisse faire, mais cela ne pourra pas durer parce que se posera alors le problème du pouvoir. À mon avis, ils seront expulsés, mais le grain est semé. » Elle avait raison. En Asie centrale, ce sont, de loin, les Ouzbeks qui ont fourni les militants islamistes les plus nombreux, les mieux motivés et les plus combatifs.

J'étais très heureux de retrouver, pour la seconde fois, Samarcande, dont l'évocation fait rêver. Tout le centre est d'une architecture magnifique. Cette ville avait été, dans la seconde partie du XIVe siècle et au début du siècle suivant, la capitale de l'empire de Tamerlan, qu'on appelle ici Timour Leng, Timour « le Boiteux ». Turcophone iranisé bien que s'inscrivant dans la mouvance mongole, il ne se considéra jamais, malgré ses victoires, comme l'égal de Gengis Khan. Il fut un organisateur et un stratège de génie doté d'une exceptionnelle énergie. Toujours vainqueur : contre l'Iran, contre l'Empire ottoman en gestation, contre le coriace héritier mongol des steppes russes, il mourut en marche vers la dernière conquête : celle de la Chine des Ming. Tout ce qu'il trouvait de précieux : objets, femmes, savants ou artisans habiles au cours de ces campagnes, venaient s'ajouter à la munificence de sa capitale. Timour rencontra le grand historien et sociologue arabe de son temps, Ibn Khaldun, et lui proposa de s'installer à Samarcande, ce que ce dernier sut, avec doigté, ne pas accepter. Tout ce qui rappelle la splendeur de ce règne, qui laissa peu d'héritiers sinon un astronome célèbre, est admirable et n'a été surpassé que par Ispahan.

« La moitié du monde », comme les Iraniens désignent Ispahan, ne fut bâtie qu'au tout début du XVIe siècle. Sa place est la plus imposante et la plus belle qui soit avec ses deux mosquées, son palais, le souk et, tout près, ses deux ponts des contes des *Mille et une Nuits*, qu'il faut traverser à pied.

Samarcande, Boukhara et, plus discrète, Khiva, furent avec Ispahan les joyaux de cette ère. Je ne vois, ailleurs, que les mosquées turques de Sinan à Constantinople et à Edirne et le miracle de pierre de l'Alhambra à Grenade qui puissent s'y comparer.

Sans doute est-ce cette année-là qu'avec Kim et notre fils Guillaume – vingt ans –, nous avons randonné quatre semaines au Népal entre quatre et cinq mille mètres.

Le Haut-Karabakh

Il faisait froid en cette fin 1993 où j'arrivai au Karabakh en guerre contre l'Azerbaïdjan. Vu d'hélicoptère, ce massif paraissait une haute forteresse au pied de la plaine jusqu'à Bakou. Ces montagnards arméniens que j'allais connaître au fil des semaines étaient frustes et patriarcaux. Leurs femmes ne mangeaient pas à la même table, mais j'appréciais leur goût pour le combat. Il n'était pas question pour eux de céder, moins encore d'être battus. Cela me changeait des traumatisés du génocide ; je sais, c'est injuste et péremptoire, mais au fond de moi, il y a toujours eu un sentiment de rejet – à quelques exceptions près, des femmes surtout – pour ceux qui drainent la soumission intérieure et la crainte transmise des vaincus.

Cela dépassait l'enjeu proprement territorial, essentiel cependant pour les combattants. J'avais connu Levon Ter-Petrossian quand il était opposant, j'aimais son réalisme. En tant que président de l'Arménie, il mesurait le prix très sévère que coûtait à l'Arménie la question du Karabakh provoquant le blocus économique turc et azéri. Il perdrait d'ailleurs le pouvoir, quelques années plus tard, parce qu'il recherchait, avec raison, une paix de compromis.

Andreï Sakharov avait écrit naguère, en vain, à Mikhaïl Gorbatchev (21 mars 1988), afin qu'il modifie le statut du Haut-Karabakh en faveur des Arméniens: «Je voudrais évoquer dans cette lettre les deux problèmes nationaux les plus brûlants de l'heure: le retour des Tatars de Crimée et le rattachement du Haut-Karabakh à l'Arménie. Dans les deux cas, il s'agit de corriger une injustice faite à des peuples de notre pays [...]. Les problèmes des Tatars de Crimée et celui du Haut-Karabakh évoqués dans cette lettre ont valeur de test pour la perestroïka, pour sa capacité à surmonter la résistance et le poids du passé.»

Par la suite, les pogroms s'étaient succédé en Azerbaïdjan: Sumgaït (1988)[1], Kirovabad (1988), Bakou (1990). La population arménienne refluait vers l'Arménie et les Azéris d'Arménie vers l'Azerbaïdjan. Sur fond de décomposition de l'Union soviétique, la guerre commença avec, dans un premier temps, un appui de Moscou à Bakou, l'Arménie s'étant dotée d'un gouvernement non communiste. En août 1991, Bakou proclama son indépendance

1. *Le Pogrom de Soumgaït*, présentation de B. Kouchner, préface d'Elena Bonner, Seuil, 1989.

et, en décembre, le Haut-Karabakh en fit autant. La guerre éclata et fit rage jusqu'en 1994.

Cette guerre, côté arménien, était perçue comme une épopée patriotique d'autant plus héroïque qu'on avait le sentiment d'avoir renversé une situation désespérée en victoire (peut-être provisoire).

On n'a jamais eu, au Haut-Karabakh, le sentiment d'avoir été vaincu, car ce massif montagneux a toujours réussi à préserver une semi-autonomie, que ce soit sous la domination persane ou sous celle des tsars à partir du XIXe siècle.

Stepanakert, la capitale, se trouve dans une cuvette et, avec un peu moins de 700 mètres, elle est peut-être le lieu le moins élevé d'une région alpestre qui s'étage surtout de 1 000 à 3 700 mètres. De très nombreux bâtiments sont éventrés ou n'ont plus de toit, et des fenêtres donnant sur le vide. Tout indique qu'on a été sévèrement pilonné, moins par l'aviation que par l'artillerie. De Chouchi, qui domine de ses quelque 1 200 mètres la cuvette de la capitale, les forces azéries ont tenu Stepanakert sous le feu durant cinq mois, de décembre 1991 à mai 1992.

Au début de mai 1992, la situation devenait désespérée lorsque les autorités du Haut-Karabakh décidèrent de jouer le tout pour le tout. Chouchi est une citadelle naturelle, autrefois capitale arménienne puis devenue, à une période récente, surtout azérie. Imprenable par l'unique route qui y mène, compte tenu de la supériorité de l'artillerie azérie, Chouchi domine une paroi rocheuse d'environ 400 mètres où les Azéris n'avaient guère concentré de forces. Une centaine de volontaires arméniens escaladèrent en deux points les rochers du précipice – ascension de seize heures à la faveur de nuits de pleine lune – et l'assaut fut donné à l'aube du 9 mai 1992 en liaison avec les tanks montant de Stepanakert par la route. La surprise créa la panique et la ville fut prise. Deux semaines plus tard, les forces arméniennes contrôlaient le corridor de Latchine – long d'une quinzaine de kilomètres – qui sépare la République d'Arménie de la région du Haut-Karabakh peuplé de 75 % d'Arméniens.

Le récit de cet exploit nous en a été fait par Vazgen Sargsian, au pied de la haute paroi rocheuse et touffue qui monte vers Chouchi.

Vazgen porte un manteau noir, il est trapu et donne une impression de force – par la suite, avant que le pouvoir ne soit confisqué des mains de Ter-Petrossian, il sera assassiné en plein parlement, ouvrant ainsi, par son élimination, la possibilité de s'emparer du pouvoir par le clan de ceux du Karabakh : Robert Kotcharian et Serge Sarkissian.

« Nous nous sommes cassé les dents plusieurs fois sans parvenir à forcer la route unique vers Chouchi. Finalement on a sélectionné quelques dizaines de volontaires pour s'emparer de Chouchi à revers. »

On avance jusqu'au pied d'une sorte de canyon, près d'une roche abrupte de plusieurs centaines de mètres, couverte de végétation dense.

« Ça s'est fait la nuit. Les nôtres sont montés en silence et sont restés planqués le jour. On en a perdu quelques-uns. À l'aube du second jour, on les a eus par surprise et, profitant de la panique, par la route, on a foncé pour les encercler. On a pris Chouchi en deux heures ; ils étaient sonnés. La face abrupte, réputée imprenable, n'était pas gardée. Après ça, non seulement on a récupéré la quasi-totalité des 4 300 km², mais on a largement débordé le périmètre du Karabakh au nord, à l'ouest, à l'est et au sud. »

J'ai rencontré, plus tard, avec Sophie, un des jeunes combattants qui, en mai 1992, avaient fait partie des volontaires qui prirent Chouchi à revers. Six pieds de haut, athlétique, souriant : « Je sais qu'on a sauvé l'honneur, a-t-il dit avec un sourire. On ne pouvait pas se permettre de perdre. »

Cela m'a rappelé mon premier voyage en Israël, en 1969, quand j'ai rencontré un ancien du Palmach qui avait combattu en 1948-1949. Il m'avait dit : « On avait le dos au mur, il fallait gagner ou tout perdre jusqu'au respect de nous-mêmes. »

On ne pouvait que saluer ces montagnards têtus décidés à imposer une victoire effaçant un passé de désastre.

La première phase de la guerre, jusqu'en mai 1992, a été à l'avantage de Bakou. Près de la moitié des 4 300 km^2 du Haut-Karabakh a été contrôlée par les Azéris. Mais la population n'a fui qu'en partie. Ceux qui sont restés étaient décidés à tenir.

Tout n'était pas blanc ou noir dans cette guerre le 26 février 1992, à Khodjalou, tandis que les forces arméniennes se rendaient maîtresses du terrain, elles avaient tiré sur des civils azéris qui fuyaient par la voie laissée libre à cet effet. Il y eut plusieurs centaines de morts. Je me souviens d'Arpik Missakian, la directrice du journal arménien *Haratch*, pour laquelle j'avais grande estime et amitié. Elle était rigoureuse et avait condamné cette tuerie. Par la suite, les Arméniens nièrent les faits ; les Azéris les transformèrent en « génocide », rien de moins, eux qui ne reconnaissaient pas celui de 1915. Je n'aime pas qu'on défende l'injustice, même quand elle profite aux siens. Plus tard, un soldat azéri qui avait tué en Hongrie un soldat arménien durant son sommeil fut emprisonné à Budapest, jusqu'à ce que Bakou s'arrange pour le faire extrader afin qu'il purge la fin de sa peine en Azerbaïdjan. À peine celui-ci mettait-il le pied à l'aéroport de Bakou qu'il fut accueilli en héros…

Cette guerre n'a qu'un arbitre, Moscou qui, grâce au conflit du Haut-Karabakh, tient à la fois l'Arménie et l'Azerbaïdjan, comme l'a démontré une fois de plus Vladimir Poutine sommant, au terme de quatre jours de conflit déclenché par Bakou en 2017, les deux chefs d'État transcaucasiens de venir à Moscou. Il leur signifiait ainsi qu'il tenait à ce que cela s'arrête. Il fut entendu. C'était en 2017. Près de quinze ans après mon récit.

Au début du printemps 1999, pour nous rendre au front ou, plus exactement, aux divers fronts en pleine bataille – celui d'Agdam au centre-est et celui de Martakert au nord-est –, Sophie et moi passons en 4x4 Niva sur des routes le plus souvent en terre battue, et nous traversons des villages parfois peuplés, parfois abandonnés. Dans les villages arméniens, quelques vieux, bergers ou paysans, s'accrochent à ce qui a été leur existence passée, dans les décombres, et racontent comment cela est arrivé, comment les autres sont venus avec des chars dont on voit parfois la carcasse endommagée et, peint sur le côté, un croissant.

Ils racontent combien il reste de survivants, et la fuite. Récits toujours semblables que l'enquêteur des zones de conflit a déjà entendus tant de fois, tandis que celui ou celle qui narre égrène sa relation funèbre.

Il fait soleil. Non loin, un bruit de fontaine d'où coule une eau de source qui descend de la montagne proche. On serre des mains et on repart. Il y a aussi des villages azéris. Vides. Je fais arrêter la voiture et je vais à pied, seul parmi des ruelles de terre battue bordées de maisons détruites saccagées par la guerre où le vainqueur, quel qu'il soit, fait fuir la population de l'autre. Dans les jardins, des pêchers en fleurs d'un rose lilas d'une grande délicatesse, des pruniers. Tout est vide. Juste quelques lits de métal ici et là, qui rouillent car il a plu. Dans une remise, d'un tonneau crevé sont tombés des bouquets de feuilles de vigne dans lesquels on ne roulera jamais de riz. Tous les exodes suscités par les guerres sont pathétiques.

En route, des bâtiments transformés en caserne, bien tenus avec des chambrées propres, des toilettes correctes. Les armes individuelles sont bien entretenues, les uniformes disparates. Les troupes du Karabakh constituent une armée, mais on y sent encore le partisan d'hier : pas de casque. Ils n'aiment pas en porter. Pas assez viril ? C'est ce style épique et absurde qui permet d'affronter le pire parce que c'est « la liberté ou la mort ».

Maintenant, on quitte le territoire du Haut-Karabakh pour pénétrer en République d'Azerbaïdjan. Encore des villages déserts avec leurs cimetières. Les tombes des vieux cimetières musulmans – comme en Anatolie – aux pierres tombales oblongues et étroites, de guingois. Moins solennels que les cimetières chrétiens, mais beaucoup plus émouvants par le manque d'apprêt et la désolation de leurs stèles comme égrenées au hasard. Encore que le grand cimetière de Stepanakert soit frappant par l'ajout récent de cent cinquante à deux cents tombes de soldats, toutes gorgées de fleurs tandis que des travaux de terrassement préparent d'autres espaces pour ceux qui vont mourir.

On entend désormais de plus en plus fort, de plus en plus souvent les tirs d'artillerie tandis que nous pénétrons Agdam, ville azérie tombée l'an dernier aux mains des forces arméniennes. Un camion camouflé dans une cour ; c'est le poste des télécommunications. On entend des informations sur les mouvements des blindés ; des ordres brefs, des chiffres sont donnés. Durant près d'une heure, écoutes et échanges sont constants. « C'est comme ça toute la journée », dit Grégori, capitaine qui a appartenu à l'armée soviétique jusqu'en 1990. Non loin, un centre de premiers soins. Il y a quelques blessés légers opérés ou soignés ce matin. Les blessés graves, après piqûre, sont acheminés vers Stepanakert – et parfois par hélicoptère sur Erevan –, où les conditions hospitalières sont moins vétustes.

Les recrues avec lesquelles nous discutons ont un moral excellent. Du côté des cadres, on est sûr de soi bien qu'on admette que la démographie joue contre les Arméniens et que, par conséquent, le temps pourrait être un facteur négatif pour ceux du Karabakh. « Pour nous, perdre c'est tout perdre. Pour l'Azerbaïdjan, ce n'est qu'un échec. »

Plus au nord, dans la région de Martakert, on se trouve en surplomb dans une excellente position de seconde ligne pour dominer comme d'une forteresse le piémont et la plaine que forme, en contrebas, l'Azerbaïdjan. En bas se tient la première position ennemie.

Je suis rentré à Stepanakert. Un Su-24 avait déjoué, à basse altitude, la défense antiaérienne et largué ses bombes avant de repartir. La maison s'est effondrée. Les décombres sont au niveau de la cave, les débris de deux étages et du toit forment un magma dont émergent des morceaux de ferraille. Au fond du trou gisent trois personnes : une mère et ses deux enfants. La grue déblaie les pans de murs tandis que des hommes s'affairent à enlever tout ce qui peut se ramasser. Autour il y a foule. De vieilles femmes vêtues de noir se lamentent à voix haute, selon cette façon traditionnelle qui va de la Corse à l'Iran. Les cultures – comme les époques – pleurent à leur façon. On n'a toujours pas retrouvé les corps des disparus. Seulement un bras d'enfant que des hommes enveloppent d'un linge pour le dissimuler à la foule.

Un quart de siècle plus tard, l'Arménie connaît une désastreuse défaite (novembre 2020).

Entre-temps, le conflit avait été gelé, du moins apparemment. En Arménie, la corruption du tandem Kotcharian-Sarkissian, tous les deux originaires du Karabakh, avait provoqué une révolte pacifique menée par Nikol Pachinian (2018). Ce dernier ne fut pas capable de se débarrasser de ses rivaux politiques et, pas davantage que ceux-ci, de saisir que la situation régionale et le rapport de forces connaissaient de nouveaux développements.

Tandis que l'Azerbaïdjan, riche en pétrole et démographiquement largement supérieur, modernisait – avec l'aide de la Turquie – ses moyens militaires, Pachinian commettait l'erreur majeure de s'éloigner de Moscou. La Russie pourtant était la seule garante de la sécurité de l'Arménie. Lorsque le conflit éclata, Vladimir Poutine avait bien l'intention de faire payer à l'Arménie ses velléités d'indépendance.

L'impréparation de l'Arménie était grande et l'appui de la Russie tenu pour acquis une fois pour toutes était surestimé. L'Azerbaïdjan, pour sa part, bénéficiait de l'appui concret de la Turquie (drones), celui d'Israël, soucieuse de prendre l'Iran à revers, enfin d'un apport de troupes syriennes aguerries (deux mille hommes environ). Dès le premier jour, malgré les déclarations arméniennes – Nikol Pachinian, au début de la guerre, allant jusqu'à déclarer qu'il n'y avait « rien à négocier » –, la guerre était perdue. Les dirigeants arméniens, Pachinian compris, à l'exception de Levon Ter Petrossian, n'ont pas le sens de l'État ni n'avaient pleinement pris conscience que le temps travaillait contre eux, surtout depuis 2016-2017. Sur le plan démographique comme sur le plan militaire, tandis que Bakou se renforçait et jouissait d'alliances précieuses bien décidées à l'épauler, l'opinion publique arménienne restait crispée dans un immobilisme mortel. Comme si l'Histoire leur devait quelque chose, le peuple arménien ayant beaucoup souffert, et que justice n'avait pas été rendue. C'était confondre morale et politique. C'était aussi oublier que la Russie avait avec Bakou des rapports dont elle devait tenir compte. L'Arménie va survivre, mais l'émigration vers la Russie s'est intensifiée et le pays risque de devenir un muséum.

Vladimir Poutine intervint peu avant le dénouement afin d'empêcher une pleine victoire azérie. Ses troupes s'interposèrent dans une partie du Karabakh, au grand dam de Bakou.

Nikol Pachinian s'est comporté comme un politicien de province, tant à l'encontre de ses rivaux arméniens qu'à celui de son adversaire azerbaïdjanais. Les Russes restaient les maîtres du jeu ; quant à la Turquie, elle profitait des dernières semaines de la présidence de Donald Trump pour accroître sa capacité d'influence régionale. L'Arménie se retrouvait plus dépendante que jamais, et un État à peine souverain. Sur la durée, le bilan est largement négatif.

En effet, l'annuaire politique et économique de l'URSS mentionne, pour l'année 1928 : « La république soviétique socialiste autonome du Nakhitchevan a été formée en 1924. Elle a une superficie de 6 500 km^2 et compte 77 400 habitants… Les Arméniens forment la majorité de la population (55,7 %). »

Il n'y en avait plus trace en 1989 : « La région autonome du Karabakh montagneux a été formée le 3 juin 1923. La population se compose de 137 000 habitants. Les Arméniens forment 94,4 % de toute la population. »

En 1989, les Arméniens n'en formaient plus que 75 %. Le recul, en un siècle, était considérable. La victoire de 1994, qui impliquait de négocier afin que le Karabakh ne soit pas un boulet pour l'Arménie, fut, à tort – sauf par Levon Ter-Petrossian et ses partisans –, considérée comme pérenne, tout comme l'appui de la Russie. L'unique succès des Arméniens, depuis un siècle, aura été le sursaut militaire de Sardarabad, après l'immense saignée permettant la création d'un État…

La Mongolie

En 1994, Juliette et moi sommes allés visiter le dernier pays que nous désirions connaître, la Mongolie. Nous avons assisté à la fête de Namaz, qui consiste en des joutes. À l'arc, à 100 mètres pour les hommes, 60 pour les femmes ; à cheval, la course étant disputée par des enfants d'une dizaine d'années : ce fut une petite fille qui triompha, toute frêle, vêtue de rouge, elle eut un joli sourire quand on lui dit qu'elle avait gagné. Enfin l'épreuve majeure, celle de la lutte, avec un rituel, avant le combat, qui consistait à imiter le vol majestueux d'un oiseau. Il se livrait entre hommes – des poids lourds, mais ne dépassant pas, au jugé, 100 à 120 kilos.

L'hospitalité était grande dans la steppe où nous avons circulé en jeep et couché en yourte. En ce temps-là l'étranger était rare, quelques cavaliers seulement, et le fait que Juliette parlait russe facilitait beaucoup les contacts. La yourte mongole est circulaire, formée d'un treillis de lattes de saule. L'espace de la porte (basse) est entouré d'un cadre de bois. Le toit, au sommet, est ouvert, comme une couronne donnant sur le ciel autour du mât central. Cela fait office de cheminée et est considéré comme un « axe » du monde qui va du foyer au ciel. Ce pilier peut servir aux esprits ou au chaman. La yourte est recouverte de feutre imperméable, on en ajoute l'hiver. Elle chauffe très vite autour du braséro. La porte est orientée vers le sud. À l'intérieur, le côté est est féminin, l'autre masculin. Le nord, au fond, face à l'entrée, est la place du maître.

À l'intérieur de cet espace rigoureux où chacun et chacune a sa place, rien d'inutile. Des coffres, des tapis : le mobilier nomade.

J'appris par une Mongole qui avait fait ses études d'ingénieure en Allemagne de l'Est – nous parlions en allemand

– que depuis le nouveau régime on n'alphabétisait plus à la campagne – les instituteurs itinérants avaient disparu.

Tout, dans le régime soviétique, n'était pas négatif…

La nourriture était carnée, uniquement du mouton, fort gras, particulièrement la queue qu'on offrait généralement aux hôtes. Très peu d'autre chose sinon des laitages : le *koumiss,* boisson traditionnelle, des fromages… On vivait du troupeau et celui-ci était abondant. Les petits chevaux mongols étaient nerveux et résistants, et se contentaient de peu.

Nous avons vu l'emplacement de Karakorum, marqué par une grosse stèle en granit, représentant une tortue, qui avait été installée par des Chinois. Guère de monuments, quelques objets transportables, le souvenir de l'histoire cependant était vif. Gengis Khan était là, en statues récentes, en prénom à la mode. Incidemment, j'ai retrouvé en Mongolie l'odeur subtile de l'armoise, qui m'avait enchanté quarante ans plus tôt en Algérie à l'orée du Sahel, indescriptible. J'en enfermai quelques brins dans un flacon que j'emportai en France. Je le débouchais parfois pour humer cette délicieuse odeur qui perdura quatre années avant de disparaître.

J'avais lu jadis, je ne sais où, cette histoire singulière qui se passait au Moyen Âge entre le Caucase et les steppes orientales. Pour n'avoir pas à subir le joug d'un peuple voisin, un jeune guerrier caucasien loua ses services à l'un des chefs de tribu d'Asie centrale. Les années passèrent, tandis que les services du guerrier étranger étaient tenus en haute estime. Un jour cependant, ce guerrier reçut un émissaire de la part d'un cousin. La lettre disait : « Nous sommes libres désormais, ayant chassé l'envahisseur, tu peux revenir. » Il répondit au messager qu'il était satisfait de son sort et ne désirait pas s'en retourner. L'émissaire lui dit : « Votre cousin, en cas de refus de votre part, m'a demandé de vous chanter une chanson de chez nous. »

Et il chanta. Le guerrier caucasien fut violemment ému, mais il répondit : « Tu remercieras mon cousin pour sa sollicitude, mais je reste ici. »

Alors l'émissaire dit : « Votre cousin, en cas de refus, m'a chargé de vous faire respirer ceci. »

Et il lui tendit un petit bouquet d'armoise. L'odeur bouleversa le guerrier qui répondit : « Partons. »

Dans la steppe il y a aussi des lacs au bord desquels se dressent de majestueux mélèzes, plus beaux, à mes yeux, que les plus beaux des cèdres.

La découverte, il y a quelques années, de diamants et de métaux précieux a transformé la Mongolie. Les consortiums étrangers, canadiens, chinois, russes, américains, européens sont venus et l'exode rural s'est généralisé. Aujourd'hui, Oulan-Bator est, dit-on, la seconde ville la plus polluée du monde.

La Mongolie, sa steppe et ses chevaux, me reste, pour l'hospitalité de ses yourtes et par-dessus tout pour son odeur d'armoise qui m'accompagne encore...

L'année suivante, j'ai publié *Les Empires nomades.* J'avais signalé dans l'introduction de l'*Anthologie mondiale de la stratégie* la place exceptionnelle qu'occupaient les nomades, particulièrement d'Asie centrale, sur le plan militaire, durant plus de deux millénaires. De même que la Méditerranée et davantage encore l'océan Indien avaient été des vecteurs considérables, tant pour les échanges que pour les expéditions militaires, les steppes de la Mongolie au Danube n'avaient cessé d'exercer les mêmes effets. Le monde de la steppe avait affecté, du IVe siècle avant notre ère au XVIe siècle, la Chine et, sur une durée à peine moindre, le plateau iranien et l'Inde. À cet égard, Chine et Iran s'étaient révélés des centres civilisateurs dont l'importance avait été capitale. La Chine, outre la culture, avait la démographie qui permettait d'absorber les vagues nomades. L'Iran avait une extraordinaire capacité d'influence culturelle, mais n'avait pas démographiquement l'avantage qui fut de tout temps celui de la Chine. Même si les dynasties régnantes en Iran étaient souvent étrangères, elles étaient marquées du sceau de la culture persane.

L'impact des nomades sur deux millénaires avait affecté l'ensemble eurasiatique, d'Attila aux Mandchous avec l'hégémonie mongole et les vagues des tribus turcophones dont la plus remarquable créa l'Empire ottoman (XIVe siècle)[1].

Les Lacandons

L'été 1995, j'étais au Mexique, avec Juliette et Roc.

Il s'agissait, surtout, de Mexico de rejoindre San Cristóbal de Las Casas, via Oaxaca, et d'enquêter sur les Lacandons et, par ailleurs, d'établir un contact avec le mouvement du sous-commandant Marcos qui, grâce à une stratégie essentiellement non violente, avait réussi à mobiliser et organiser un mouvement indien. Les Lacandons vivaient à la marge du pays et étaient soutenus par une fraction de l'Église, notamment à San Cristóbal de Las Casas, qui intervenait souvent en leur faveur…

Une amie américaine, anthropologue, qui connaissait les Lacandons, m'a dit : « Ne manquez pas d'apporter en cadeau au chef de la communauté, Chan Kin Viejo, des cigares mexicains de telle marque. » Ce que je fis, à la satisfaction de ce dernier. Chez les anthropologues, Chan Kin Viejo (ce qui signifie « vieux soleil ») était célèbre, il

1. René Grousset avait ouvert la voie avec son *Empire des steppes*, Payot, 1948.

avait à l'époque, selon ses dires, quatre-vingt-dix-sept ans. Jacques Soustelle l'avait connu, comme informateur, en 1937[1] et revu en 1959. Chan Kin, d'ailleurs, s'en souvenait très bien, et mentionnait le prénom de la compagne de Soustelle, à quarante ans de distance.

Nous logions dans une cabane en bois, dormant en hamac. Tandis que Roc et sa compagne partaient en forêt avec les jeunes, je conversais en espagnol avec Chan Kin Viejo. Avant de partir, j'avais lu l'excellent livre de Didier Boremanse consacré aux Lacandons[2]. Ce dernier avait longuement enquêté sur les Lacandons, vécu avec eux et appris leur langue. Il rendait compte d'un groupe très réduit – quelques centaines de personnes – environ trois et quatre cents tout au plus, se considérant comme les héritiers des Mayas.

Les Lacandons vivent dans la forêt tropicale du Chiapas, où l'État mexicain leur avait alloué un territoire à l'ouest du Río Usumacinta, qui constitue la frontière entre le Mexique et le Guatemala. Ces Lacandons, issus des Mayas du Guatemala, s'étaient installés au Mexique, non loin de Palenque.

Ils se donnent à eux-mêmes le nom de « Hachi Winnik », ce qui signifie « les vrais hommes ». Ceux que nous rencontrons sont les Lacandons septentrionaux[3], entre cent et cent cinquante personnes vivant de chasse (singes, pécaris, oiseaux), de pêche et de cueillette (coton, miel), tout en cultivant des champs (milpa) où pousse du maïs, du manioc, de la patate douce et du tabac.

---

1. Jacques Soustelle, « La culture matérielle des Indiens Lacandons », *Journal de la société des américanistes*, tome 29, fascicule I, 1937.
2. *Contes et Mythologie des Indiens Lacandons*, L'Harmattan, 1989.
3. Les deux autres groupes sont les Nahas et Mens Abäk-T'sibainah et les Lacanha Chan Sayab, composés chacun d'un peu plus de cent personnes. Évangélisés par des Nord-Américains, ils ont adopté le protestantisme (et portent pantalons et chemises et cheveux courts).

Les Lacandons ont le visage large, les lèvres épaisses, le nez busqué des visages sculptés à l'époque maya classique (du IIIe au Xe siècle). Au XVIIIe siècle, les Lacandons septentrionaux furent christianisés (catholiques). Ils portent robe blanche et, pour les hommes, des cheveux longs.

Dans un passé récent, il a fallu, pour les Lacandons, résister aux empiétements d'autres groupes indiens, les Tzeltals et les Tzotzils, après avoir été malmenés au XIXe siècle par la poussée brutale des bûcherons blancs qui voulaient abattre de l'acajou et du cèdre. C'est seulement en 1970 que les Lacandons se sont vu attribuer quelque 600 000 hectares, par décret. C'est à eux que revenait le transport du bois précieux. La vie est moins précaire, au terme d'une longue période de difficultés où la démographie n'a cessé de baisser. Selon l'estimation de Chan Kin, ils seraient, tous ensemble, quelque trois cents Lacandons.

Lorsque les émissaires du sous-commandant Marcos sont venus, quelques mois avant nous, proposer aux Lacandons de se joindre au mouvement indien de protestation afin d'obtenir davantage de justice, la réponse de Chan Kin a été d'une grande sagesse politique : « Merci, mais nous n'avons plus les moyens de perdre. »

La vie quotidienne est paisible. On cultive, on cueille, on chasse, surtout des oiseaux, à la sarbacane, on pêche.

Les garçons jouent entre eux, le plus souvent, mais les filles ne sont pas exclues. Mais seuls les garçons peuvent quitter le camp pour aller vendre des arcs, des flèches ou des carquois dans les temples voisins. Tout christianisés qu'ils sont, les Lacandons septentrionaux pratiquent la polygamie. En général, trois femmes pour un homme, ce qui ne semble pas modifier à la hausse la démographie du groupe. Quant à la conception du monde, elle mêle la cosmogonie lacandonne et des éléments de christianisme.

Chan Kin Viejo est de petite taille, sans doute un peu plus d'un mètre cinquante. Bien qu'âgé, il reste alerte, sagace et la mémoire sûre, ce qui est rare, même chez des analphabètes de cet âge : « J'ai vécu dans beaucoup de lieux différents de la forêt au cours de ma vie. Au lac El Guineo, à Joyogun Chacara qui s'appelle maintenant Cabeza de Arena, puis à Tehuacán, qu'on nomme aujourd'hui Abisia. Mon père est mort quand j'avais quinze ans et nous sommes retournés au lac El Guineo. On y a vécu plus de cinq ans. Puis, au lieu-dit Colonia Lacandon. Nous avons fini par nous installer ici parce qu'il y a une rivière. De la bonne eau à boire, fraîche, sans boue. De toute façon il n'y avait plus d'autre terre disponible. »

Personne n'a jamais su exactement l'âge de Chan Kin, mais l'anthropologue Robert Bruce, qui a vécu longtemps auprès des Lacandons, estime qu'il devait avoir dix ans en 1902. Cette année-là, en effet, avait été marquée par trois événements majeurs : une éclipse de Soleil, une éruption volcanique de l'autre côté de la frontière au Guatemala, et la première visite d'un anthropologue, Alfred Tozzer. De tous ces événements, Chan Kin se souvient parfaitement. Ainsi, à près de cent ans, il a conservé une mémoire intacte. Il est le dépositaire de l'histoire du groupe et surtout le dernier à connaître par cœur la grande cosmogonie héritée des Mayas, celle qui raconte la création et la destruction du monde, l'apparition et la disparition de l'espèce. Chan Kin est à la fois le dernier héritier de la culture maya et le témoin vivant du processus de destruction de cette culture au cours de ce siècle. L'histoire de sa vie est aussi celle de cette destruction. C'est celle-là qu'il nous raconte de sa voix basse, voilée par l'âge et le tabac, dans un espagnol un peu hésitant, appris au contact des *monteros*, les coupeurs de bois d'acajou. Son visage est éclairé par un admirable regard, à la fois serein et incroyablement attentif.

« La terre n'est pas bonne ici. Quand tu cultives, au bout de quelques années, elle est épuisée. C'est pourquoi, autrefois, nous changions souvent de campement. Les paysans sont venus et ils ont compris eux aussi que la terre n'était pas bonne, alors ils ont détruit la forêt pour créer des pâturages. On voit beaucoup de bœufs maintenant. Et puis les *chicleros* sont venus pour abattre les arbres à caoutchouc et nous ont chassés. Chez nous, on dit : "Chaque arbre qui tombe est comme une étoile qui disparaît." Le gouvernement a fini par nous donner un territoire, tout petit comparé à celui que nous avions avant, mais les compagnies sont quand même venues couper le bois. Certains ont vendu des parts de la forêt pour un peu d'argent, pour une vieille camionnette ou une échoppe. Après sont venus ceux qui voulaient nous faire changer de religion. »

Chan Kin sourit malicieusement : « Une fois, des missionnaires évangélistes m'ont dit qu'il suffisait de prier leur dieu pour obtenir. Je leur ai répondu : "Dieu n'aime pas les paresseux." Avant, poursuivit-il, on allait où on voulait, ma famille vivait là où bon nous semblait : quelques années ici, quelques mois là. Il y avait beaucoup de gibier, des sangliers, des faisans… Maintenant le gibier a disparu. Heureusement il y a une ligne de démarcation et le gouvernement envoie des gens pour surveiller qu'on respecte notre territoire. Mais qui va respecter nos croyances ? »

Dans la petite pièce, la seule que comporte la maison, Chan Kin s'est tu. Le vieil homme est-il fatigué ? Veut-il que nous le laissions se reposer ? Non, simplement Chan Kin est parti dans un autre monde, celui de la grande cosmogonie des Lacandons et il veut nous la raconter. Il reprend son récit doucement.

« Au début il y eut notre seigneur Hach Ak Yum, notre Père véritable. Il est né d'une fleur de tubéreuse. C'est son frère Sukunkyum qui a posé le pied sur le sol le premier, car la terre avait déjà été créée par Kakoch, le dieu des dieux. Celui qui avait créé l'univers, le soleil, le maïs. Il n'y avait ni arbres ni forêt, Hach Ak Yum les créa. Il alla chercher des racines et les lança de par le monde. Il les lança à l'aube et le lendemain, il y avait des arbrisseaux partout. La forêt allait pousser, tout était bien.

» Le lendemain il prit des pierres et les lança, ainsi vint le maïs, puis les plantes. Entre-temps, d'une autre fleur de tubéreuse naquirent d'autres dieux dont Mensaback (le devin) et ses frères. Ensuite vinrent les deux épouses de Hach Ak Yum. Ils habitaient tous dans la forêt. Le fils et la fille de Hach Ak Yum naquirent du ventre de leur mère.

» Et maintenant, qu'allaient-ils faire ?

» Et ils façonnèrent avec de l'argile toutes les espèces : le singe, le pécari, le jaguar. Hach Ak Yum dit à son frère : "Tu vas aussi créer des gens, il y a du travail pour eux, afin qu'ils nous apportent de la nourriture en offrande." Et notre seigneur Hach Ak Yum façonna les Lacandons, tandis qu'Ah Kyantho créait les étrangers. Lorsque Hach Ak Yum pétrissait l'argile, après avoir travaillé, il s'essuyait les mains et de petits morceaux tombaient. Puk ! L'argile se transforma en serpent ! Après avoir terminé de nous créer, il prit du maïs pour faire nos dents, des pierres pour faire nos yeux. Il créa tout de l'espèce humaine. Quand il eut terminé, il dit : "Debout !" et les gens se levèrent, tous ! "Maintenant que l'espèce humaine est créée et qu'elle se multiplie pour nous, je vais créer le ciel. Et toi, dit-il à son frère aîné Sukunkyum, descends dans le monde d'en bas, nous allons le créer aussi." Et ils se mirent à l'œuvre, créèrent la forêt de l'enfer et fabriquèrent les piliers pour soutenir la terre. Sukunkyum resta le maître du monde d'en bas et Kisin, qui avait péché, fut condamné à y rester. Parfois, lorsqu'il est en colère, il frappe les piliers du monde et fait trembler la terre. Dans le monde d'en bas se trouvent des gens, des serpents, des jaguars.

» Hach Ak Yum monta pour créer le ciel avec deux colonnes de nuages qu'il noua à chaque extrémité et il en fit la voûte du ciel. Puis il y mit la jungle, les arbres et Hach Ak Yum fit sa maison.

» Le soleil porte une tunique tissée par sa sœur la lune. Jamais il ne quitte son arc et ses flèches afin de pouvoir se défendre contre les jaguars du ciel et de l'enfer qui cherchent à le dévorer. Hach Ak Yum créa aussi les étoiles afin que la nuit ne soit pas trop sombre. Il les planta dans la forêt du ciel et les étoiles filantes sont les petites braises qui tombent du cigare que fume Hach Ak Yum. »

Tel Hach Ak Yum, Chan Kin s'arrête de parler pour allumer un de ces cigares mexicains qu'il affectionne.

Un jour, nous étions en train de converser, assis sur nos hamacs, et je lui dis stupidement : « Est-ce que fumer des cigares ce n'est pas mauvais pour ta santé ? » Il a eu un petit rire avant de répondre : « Ce que tu dis m'a été dit déjà par un médecin américain. Il est mort il y a plus de vingt ans. Moi, j'ai quatre-vingt-dix-sept ans, je fume un cigare par jour, que veux-tu qu'il m'arrive ? »

Le *New York Times* annonçait en première page quatre ans plus tard que Chan Kin Viejo venait de mourir à cent un ans.

Les années Sophie

J'avais soixante ans et j'étais en grande forme, elle avait dépassé de peu la trentaine.

En quelques phrases et baisers, à Amsterdam, avec Sophie, en deux nuits et une coulée de canaux, j'étais profondément épris.

Par toi, à cause de toi, voici à nouveau le premier matin du monde. Des gestes anciens, chargés d'une fraîcheur nouvelle, des mots répétés et pourtant lisses, comme si la mer et le temps les avaient longuement roulés…

Elle avait un rire radieux, exprimant une joie de vivre qu'elle ne ressentait pourtant pas toujours et des brumes de tristesse anciennes nées d'une fêlure qui était autant elle-même que son ouverture au monde.

Son passé était chargé de dignité blessée, d'humiliations et de rage, sauvagement engrangées en un désir de justice, et ce fond de culpabilité chrétienne dont bien des athées ne parviennent pas à se départir. Elle avait été aimée, enfant, mais peu encouragée, ce qui avait créé beaucoup d'incertitude de soi et de désir d'effacement.

Elle était droite, tenace et fragile, tout en ayant beaucoup de force pour ceux qu'elle aimait ou protégeait. Quand elle dansait, on sentait cet étrange mélange de bonheur et de désespoir. Elle avait souvent des migraines qui duraient plusieurs jours.

À partir de l'été 1995 jusqu'à celui de 2014, elle occupa une place centrale dans ma vie. J'ai vécu avec elle le meilleur, comme ma part de douleur.

Son charme, dès que son visage esquissait un sourire, était transportant. L'image que je garde d'elle est celle d'une étoile dansante, lorsque s'exprimait son bonheur intérieur fait de plénitude et de légèreté.

Elle travaillait à la librairie Compagnie, au Quartier latin, mais avait prévu de prendre une année sabbatique pour partir en cargo. Patrice Franceschi, mon ami très cher, nous proposa de participer à l'expédition qu'il organisait avec la jonque chinoise qu'il venait d'acheter au Cambodge. Celle-ci devait, sur les traces de Bougainville, dont elle reprenait le nom du navire amiral *La Boudeuse*, reprendre les constatations scientifiques et vérifier comment celles-ci avaient évolué. C'était plus enthousiasmant que les cargos et Sophie ne retourna jamais à la librairie, pour m'accompagner dans la vie et les voyages.

Par la suite, nous avons sillonné tous les continents ainsi que les trois océans.

J'ai connu, durant ces années-là, des moments exceptionnels. À Barcelone, nous avons passé une semaine festive comme on y savait les vivre, du temps où la ville n'était pas encore noyée de touristes. Des signes, déjà, indiquaient un nationalisme antiespagnol malgré l'autonomie dont jouissait la province. En librairie, les livres en catalan étaient largement majoritaires. L'Écosse aussi fut un moment de grand bonheur. J'aime la pluie, elle aussi, elle est bretonne. C'était un printemps naissant dans ce pays où la lumière, entre deux brèves averses, change de façon surprenante et modifie le paysage. Tendres souvenirs des brumes d'Écosse. Nous en avons revu de semblables en Nouvelle-Zélande, dans l'île du Sud, le seul pays qui puisse prétendre à plus de magie encore, peut-être, que l'Écosse.

Nous avons été ensemble sur les cinq continents, elle était une compagne fiable, prête à tout, solide, courageuse, drôle. Elle avait une plénitude du corps, du cœur et de l'esprit. Nous aimions beaucoup de choses en commun et elle prenait plaisir à découvrir d'autres sociétés. Nous menions bon train, il y a tant à faire, à voir.

Ces années-là, me semble-t-il, ont été légères pour elle, bien que l'emploi de notre temps fût particulièrement chargé. Elle m'a parlé de son passé, de ses douleurs. Un jour, elle m'a proposé que nous reprenions notre liberté, ce qui ne me dérangeait pas, j'avais renoncé plusieurs fois à la mienne pour ne pas la peiner.

Nous allions beaucoup en Orient, Syrie, Irak, Afghanistan, Liban, Arménie, Iran, Yémen du Sud, ces pays lui étaient devenus familiers. Elle a écrit sur les Kurdes[1].

---

1. *Kurdistan, poussière et vent*, Nevicata, coll. « L'âme des peuples », 2017.

Nous sommes allés au Cachemire, qu'elle avait beaucoup aimé, aux États-Unis, en Amérique du Sud, à Singapour, en Australie et en Nouvelle-Zélande, sans compter plusieurs pays d'Europe. Sans doute, pendant ces années-là, avons-nous passé plus de dix ans hors de France.

Entre-temps, elle fut la première, après le travail pionnier d'Olivier Blanc, à écrire sur Olympe de Gouges, encore inconnue du public, grande figure de la lutte contre le commerce des esclaves et de la libération des femmes[1]. Elle a aussi écrit une pièce qui met cette dernière en scène face à Robespierre[2], mise en scène par Jean-Claude Falet, jouée plusieurs dizaines de représentations par le théâtre Label Étoile.

Nous avons écrit ensemble plusieurs ouvrages[3], mais cela ne rend pas compte de ce qui a été vécu et construit d'indestructible.

Elle avait des périodes rayonnantes suivies de nappes de brumes, rappelant sa Bretagne, entre éclats de lumière et pluies, plus ou moins légères, une mélancolie sans fond.

Elle est courageuse, droite, volontaire et ne lâche pas prise. Ce furent une quinzaine d'années fabuleuses, elle m'a beaucoup donné et moi, à deux ou trois reprises, je n'ai pas su être présent.

J'ignore quel divorce progressif, ponctué de moments de bonheur, s'est creusé lors des quatre dernières années. Elle vivait alors à Nantes, dans une petite maison de pêcheur que nous avions achetée ensemble, et moi, surtout à Paris. Elle voulait travailler indépendamment de moi et

---

1. *Olympe de Gouges et les droits de la femme,* Le Félin, 2003 ; Pocket, 2007.

2. *Appelle-moi Olympe*, L'Aube, 2014.

3. *2000 ans de chrétientés*, Odile Jacob, 2000. *L'Héritage occidental,* préface de J. Le Goff, Odile Jacob, 2002. *Le Guide du voyageur autour du monde*, Odile Jacob, 2006. *La Question kurde à l'heure de Daech*, Seuil, 2015.

je voulais continuer à voyager avec elle. Nous avions mené, il est vrai, un rythme excessif, et l'élaboration de l'*Atlas des empires* nous avait exténués. L'Amérique latine, fin 2010, fut notre dernier voyage ensemble. Je ne compte pas nos séjours réguliers au Kurdistan où j'enseigne toujours. C'est la maison.

En 2014 la rupture fut brutale pour tous les deux.

Et je repense à mon ami québécois, Gaston Miron :

Me voici de nouveau dans le non-amour sans espace
Avec mon amour qui dévale tel le chevreuil atteint
Et comme la marée se retire pour la dernière fois
En ma vie incertaine et dépaysée de terrain vague.

C'était il y a cinq ans, je lui garde toute ma tendresse et davantage.

Entre-temps je travaillais. J'ai mené une enquête en Birmanie, en 1996, sur la pénétration chinoise dans ce pays, de Rangoon à Lashio en passant par Mandalay. C'était mon second séjour dans le pays, le premier, six ans plus tôt, avec Rony Brauman, de Médecins sans frontières. Nous avions remonté un affluent de l'Irrawaddy sur plusieurs centaines de kilomètres, rencontré la très médiocre direction politique des Karens, et nous avions mesuré à quel point ils étaient mal organisés. En effet, quelques mois plus tard, la résistance karen était boutée hors de Birmanie.

Les camions chinois venaient du Hunan et traversaient le pays. Était-ce déjà comme une esquisse de ces « routes de la soie » qui permettraient, par la suite, à la Chine un rayonnement dont l'avait privée une période prolongée de repli sur soi ? Le monde était en train de changer.

J'en profitai pour me rendre à l'ouest du pays, au complexe des temples de Pagan, sans touristes en ce temps-là, où le pays, muré par une dictature militaire, tentait de juguler des conflits ethniques à sa périphérie. J'assistai à un discours de l'opposante déjà célèbre qu'était Aung San Suu Kyi, très digne, très belle, applaudie avec ferveur par une foule relativement peu nombreuse dans laquelle on distinguait beaucoup d'Américaines.

Le Rwanda

C'est à partir d'avril 1994 qu'a eu lieu, en quelques semaines, ce qui est désormais libellé comme le génocide rwandais.

Tout a débuté par l'assassinat officiellement non éclairci du président Habyarimana dont l'avion fut abattu par un missile.

Des massacres à grande échelle se déroulaient à un rythme rapide visant surtout les éléments tutsis (minoritaires, mais dominants).

Le 21 avril, jugeant que les cinq mille hommes de la Minuar qui se trouvaient dans le pays n'étaient pas en nombre suffisant, Kofi Annan, secrétaire général de l'Onu, auquel on a rendu hommage en 2018, décide de la retirer. Au siège de l'organisation, tandis que les massacres se déroulaient à grande échelle, on discutait afin de savoir de quels termes les qualifier.

La France, dès que les troupes de Paul Kagamé (des Tutsis) quittèrent l'Ouganda pour le Rwanda, interpréta les événements comme une manœuvre anglo-saxonne destinée à affaiblir la position française.

L'opération Turquoise est ambiguë – elle a permis l'exfiltration d'éléments criminels – et notre responsabilité dans ces événements, tout comme celle de l'Onu, n'est pas mince. Le fait que le président Macron ait décidé que le 7 avril serait la journée de commémoration du génocide rwandais n'est pas anodin. Qu'une commission ait été désignée pour tenter de faire la lumière sur ces événements en donnant accès aux archives, malgré les réticences d'une partie des hauts cadres de l'armée, ne l'est pas moins. Celle-ci, après avoir écarté plusieurs universitaires ayant longuement travaillé sur le Rwanda, a été confiée à Vincent Duclert, dont les conclusions n'ont pas été publiées, mais qui semble écarter toute responsabilité de la France dans la préparation du génocide des Tutsis au Rwanda.

En 1997-1999, j'ai été membre, à titre d'invité extérieur, de la Fondation pour les études de Défense (par la suite rebaptisée Fondation pour la recherche stratégique, FRS). Cela s'est fait par l'intercession de François Géré. Pendant deux années, j'ai animé le Centre européen d'étude des conflits et j'ai fait publier nombre d'ouvrages de stratégie[1]. À cette époque j'étais en relation étroite avec l'International Institut of Strategic Studies, dont le directeur était mon ami Christopher Bertram. J'y avais pour adjoint Gilles Dorronsoro, qui depuis a fait son chemin, et je fis connaissance avec Annie Jafalian, qui travaillait sur des problèmes pétroliers. Je fis quelques missions pour la fondation ou pour la DAS sur « une politique d'influence ». Enfin, un rapport sur la professionnalisation de l'armée et je fus envoyé en Grande-Bretagne afin de constater comment ils sélectionnaient leurs officiers. Mes rapports avec les colonels britanniques, durant près d'une semaine, furent très cordiaux.

Chez nous, me dirent-ils, pas d'épreuve écrite comme chez vous. Nous sélectionnons à partir d'entretiens avec

1. Dont ceux de Lucien Poirier, Pierre Gallois, Ratzel, Haushofer, etc.

des candidats venant d'horizons divers, ce qui parfois permet de recruter des individus originaux. En tout cas, nous ne recherchons en définitive qu'une chose : un officier capable d'enfreindre, sur le terrain, un ordre absurde... « *Very unfrench indeed !* »

J'ai constaté, une fois de plus, la lourdeur et la centralisation de notre système. Je me suis félicité d'avoir échappé au destin de fonctionnaire. Assumer l'insécurité oblige à beaucoup travailler, mais l'absence d'entraves est la clef de la liberté à condition d'être sobre. Le temps libre est le luxe suprême...

Cachemire : la mort en ce jardin

Novembre 1999.

On a souvent comparé le Cachemire au paradis, c'est-à-dire à un jardin tranquille, arrosé d'eau. Le climat salubre de la vallée, située à plus de 1 500 mètres d'altitude, en faisait depuis la période coloniale jusqu'aux années 1980 un lieu de villégiature. À l'abri de la mousson, loin de la pression démographique de la plaine indogangétique, le Cachemire est en effet d'une singulière et reposante douceur. La capitale, Srinagar, est cernée de hauts sommets neigeux. Dans la vallée, le paysage est ponctué de rangées de peupliers aux troncs blancs dont les feuilles légères frémissent à la moindre brise. Les eaux calmes du lac Dal abritent des maisons flottantes où l'on peut séjourner. Nous y avons logé deux semaines, non loin d'un autre bateau où séjournait une touriste japonaise qui voyageait seule. On les atteint grâce à de longues et fines barques appelées *shikaras,* manœuvrées à la pagaie ; des bateaux-boutiques vendent des tissus aux couleurs vives ainsi que les lainages qui ont rendu le Cachemire célèbre. Mais les touristes se font très rares après une dizaine d'années d'insurrection. On est en état de siège. Quelques barques passaient nous rendre visite, proposer leurs produits ou des pierres semi-précieuses. Dans la fraîcheur du matin, on entendait les chants des femmes qui lavaient leur linge. La montagne se reflétait dans le lac et le sentiment de paix était exquis bien que trompeur.

Par la suite, nous avons été hébergés par la Border Security Force (BSF), dont le général avait lu l'un de mes ouvrages dans une traduction anglaise.

Des soldats aux portes de la cité, à chaque extrémité d'un pont, aux carrefours, sur la grande place du marché, aux abords des mosquées, près de la grande mosquée, datant du XVIIe siècle, bâtie par Shah Jahan. Derrière des sacs de sable, des herses mobiles veillent des sentinelles. Les forces de l'ordre, deux à trois cent mille hommes selon les sources, sont omniprésentes : l'armée, la police, la Border Security Force. Par contre, l'activité économique paraît pratiquement normale, des cinémas ont rouvert, on peut circuler la nuit tombée, le marché de Lal Chowk est animé malgré l'absence de touristes.

La question du Cachemire n'a cessé d'être conflictuelle depuis que la Grande-Bretagne lui a accordé l'indépendance, suivie d'une partition entre l'Inde et le Pakistan (1947). Sans doute eût-il mieux valu, si l'on cherchait la concorde, que la puissance coloniale eût octroyé la vallée du Cachemire majoritairement peuplée de musulmans au Pakistan, ce qui aurait évité un premier conflit en 1948 et un second en 1965, tous deux remportés par l'Inde.

L'inimitié entre les deux États a mené à un troisième conflit particulièrement humiliant pour le Pakistan puisque les troupes d'Indira Gandhi concoururent au démembrement du Pakistan en contribuant à créer le Bangladesh

(1971). Entre-temps, la situation créée par la première guerre indo-pakistanaise voyait sur le terrain l'établissement d'une ligne de contrôle qui est devenue, avec quelques retouches, la frontière de facto, favorable à l'Inde.

À la fin des années 1980, l'URSS s'étant retirée d'Afghanistan, le statut du Cachemire fut remis en cause par une explosion de violences soutenues par le Pakistan. Il s'agissait, pour le Pakistan, de forcer l'Inde à une coûteuse mobilisation.

Des organisations cachemiries, soutenues par les services de renseignement pakistanais, recevaient aide financière et formation militaire. De 1989 à 1994, le Cachemire est à feu et à sang. Les attentats à Srinagar sont quotidiens et l'armée indienne, mal préparée à la contre-insurrection, commet des exactions à l'encontre de la population civile dans sa rage de ne pouvoir s'en prendre aux combattants.

La population a, dans l'ensemble, été favorable à l'insurrection en pensant qu'elle allait rapidement l'emporter. L'administration a été paralysée au point qu'en avril 1993, il y eut même une grève générale. Le nombre de combattants est estimé, à l'époque, à vingt mille.

Grâce à la création des Border Security Forces dirigées par le général Ramohan, très apprécié de ses hommes, la situation est rapidement reprise en main. Cependant, le conflit n'est pas près de cesser. Chaque année, lorsque les cols redeviennent franchissables, fin avril-début mai, les « militants » comme les appellent les Indiens (et non les « terroristes », comme partout ailleurs) franchissent la ligne de contrôle et descendent vers la vallée. L'Inde et le Pakistan étant dotés de l'arme nucléaire, la guerre est devenue hautement improbable, et s'exprime à travers un conflit indirect.

Pour l'Inde, les responsabilités du Pakistan sont évidentes et une partie des militants sont des islamistes pakistanais, tandis que pour le Pakistan, il s'agit d'une simple aide limitée aux militants du Cachemire.

En mai 1999, la belle saison commença de façon fracassante sur les crêtes gelées autour de Kargil, non loin de la ligne de contrôle. Plusieurs centaines de militants – souvent pakistanais – se retranchaient dans des positions favorables et infligeaient des pertes aux premiers détachements indiens qui cherchaient à les déloger.

Il s'agissait, pour le Pakistan, d'internationaliser le conflit du Cachemire, à l'instar de celui du Kosovo ; ce fut un échec. Celui-ci amena un militaire au pouvoir au Pakistan. En fait, en un demi-siècle, l'armée a dirigé le pays la moitié du temps. Avec l'islam, l'armée se veut le facteur d'unité, et la question du Cachemire, depuis 1948, sert d'exutoire aux multiples problèmes que le pays traverse : rivalités ethniques entre les Pendjabis et les autres groupes ethniques, entre la majorité sunnite et les chiites, absence de réforme agraire (contrairement à l'Inde), corruption exceptionnellement développée, endettement, rien ne manque à ce pays en matière de calamités.

Nous roulons le long du fleuve Jelhum, il est très tôt, tandis que notre convoi de quatre voitures, dont deux blindées, monte vers le nord-ouest. Sophie et moi sommes avec une patrouille de la Border Security Force. La vallée de Jelhum est la plus fertile du Cachemire, pâturages et terres arables sont cultivés avec soin. Les champs de moutarde sont d'un jaune intense. De longues rangées de peupliers aux troncs blancs accentuent la délicatesse du paysage. À mesure que nous avançons, la densité des militaires augmente. On a signalé une incursion d'irréguliers et un bouclage est en cours sur un périmètre d'une vingtaine de kilomètres. C'est la pointe de l'aube et les forces de sécurité font évacuer les villageois mâles pour les regrouper afin de fouiller les maisons où peuvent se cacher les insurgés. Les hommes attendent, assis sur leurs talons, sous la surveillance de quelques militaires. Personne ne parle. À chaque fois qu'un groupe d'irréguliers (pas plus de cinq ou six, afin de passer plus facilement inaperçu) tente de s'infiltrer, c'est la même routine.

J'insiste pour que Sophie prenne des photos, ce qui la gêne.

Les militants s'infiltrent du Pakistan armés d'AK 47, de RPG-9, de grenades, d'explosifs divers. Parfois, certains groupes plus nombreux, jusqu'à douze, ont des mitrailleuses UMG. Leur mission: sabotage d'infrastructures, élimination des administratifs cachemiris collaborant avec les Indiens, des militants retournés par les services spéciaux de l'armée indienne.

L'infiltration est devenue beaucoup moins facile depuis trois ou quatre ans bien que le bouclage de la frontière soit impossible. Mais comme l'explique le remarquable responsable des BSF sur le terrain, l'inspecteur général Kumar, les militants continuent de disposer d'une infrastructure politique clandestine, tant à la campagne qu'en ville. Celle-ci est durement malmenée par les services spéciaux et la police indienne, très efficaces.

Le contrôle exercé par les forces indiennes est effectif, mais il nécessite une coûteuse mobilisation d'environ deux cent cinquante mille hommes (armée, BSF, police). La vallée du Cachemire, 16 000 km^2 et 4,5 millions d'habitants, pratiquement tous musulmans, est la région-pivot de l'État du Jammu-et-Cachemire (8,2 millions d'habitants). Au sud de la vallée, le Jammu (3,5 millions d'habitants) est montagneux. Il ne reste que très peu d'hindous au Cachemire.

Les exactions, de part et d'autre, ne manquent pas. Mais il n'y a pas d'insurrection ni de contre-insurrection propres. D'une façon générale, compte tenu de la formation dispensée aux Border Security Forces, les représailles automatiques de la première moitié de la décennie sont devenues rares. La consigne n'est pas de gagner les esprits, tâche impossible, mais de ne pas antagoniser la population. La population préférerait se détacher de l'Inde pour être indépendante, mais elle paraît surtout lasse de la guerre et l'idée que celle-ci ne tournera pas à l'avantage des insurgés semble largement partagée.

Nous allons rencontrer les opposants politiques de l'occupation militaire. Un jardin tranquille, une villa cossue, quelques gardes discrets, nous voilà chez Seyed Ali Shah Gilani, président du Hurriyet, qui regroupe trente-quatre organisations politiques (un record pour une population de 4,5 millions d'habitants !). Militant pour l'autodétermination du Cachemire, l'homme a la barbe blanche soigneusement taillée. C'est un signe de respectabilité, sinon de prestige, de toute façon établi par une lointaine parenté mythique avec le Prophète.

Son discours était si convenu et débité d'une voix lente que j'ai eu beaucoup de mal à ne pas plonger dans le sommeil. Sophie, qui s'en est aperçue, a tenté de détourner l'attention en posant des questions et a fait semblant d'être passionnée par ce discours.

Gilani est un islamiste lié au Jamiat-e-Islami pakistanais et son programme a le mérite d'être clair : il est pour l'union avec le Pakistan. Comme nous pouvons le constater, il est libre de l'exprimer publiquement. On imagine mal que la même chose puisse se produire en Chine, au Pakistan ou en Turquie. Contrairement à ce qui se passe dans les pays en voie de développement dans des circonstances similaires, il n'y a pas eu au Cachemire de politique de peuplement, comme au Sin-Kiang musulman, investi par les Chinois, ni de production systématique de réfugiés, comme au Kurdistan de Turquie. La démocratie indienne, quelles que soient par ailleurs ses insuffisances, s'en est tenue à la lettre à l'article 370 datant de l'ère Nehru (1951) qui stipulait que des non-Cachemiris ne pouvaient pas acheter de la terre au Cachemire. Politique plus libérale que celle des Israéliens dans les territoires occupés.

Singulièrement, des dirigeants comme le jeune Yassin Malek, une des figures majeures de l'opposition et qui dans le parti (Jammu and Kashmir Liberation Front) a pour objectif l'indépendance, peuvent s'exprimer librement. Nous le rencontrons dans sa modeste demeure en compagnie d'un de ses lieutenants. Yassin Malek a pris les armes contre l'armée indienne et a fait quelques années de prison pour avoir tué une dizaine de soldats indiens. Mais il est en vie et peut recevoir des étrangers pour expliquer sa position et condamner l'occupation indienne. Avec conviction, il estime que si les Viêtnamiens ont pu forcer les Américains à céder, les Cachemiris, avec le temps, peuvent en faire autant avec les Indiens. Si sa détermination paraît réelle – il a combattu et a été blessé –, ses analyses paraissent peu convaincantes. Le plus singulier est de pouvoir rencontrer ces opposants déclarés et de les entendre exprimer des opinions ouvertement hostiles à l'Inde. Le moindre opposant politique soupçonné de séparatisme en Turquie ou en Chine, pour prendre deux régimes aux options différentes, serait sous les verrous ou décédé après torture.

Le conflit du Cachemire va durer, sans apporter l'indépendance ou l'annexion par le Pakistan. L'Inde, puissance majeure, veut conserver le Cachemire et craint une contagion de sécessions, surtout au nord-est du pays. Les militants, estimés à quelque deux ou trois mille, mais en constant renouvellement à mesure de leurs pertes, sont une nuisance, non une menace de déstabilisation. Ce conflit, le plus ancien de l'après-guerre avec celui né du partage de la Palestine, ne paraît pas devoir prendre fin, au contraire, et la logique pakistanaise, et tout particulièrement depuis que l'armée est au pouvoir, est de l'entretenir afin de contraindre l'Inde a de sérieux efforts financiers.

Le prix de ce conflit est payé par les Cachemiris en attendant qu'une éventuelle négociation leur accorde une large autonomie et consacre la ligne de contrôle comme la frontière officielle des deux États rivaux. Mais ceci serait la solution raisonnable et il n'est pas du tout certain qu'elle arrange les protagonistes.

En 2019, la situation a radicalement changé. Le gouvernement indien de M. Modi, fortement nationaliste, investit le Cachemire et modifie son statut afin de l'annexer de facto, malgré les protestations du Pakistan et l'opposition de la population cachemirie. Peu d'observateurs ont signalé que le Pakistan n'a cessé depuis bientôt trente ans de soutenir très activement les militants islamistes du Cachemire. Cependant, de nombreux éléments pakistanais ont participé à des incursions et les services de renseignements pakistanais (ISI) ont fondé leur pouvoir en grande partie sur leur opposition à l'Inde, ce dont les Cachemiris ont fait les frais. À aucun moment le Pakistan ne s'est préoccupé du fait que le gouvernement de J. Nehru avait interdit l'achat de terres par des Indiens au Cachemire. Un cas unique. Avec le gouvernement de M. Modi, on peut s'attendre à ce que ce statut connaisse ses derniers jours.

Après notre séjour au Cachemire, nous avons repris l'avion et avons séjourné une dizaine de jours au Rajasthan, pour le plaisir et le repos. Sophie pouvait prendre des photos qui n'humiliaient personne. En 1999, elle n'était pas encore aguerrie, cela viendrait, avec l'expérience et le temps, mais sa sensibilité resterait très vive.

Le Rajasthan était très agréable, en ce printemps, encore peu fréquenté par les touristes, nous avons pu errer dans de charmantes petites villes et des palais déserts. C'est une Inde architecturalement musulmane, une très large partie de l'Inde ayant été occupée pendant des siècles par les musulmans. Puis nous avons repris le train pour Delhi pour rejoindre Colombo où nous attendait un ancien étudiant avec lequel nous allions enquêter sur la guérilla tamoule. Les trains avaient bien changé, on nous servait maintenant un excellent repas dont chacun jetait les reliefs par la fenêtre aux nombreux malheureux qui les attendaient le long de la voie ferrée... La misère, elle, était toujours là.

Les Tigres tamouls

Au Sri Lanka (ex-Ceylan), les trois quarts de la population sont cinghalais et bouddhistes. Une minorité tamoule hindouiste, 15 % environ, vit essentiellement dans l'est et le nord. Moins de 10 % de musulmans sont répartis sur toute l'île.

Durant l'occupation britannique, les Anglais, dans le cadre classique du *Divide and Rule*, employèrent surtout des Tamouls dans l'administration. Au moment de l'indépendance (1947), ceux-ci occupaient plus de la moitié des postes administratifs, ce qui avait créé un vif ressentiment chez les Cinghalais.

En 1956, l'État sri lankais instituait un *Singhala Only Act* qui fut légitimement perçu comme discriminatoire par la minorité tamoule. Il y eut des émeutes urbaines ; les étudiants tamouls se voyaient imposer un quota discriminatoire. Le LTTE (Liberation Tigers of Tamil Eelam) est fondé en 1972. En 1977-1979, les demandes d'autonomie étaient jugées irrecevables par le gouvernement central qui s'enfermait dans une logique menant à l'affrontement armé. En 1983, des émeutes éclataient provoquant des destructions considérables et plusieurs centaines de milliers de réfugiés tamouls. En 1985, le LTTE élimina les autres mouvements d'insurrection tamoule et radicalisa la lutte en réclamant l'indépendance.

À Jaffna, tout au nord de l'île, peuplée de Tamouls, il reste deux cent vingt-cinq mille habitants sur plus de sept cent cinquante mille. La majorité a fui. Il y a un an c'était le quartier général du LTTE qui, fort du soutien de la population, s'y était installé comme un État dans l'État avec son administration, ses écoles, ses hôpitaux. Aujourd'hui, la péninsule a été investie par l'armée sri lankaise après de rudes combats où le LTTE s'est ingénié à perdre le moins de combattants possible tout en infligeant à l'armée des pertes non négligeables.

Pas de liaison terrestre avec Colombo, la capitale économique. La gare est désaffectée, les rails ont été emportés par des militants du LTTE pour servir à la fabrication de bunkers. Peu de maisons indemnes, les quelques églises, témoignant d'un catholicisme introduit par les Portugais, sont en ruine, criblées d'impacts, certains temples eux-mêmes sont touchés. Le ravitaillement arrive par bateau, de Colombo.

Ces militants sont prisonniers parce qu'ils n'ont pas, contrairement à la consigne de leur mouvement, croqué la capsule de cyanure qu'ils portent en permanence au cou afin de se supprimer plutôt que de tomber aux mains de l'ennemi. Ceux-ci, donc, ne se sont pas suicidés.

Cette singulière caractéristique est au cœur du système d'endoctrinement du LTTE, mouvement hautement totalitaire qui ne laisse d'alternative à ses membres que la lutte et la mort. D'inspiration marxiste-léniniste et nationaliste, ce parti est dirigé de façon totalitaire par un chef charismatique, Velupillai Prabhakaran, et se distingue par une culture du sacrifice.

Chaque famille tamoule se doit d'avoir au moins un membre dans l'organisation. En intégrant le parti, le militant perd son identité et tout contact avec ses proches ; il doit se considérer comme déjà mort. Il reçoit ensuite un entraînement intensif. Prabhakaran s'est créé une aura de mage révolutionnaire, ne buvant ni thé ni café, seulement du lait et de l'eau. Il a instauré une discipline implacable conjuguée à un endoctrinement rigoureux, ceci afin de disposer de jeunes militants et militantes prêts à mourir en tuant, afin de compenser leur infériorité numérique. Les attentats-suicides ont commencé en 1987. Les volontaires sont nombreux, après tirage au sort, ils sont masqués afin de rester anonymes même au sein de l'organisation. Après 1990, l'organisation adopte le gilet explosif que l'on porte sur la poitrine et qu'on fait exploser d'une main. Il y a près de 50 % de femmes dans ces commandos. Elles ont entre seize et vingt-cinq ans. On leur dispense six mois de formation intense. Les militants sont coupés du monde extérieur, le mouvement est tout : famille et patrie dans une atmosphère de couvent militarisé. Ils apprennent à s'infiltrer pour s'approcher au plus près de la cible, reconnaissent les lieux et s'imprègnent des habitudes de leurs futures victimes.

Rien n'est plus économique et efficace que des combattants kamikazes. Sur quelque cent quatre-vingt-cinq attentats-suicides, le LTTE en a réussi cent quatre-vingt-deux ! Assassinat du chef de l'État indien, Rajiv Gandhi (1991), qui avait envoyé l'armée indienne au secours de l'armée sri lankaise, par une militante de vingt-deux ans. Le président cinghalais a été assassiné en 1993 par un militant qui depuis deux ans était devenu ami avec ses gardes du corps. Destruction du quartier général Joint Operations Command à Colombo, du haut commandement militaire du nord, à Jaffna, assassinat du responsable de la Marine, du ministre de la Défense, de deux anciens ministres dont un candidat à la présidence, six cents personnes étaient tuées lors de l'explosion du complexe armée-marine de Poonaryn, entre 1991 et 1993. L'année suivante, deux bateaux chargés d'explosifs faisaient sombrer les plus gros bâtiments de la flotte sri lankaise. Destruction du bâtiment de la Banque centrale à Colombo en 1996, dix-huit morts et plus de cent blessés au Colombo World Trade Center en 1997 et destruction du temple de la Dent, le plus révéré des temples du bouddhisme, en 1998.

La jeunesse des recrues explique en partie le mépris relatif de la mort, la proportion des jeunes filles est considérable et le LTTE utilise aussi beaucoup d'enfants entre dix et douze ans pour des opérations de reconnaissance. Avant une opération-suicide, l'ultime récompense de celui ou celle qui se sacrifie pour la cause est de rencontrer le dirigeant vénéré, qui ne se manifeste qu'exceptionnellement.

J'ai pu rencontrer, seul, huit prisonniers détenus depuis deux ans. Trois d'entre eux sont catholiques, les autres hindouistes. Cinq garçons, trois filles. Ils sont prisonniers parce que, contrairement à la consigne, ils n'ont pas croqué la capsule de cyanure qu'ils portaient au cou, afin de ne pas tomber vivants aux mains de l'ennemi.

Ces prisonniers nous dévisagent, je prends alors conscience que je suis pour la première fois observateur du côté de la contre-insurrection. Ils ont échappé à ce destin suicidaire. Ils n'ont pas suivi la consigne, ils ont désobéi. Six sur huit d'entre eux ont l'intention de quitter le pays s'ils sont libérés, par crainte des représailles.

« Oui, j'ai eu beaucoup de chance, c'est un des très rares attentats ratés du LTTE. » L'homme qui parle porte une minerve. Il est l'un des responsables de la lutte antiterroriste urbaine. « Mon chauffeur et un passager ont été blessés. La jeune femme qui a commis l'attentat est morte, bien sûr. On a retrouvé sa tête au deuxième étage d'un immeuble. Des passants avaient remarqué qu'elle parlait à quelqu'un peu avant l'attentat. Lorsque la police a voulu appréhender cet homme, il s'est suicidé en croquant son ampoule. La mort est très rapide, le verre coupe la gencive, le poison s'infiltre dans le sang. »

Au cours des quatre dernières décennies, il y a eu trois organisations révolutionnaires exceptionnelles : le FLN du Sud-Viêtnam, mieux connu sous le nom de Viêt-cong, le Eritrean People's Liberation Front (EPLF), qui après plus de vingt années de luttes a triomphé de l'Éthiopie, et le LTTE. Cette dernière organisation est une machine infernale destinée à produire de la mort. Elle rappelle singulièrement, dans une version séculaire, la secte des Assassins qui, durant cent cinquante ans, aux XIIe et XIIIe siècles, terrorisa les potentats du Proche-Orient. On imagine mal ce qu'une telle militarisation du mouvement pourrait produire si elle venait à prendre le pouvoir en dehors d'une implacable dictature.

Né en 1954, ne dormant jamais deux nuits dans le même lieu, ses gardes du corps lui assurant une sécurité de tous les instants, Prabhakaran, qui est issu de l'aile militaire du mouvement, en est le dirigeant depuis 1976 et le chef incontesté depuis 1982, après s'être débarrassé de ceux qui pouvaient prétendre en partager le pouvoir.

La force du mouvement provient en grande partie des liens que celui-ci a su créer avec la diaspora tamoule.

Cette diaspora (plus d'un million en Amérique du Nord et en Europe occidentale), organisée par des cadres dynamiques, constitue le soutien financier d'un mouvement qui a réussi à s'implanter dans une quarantaine de pays.

Mieux, l'organisation dispose d'une petite flotte battant pavillon de complaisance. Ce fait est unique parmi les organisations révolutionnaires. Un de ces navires transportait en 1994 une quantité considérable d'explosifs d'un port ukrainien. En juillet 1997, un navire du LTTE acheminait des mortiers venant d'un port croate.

De surcroît, cette organisation dispose d'une flottille côtière importante et contrôle les eaux du nord et de l'est du pays, grâce aux embarcations-suicide dont disposent les Sea-Tigers.

De 1983 à 1990, le LTTE bénéficie d'une aide venant des Tamouls de l'Inde – Tamil Nadu –, avec l'approbation du gouvernement indien, avant que Rajiv Gandhi ne fasse volte-face, puis retire ses troupes, durement éprouvées.

Entre 1987 et 2007, j'ai séjourné trois fois au Sri Lanka. J'y ai connu les deux filles de Mme Bandaranaike grâce à Paul Wilkinson et l'une d'elles est devenue la présidente du pays, à laquelle j'ai soumis un rapport sur la situation militaire.

En face, l'armée sri lankaise est modérément motivée quoique nombreuse, et n'enregistre que des succès limités. Le mouvement des Tigres tamouls est sans doute le plus efficace, avec les Tchétchènes, des mouvements irréguliers de cette période. Bien avant d'autres, dès 1987-1988, on constate l'existence d'unités féminines particulièrement performantes. Comme nombre d'autres mouvements minoritaires, le fait que les femmes participent aux combats double le chiffre des effectifs. On ne représente plus 15 %, mais 30 % de la population.

Le changement décisif se fait à Colombo avec la montée au pouvoir des frères Rajapaksa, qui décident d'en finir avec le mouvement contestataire. Ils vont bénéficier de la défection en 2004 de l'un des lieutenants de Prabhakaran, Karuna Amman, en conflit avec ce dernier, qui fournit de très utiles renseignements sur l'organisation et les techniques du mouvement, tandis que l'armée sri lankaise est totalement réorganisée. On s'inspire visiblement de l'exemple russe en Tchétchénie, qui use d'une contre-insurrection radicale sans observateurs étrangers ou nationaux. Les médias sont étroitement contrôlés, tandis que Colombo est soutenu par la Chine et l'Inde.

L'offensive, préparée de longue main, vise à étrangler la guérilla en anéantissant ses moyens maritimes non seulement à proximité des côtes du Sri Lanka, mais aussi beaucoup plus loin, en détruisant des navires-entrepôts qui servent à assurer la logistique sur longue distance. La force aérienne est, elle aussi, réorganisée, se dote de drones de nouvelle génération et accentue sa capacité à frapper avec précision.

L'assaut final, en 2009, fut donné après l'évacuation de toutes les organisations humanitaires étrangères, les journalistes non acquis au régime ne purent se rendre sur le terrain, la bataille finale ne fit aucun quartier une fois la guérilla acculée dans son fief de Vanni. La population civile (cinquante mille ?) qui, sans doute, servait de bouclier aux insurgés, fut massacrée de façon systématique. Le caractère insulaire du Sri Lanka se révélait comme un cul-de-sac. Le dirigeant tamoul Velupillai Prabhakaran y trouva la mort. Trois ans plus tard, les Nations unies constatèrent : « L'Organisation n'a pas été à la hauteur de la situation. » Sur cet *in memoriam* dérisoire, l'affaire des Tigres tamouls fut classée. Depuis, aucune réforme n'a été proposée aux vaincus. Au contraire. Le pouvoir à nouveau récemment confisqué par la famille Rajapaksa est plus roide que jamais. Entre-temps, les musulmans, à leur tour, ont été brutalement réprimés. Le bouddhisme au Sri Lanka est loin de la non-violence qu'on lui prête.

Par ailleurs, le Sri Lanka est un des principaux points d'appui, en Asie du Sud-Est, des routes stratégiques chinoises.

Nouveaux terrains

L'Irak, via la Syrie, et l'Afghanistan furent, à partir de 1999, mes principaux lieux de travail et de recherche, avec Singapour. Je venais d'atteindre l'âge dit de la retraite, j'avais soixante-cinq ans et me sentais en pleine forme…

Pour atteindre le Kurdistan d'Irak, on passait par Damas. J'y allais chaque année, à l'exception de 2008 à 2010, avec Sophie Mousset, compagne qu'aucune difficulté ne rebutait sinon, parfois, l'attitude des hommes. L'aviation alliée, depuis 1991, avait sanctuarisé la région kurde afin que la population soit à l'abri des massacres dont elle fut l'objet au lendemain de la guerre Iran-Irak.

À Damas, une voiture nous attendait, conduite par des Kurdes, et on roulait toute la nuit avec un bref arrêt à Palmyre afin de se restaurer, puis Qamishli où l'on dormait parfois quelques heures après avoir englouti un copieux petit-déjeuner. Nous nous dirigions ensuite vers le Tigre, qui fait office de frontière. Il fallait passer par le *mukhabarat*, situé dans une minuscule cabane en tôle, où les services syriens avaient reçu nos noms, par téléphone, pour le passage. D'autres Kurdes attendaient de passer aussi, couverts de leurs plus beaux habits et de gros sacs de tissus, pleins de cadeaux pour la famille et de diverses denrées introuvables sur le territoire irakien. Une année, le nom de Mousset avait été noté, du côté syrien, comme « Moïshé » et du côté kurde, comme « Moussa ».

On traversait en barque à moteur les eaux puissantes du Tigre, en un large demi-cercle, tant le courant était fort. Sur l'autre rive était tendue une grande banderole : « *Welcome to Kurdistan.* »

On buvait force thés sucrés avant de reprendre la route vers Salahaddin, située en altitude, par rapport à Erbil dans la plaine où, dans un lointain jadis, les phalanges macédoniennes avaient combattu.

On nous installait dans une chambre, à l'intérieur d'une grande villa qui accueillait les visiteurs de passage. C'est là que nous avons fait la connaissance de Nechirvan Barzani qui, à l'époque, était flanqué d'un traducteur parlant anglais. Nous l'avons ensuite revu au fil des années et il est devenu un homme d'État.

Trois années plus tôt, si ma mémoire est fidèle, François Mitterrand, alors président de la République, avait invité, dans un château non loin de Paris, deux délégations de Kurdes, celle de l'UPK de Jalal Talabani et celle du KDP de Massoud Barzani. C'est à cette occasion que je rencontrai Nawshirwan Mustafa qui, par la suite, créa le parti Goran. Les deux mouvements se livraient une guerre civile à l'abri de l'aire protégée par les Occidentaux. Nous étions trois : Bernard Kouchner, Bernard Dorin du Quai d'Orsay et moi pour essayer de les persuader d'arrêter ce conflit. Kouchner connaissait les Kurdes depuis Médecins sans frontières, Dorin avait connu Mustafa Barzani au maquis, malgré sa hiérarchie, et je connaissais les Kurdes depuis 1959-1960 où j'avais assisté, à Berlin-Est, au cinquième Congrès des étudiants kurdes en Europe. Avec Dorin, nous avions collaboré, à la demande de Kendal Nezan, en 1973, à un bulletin « France Kurdistan » et, au lendemain de l'effondrement du mouvement de Mustafa Barzani, nous avions, sous ma direction, élaboré un volume, *Les Kurdes et le Kurdistan*, paru en 1977 chez Maspero et traduit en une demi-douzaine de langues…

Nous avions deux journées pour tenter de convaincre les deux mouvements de cesser de s'entre-déchirer. Ne disposant d'aucun moyen de coercition, nous ne sommes arrivés à rien, sinon à constater que les passions l'emportent sur la raison à moins d'une contrainte. Ce que les Américains, par la suite, surent faire puisqu'ils disposaient, eux, de moyens persuasifs.

À la même période, deux attentats tuaient vingt-quatre soldats américains en Arabie saoudite. Puis, en 1998, Oussama ben Laden, qui fut l'allié des États-Unis contre l'Union soviétique, par un effet de boomerang, déclarait avec deux attentats à Nairobi (Kenya) et Dar es-Salaam (Tanzanie) la guerre aux « croisés et aux juifs ». Un autre attentat eut lieu au large d'Aden en 2000, tuant dix-sept Marines américains.

Puis ce fut le coup de tonnerre inouï du 11 septembre 2001.

J'ai répondu le 18 septembre dans *Le Monde* aux questions de Marion Van Renterghem :

« Quelle est, en tant que spécialiste des terrorismes, votre analyse des attentats perpétrés aux États-Unis ?

— Ce n'est pas la guerre, ce n'est pas une guerre. C'est le stade ultime du terrorisme classique. Je dis classique parce qu'il n'y a pas de bond qualitatif, mais quantitatif. Il s'agit de détournements d'avions, phénomène bien connu depuis 1968 [...]. La clef ultime du succès de ces opérations tient au fait que les auteurs des détournements se placent dans la perspective d'opération-suicide. Ce qui, non plus, n'est pas nouveau. En ce sens, nous sommes dans le terrorisme classique, mais porté à son stade ultime puisqu'il s'agit du territoire américain, parce que les cibles sont hautement symboliques et parce qu'on a cherché à faire le maximum de victimes. [...] Pour le spécialiste, le précédent n'est pas à rechercher à Pearl Harbor (en somme on nous rappelle là l'élément classique en stratégie : la surprise), mais à Beyrouth en 1983[1]. »

---

1. Deux camions-suicides du Hezbollah tuent deux cent quarante et un Marines et cinquante-huit parachutistes français à Beyrouth. Peu après, les troupes occidentales se retirent du Liban.

Un peu plus tard dans *Libération* (29 novembre 2001), j'ai conclu un article ainsi : « Tandis que la Chine et l'Inde travaillent à accroître leur puissance grâce à la croissance économique, une partie non négligeable du monde musulman rêve de recouvrer une puissance que, l'espace d'un instant, les attentats du 11 septembre lui ont donné l'illusion d'entrevoir. »

Le choc des attentats du 11 Septembre permettait aux néoconservateurs d'imposer, avec l'aide du vice-président Dick Cheney et de Donald Rumsfeld, secrétaire à la Défense, une politique destinée à « remodeler le Grand Moyen-Orient ». Très vite, Paul Wolfowitz désignait l'Irak comme l'objectif majeur d'une « guerre contre le terrorisme » et après l'intervention en Afghanistan des États-Unis, dénonçait un « axe du mal » comprenant l'Irak, l'Iran et la Corée du Nord.

Toute critique, aux États-Unis, contre la nouvelle ligne politique était considérée comme antipatriotique, et on jugulait ainsi le libre débat.

L'expédition punitive en Afghanistan fut menée avec l'accord des Nations unies, par voie aérienne ; le combat au sol (en dehors d'une tentative malheureuse d'un commando américain, en octobre, destiné à s'emparer du mollah Omar dans les environs de Kandahar) revenait à l'alliance du Nord (le commandant Massoud ayant été opportunément assassiné le 9 septembre par deux djihadistes se prétendant photographes, venus de Belgique). Cette alliance comprenait des Tadjiks, des Ouzbeks et des Hazaras. Au sud, Washington louait les services de chef de guerre pachtouns, ce qui permit à Oussama ben Laden et au mollah Omar, entre autres, de se mettre à l'abri au Pakistan.

Kaboul, seule, fut sécurisée. Après quelques consultations, Hamid Karzai, rentré des États-Unis, est installé à la tête du gouvernement. Les talibans sont vaincus. L'année

2002 est calme. Très vite, l'Afghanistan est considéré comme un théâtre mineur et Washington passe l'année 2002 à préparer, avec le concours du Britannique Tony Blair, l'intervention en Irak, en manipulant les opinions. La France et l'Allemagne se refusent à cette « guerre de choix ».

Le traumatisme du 11 Septembre est soigneusement alimenté, on évoque des armes de destruction massive, le niveau d'alerte est maintenu à son niveau le plus élevé. Maladroitement, George W. Bush parle de « croisade » en évoquant l'introduction coercitive de la démocratie en Irak.

Tony Blair évoquait des missiles pouvant frapper l'Europe en moins de quarante-cinq minutes. Colin Powell, d'ordinaire mesuré, présentait à l'Onu la preuve de la mauvaise foi irakienne en matière d'armes de destruction. Il se rétracta par la suite. Jamais, au cours des dernières décennies, je n'avais constaté une campagne d'intoxication de cette importance.

Lorsque la guerre commence, les cadres d'entreprise ne voyageaient pas en avion. Paris, le soir, était semi-désert : restaurants, lieux de réunion sans clientèle ou presque… La guerre psychologique avait atteint son objectif : communiquer l'angoisse jusqu'à la paralysie.

Durant cette période nous avons, Sophie et moi, régulièrement été présents en Irak (via la Syrie de 1999 à 2004) et en Afghanistan de 2005 à 2011, où se déroulaient deux conflits où les États-Unis et leurs alliés étaient impliqués. Par ailleurs, j'enseignais chaque année en septembre à Singapour, m'arrêtant quelques jours en chemin, à Kuala Lumpur, chez mon ami Philippe Migaux, puis nous retournions en Malaisie, à Malacca ou à Penang, le week-end avec les Godiveau, ce couple qui nous est resté cher et qui nous a permis de prendre quelques jours de vacances, tous les ans, chose rare !

La guerre d'Irak

En 2003, les États-Unis restituaient, malgré eux, à l'Iran le contrôle de l'Irak (à majorité chiite), et suscitaient les conditions qui allaient créer l'organisation qui se baptisa par la suite « État islamique » : Daech.

Sans doute ignoraient-ils qu'en 1514, l'Empire ottoman (sunnite) remportait une victoire contre l'Empire safavide (chiite) et prenait bientôt le contrôle du Pays des deux fleuves (l'Irak) désormais dirigé par des sunnites.

Il y avait, en Irak, 20 % environ de sunnites au pouvoir, 60 % de chiites méprisés parce qu'hérétiques aux yeux des sunnites, et 20 % environ de Kurdes qui n'étaient pas arabes et s'étaient battus depuis la création de l'Irak pour disposer d'eux-mêmes.

La chute du régime de Saddam Hussein fut rapide, après une série de bombardements aériens. Les erreurs américaines, par impréparation et inculture des conditions locales, furent nombreuses : le soir de la chute de Bagdad commençait une vague de pillages, contre lesquels aucun couvre-feu ne fut imposé. Seul le ministère du Pétrole était protégé. Par la suite, les États-Unis ne pourront pas, durant l'été, remettre en marche l'électricité, et on manquera d'essence ! Sur les conseils d'Ahmed Chalabi, un chiite qui avait, à Washington, gagné la confiance de l'administration américaine, Paul Bremer, le proconsul américain, renvoie dans leur foyer cinq cent mille militaires et policiers sans solde. À Londres, la directrice du MI5 avait tenté de dissuader qu'on procède à une telle mesure. Elle ne fut pas entendue. Paul Bremer, qui fut administrateur de l'Autorité provisoire de mars 2003 à juin 2004, peut-être conseillé par Ahmed Chalabi, fit savoir que tout membre du parti Baas (six cent mille membres), quel que soit son échelon, ne pourrait faire partie de la prochaine administration irakienne. On marginalisait ainsi gravement les sunnites. Dès lors la résistance s'organisa. Comment supporter que des étrangers viennent vous ravir un pouvoir immémorial au profit de chiites, considérés comme hérétiques et de Kurdes, non arabes, en rébellion depuis la création de l'Irak? Les services spéciaux (*mukhabarat*) étaient intacts, on ne manquait ni d'officiers, ni de soldats, ni d'armes, ni d'argent, ni de savoir-faire. Et Donald Rumsfeld, aveuglément, pensa qu'il s'agissait non d'une lame de fond en train de se former, mais d'un dernier sursaut de fidèles du régime.

La non-connaissance du terrain était confondante. Sans doute était-elle perçue comme d'une importance secondaire compte tenu de la supériorité écrasante des États-Unis. Après tout, en 2003, la puissance américaine semblait omnipotente. Sur le terrain cependant, cette très remarquable armée était inadaptée à la contre-insurrection. Contrairement aux déclarations de Donald Rumsfeld qui envisageait de ne laisser en Irak à l'été que trente-cinq mille hommes, il fallut faire appel à des compagnies de sécurité telle Blackwater et près d'une dizaine d'autres qui, bientôt, totaliseraient cent quatre-vingt mille hommes en plus des cent cinquante mille soldats américains. Des incidents comme ceux de Fallujah en 2004, dus à Blackwater, coûtèrent cher sur le plan politique comme sur le plan militaire. La même année, le scandale des photos sexuellement humiliantes prises dans la prison d'Abou Graib (gérée par deux compagnies de sécurité), dont la photo d'une militaire américaine tenant en laisse un prisonnier irakien nu et à quatre pattes, fit le tour du monde et offensa gravement une société où la sexualité ne s'affiche pas. La guerre psychologique était perdue. Nous étions à Bagdad alors, et ce qu'on entendait c'était : « C'est ça la démocratie qu'ils veulent imposer ! »

La mentalité des membres de services de sécurité était très éloignée des nécessités d'une contre-insurrection destinée à se gagner, comme on le prétendait, « les esprits et les cœurs ». À Singapour, plus tard, j'eus deux anciens de ces compagnies comme auditeurs libres. Comme je leur demandai quelle différence ils faisaient entre l'Afghanistan et l'Irak, deux terrains qu'ils connaissaient, l'un d'eux me répondit : « C'est tous des musulmans, en Afghanistan le terrain est plus montagneux. » Cela témoignait de leur intérêt pour les populations.

Les élections de 2005, à laquelle les sunnites ne participèrent pas, permirent la promulgation d'une constitution, puis d'un parlement, et démontrèrent que le vote était strictement communautaire ; il fallut attendre quatre mois de tergiversations pour que le Premier ministre soit désigné. En 2005, il y eut des attentats-suicides. C'était nouveau, on estima, du côté de l'administration afghane, qu'ils étaient commis par des étrangers.

Contrairement aux déclarations de George W. Bush, l'intervention américaine en Irak n'avait pas renforcé la sécurité aux États-Unis ni rendu le monde plus sûr. L'islamisme militant d'Al-Qaïda au Pays des deux fleuves et, par la suite, de ce qui devint l'organisation de l'État islamique (Daech) s'y trouva, au contraire, suscité et conforté. Très vite les libérateurs furent considérés comme des occupants et, de toute évidence, les seuls à être satisfaits de la situation étaient les Kurdes, toujours divisés, mais en sécurité. Seul le général Petraeus, que nous eûmes, Sophie et moi, l'occasion de rencontrer à Mossoul où il était apprécié sut, parmi les militaires, grâce à sa culture politique, utiliser les tribus sunnites de la province d'Anbar pour lutter contre les djihadistes. Ces sunnites cependant ne furent pas intégrés par les autorités chiites de Bagdad, soucieuses de préserver le caractère confessionnel de l'armée du régime. Les tensions entre sunnites et chiites, avivées fortement par Abou-Moussab Al-Zarkaoui, tué en 2006, étaient extrêmes. Saddam Hussein était débusqué, il fut jugé, il se défendit très bien, et fut pendu. Au moment où les forces américaines quittent officiellement l'Irak, sous Barack Obama, en 2011, rien n'était réglé. Ni la question du partage du pétrole entre les entités religieuses ou ethniques, ni celle de Kirkouk, toujours en suspens ; les attentats continuaient à un rythme rapproché, à Dyala, Mossoul, Tikrit, Bagdad. Pour les États-Unis, avec George W. Bush comme avec Barack Obama, l'Irak était un échec. L'Iran sortit renforcé du conflit et son influence continuait de s'étendre. Le dessein de remodeler le Grand Moyen-Orient fut un fiasco.

Alors que nous revenions de Mossoul après notre entrevue (fort sympathique au demeurant) avec le général Petraeus, dans une voiture banalisée, nous longeâmes d'étranges murailles. Sophie demanda à notre chauffeur ce que c'était : « Ninova. » Quelques secondes de réflexion et elle cria : « Stop ! » Nous étions de l'autre côté du Tigre, en zone kurde, il y avait peu de danger, le chauffeur s'arrêta. La zone était déserte et nous entrâmes, seuls, dans Ninive dont les statues étaient encore intactes. Sophie prit des photos, nous étions émus. Quelques années plus tard, les djihadistes de Daech effaceront le visage des statues et feront sauter ces murailles impies, construites avant l'arrivée de l'islam…

Syrie

Les vingt dernières années de ma vie ont été aussi mouvementées que les précédentes sinon davantage. La notion de « retraite » m'est étrangère. On marche jusqu'à ce qu'on tombe. La majorité de ces années se sont passées comme d'habitude dans des ailleurs sur les cinq continents. Les quatorze premières presque toujours avec Sophie.

Je me souviens de nos arrêts en Syrie entre 2000 et 2004, au retour d'Irak – nous ne faisions que traverser le pays, avec une halte à Palmyre. À Damas, une ville fort belle, nous allions chez les Fourcassié, Sylvain y était attaché culturel à l'ambassade de France, et Selma, sa femme, avait cherché et trouvé un palais à louer. À Alep, nous nous arrêtions, de façon plus ou moins prolongée, à l'hôtel Baron, comme bien d'autres étrangers. Cet hôtel, ultrachic lors de sa création en 1911 par un Arménien, avait près d'un siècle plus tard un charme désuet. Il fut créé lorsque la construction du Berlin-Bagdad Bahn ouvrait des perspectives commerciales considérables. T. E. Lawrence y fut client en 1913 du temps où il ne connaissait pas encore l'Arabie. Dans la vitrine du salon, les *Seven Pillars of Wisdom* étaient ouverts à la page où il mentionne l'hôtel. À côté, sa note, de treize livres et quelques… D'autres hôtes célèbres y séjournèrent après la Première Guerre mondiale : Gertrude Bell, Agatha Christie, Kim Philby… Cet hôtel est aujourd'hui fermé.

Les souks de Damas étaient superbes, surpassés cependant par ceux d'Alep où nous habitions, dans le quartier chrétien. Autour de l'imposante citadelle, les cafés étaient bondés d'hommes jouant tout l'après-midi au trictrac (backgammon) bruyamment. Les étrangères, même seules, pouvaient à Damas comme à Alep se promener seules, le soir, sans risque. C'était un des « avantages » des dictatures.

En chemin, vers Qamishli, on s'arrêtait pour se restaurer à Palmyre, joyau dans le désert, avant d'arriver en région kurde non loin de la Turquie, le Tigre marquant la frontière avec l'Irak. Elle s'appelle aujourd'hui le Rojava, c'est-à-dire le Kurdistan de l'Ouest. Les Kurdes des YPG et YPJ ont vaillamment lutté contre l'Organisation de l'État islamiste, notamment dans lors de la résistance héroïque de Kobané[1].

Après avoir franchi le Tigre, c'était la région autonome du Kurdistan d'Irak. Dans les cinq ou six premières années du nouveau siècle, il y avait très peu d'étrangers. Les Français étaient particulièrement bien vus, grâce à l'intervention de Danielle Mitterrand, qui avait été alertée par Kendal Nezan, directeur de l'Institut kurde de Paris, sur la situation dramatique des Kurdes au moment de l'Anfal. La destruction organisée de plus de quatre mille villages par Saddam Hussein et l'usage de gaz chimiques à Halabja. Les Kurdes appelaient Danielle Mitterrand « la mère des Kurdes ».

Il nous était impossible d'acheter quoi que ce soit au bazar, les marchands voulaient tout nous offrir ; nous demandions alors à notre traducteur d'acheter pour nous un peu de tabac, de belles chaussettes kurdes colorées, des cuillères en bois pyrogravées qu'on ne trouve malheureusement plus, des ceintures pour *chalwar* de toutes les couleurs…

Quand je repense à ces années-là – près de vingt années de présence pour des périodes allant de quatre semaines à quatre mois –, j'ai des images des premières années très fortes. L'automne dans la montagne, sillonnée de vallées, avec des peupliers aux feuilles couleur d'or d'une grande mélancolie enserrant des villages aux toits plats

1. Patrice Franceschi, *Mourir pour Kobané,* Les Équateurs, 2015.

qui servaient de terrasses pour y dormir, par les nuits trop chaudes de l'été. Des routes où coulaient des hauteurs neigeuses des eaux fraîches et potables. Des auberges de fortune au bord de rivières qu'enjambait un pont. Des routes de terre battue, bordées de coquelicots d'un rouge plus intense qu'en Europe. Je me souviens des tombes si simples de Mustafa puis d'Idriss Barzani, son fils, visitées vers 2004 avec Sophie. C'était bien avant que le lieu ne devienne celui d'un pèlerinage. C'étaient des rectangles d'herbes rases qui me rappelaient la tombe dépouillée d'Albert Camus à Lourmarin. Une mort sans pompes funèbres. Je me souviens du temps où les routes asphaltées étaient encore rares, de la route Hamilton, cet ingénieur néo-zélandais qui travaillait pour les Britanniques à l'époque du Mandat. Il avait, à coups de dynamite, ménagé une route étroite, à une seule voie, entre la roche abrupte et la rivière qui, au printemps, coulait comme un torrent. Il fallait se battre avec la nature, ici. Les combattants de cette époque étaient sveltes. Des montagnards guerriers, durs à la fatigue. Il y a un peintre kurde de talent que nous avons connu, Chawqi, dont nous avons, grâce à Nechirvan Barzani, deux toiles, peintes, l'une au printemps, l'autre en automne, qui expriment l'essence du paysage du Kurdistan d'Irak. Nous l'avons connu tandis qu'il était déjà gravement malade. Ses toiles ont une mélancolie d'adieu.

On s'attache à un pays par une multitude de fils : musique, nourriture, paysage et des êtres surtout. Nous sommes parrain et marraine d'une petite fille franco-kurde, elle s'appelle Cybèle et aucun nom ne pouvait mieux la désigner. Elle vit en France désormais, après plus d'une dizaine d'années passées au Kurdistan. Quelle chance, pour une jeune fille de quinze ans, de vivre dans un pays comme la France où aujourd'hui naître femme ne mène pas à la soumission, au mariage arrangé, à subir une belle-mère exigeante ou un mari auquel on appartient tandis qu'il mène sa vie et tient la vôtre prisonnière.

D'une année sur l'autre, il était impressionnant de voir les progrès effectués : construction de routes, d'écoles, d'hôpitaux, mais aussi d'hôtels. On sentait un immense plaisir d'être sorti de l'oppression, des années de silence et de misère.

Puis, à partir de 2006, le Kurdistan d'Irak, sur l'initiative de Nechirvan Barzani, alors Premier ministre, décida de commercialiser directement son pétrole, malgré le refus de Bagdad. La Turquie voisine y trouva son bénéfice. Les prix augmentèrent rapidement tandis que la corruption se développa même si les conditions générales continuaient à s'améliorer. Restait le durable antagonisme avec les partisans de Talabani, à la tête de l'UPK – eux-mêmes bientôt en butte au parti Goran, une organisation créée par Nawshirwan Mustafa qui prétendait s'attaquer à la corruption. Par ailleurs, le PDK de Massoud Barzani était opposé au PKK d'Öcalan, originaire de Turquie. Les deux formations se disputaient le rôle symbolique de représentants du mouvement national.

J'ai, comme enseignant, toujours parlé de façon directe à mes élèves. De jeunes gens et de jeunes filles ayant un peu plus d'une vingtaine d'années et entamant pour certains, ou terminant pour d'autres, ce qu'on appelle maintenant un « master ». Franchise politique sur l'état des lieux, sur les erreurs commises et pour quelle raison, sur le double langage des uns et des autres et sur l'écart entre les déclarations et les faits.

Avec quelques-unes de mes élèves féminines, j'ai noué des liens amicaux impliquant un libre langage concernant leur condition et le destin qui attend la plupart d'entre elles. À celles qui n'en pouvaient plus d'étouffer, j'ai pu, parfois, offrir mon appui pour entamer un doctorat à l'étranger. L'une d'elles s'est ainsi retrouvée dans un pays démocratique. Je me souviens du courriel qu'elle m'écrivit peu après son arrivée dans ce pays :

« Trois jours après mon arrivée à l'université de *** j'ai enfilé mon survêtement et je suis allée courir sur la cendrée. Personne ne m'a bousculée ou fait de remarque ni ne m'a désignée à son voisin. J'ai commencé à courir et puis je me suis arrêtée et j'ai pensé : Est-ce que je suis sortie de la cage ? Est-ce que c'est fini toute cette douleur… ? Et j'ai eu des larmes aux yeux… »

À Erbil, depuis quelques années déjà, j'habite à Naz City, un ensemble d'une douzaine de hauts immeubles où vivent des enseignants, des fonctionnaires et autres catégories de gens à protéger puisque l'entrée est gardée par des hommes armés. J'habite le treizième et dernier étage d'un appartement qui fut très vaste et qu'on a récemment coupé en deux, mais qui reste spacieux puisqu'il a deux chambres à coucher, deux salles de bains, un bureau – où l'on peut aussi dormir – et une grande cuisine-salle à manger. Je reçois toujours beaucoup de visiteurs/visiteuses qui viennent passer un mois pour tâter le terrain et entamer une carrière après s'être rendu compte s'ils s'y sentent à l'aise ou pas. Au quatrième étage j'ai un couple d'amis, Sipan et Wirya, un peu comme une famille que je retrouve. Tous deux sont kurdes et ont vécu longtemps en Europe, Italie et France surtout. Les revoir c'est un peu comme rentrer chez soi. S'ils partaient, je me sentirais, du moins à Erbil, un peu comme orphelin.

« Notre passé est atroce, notre présent pathétique, heureusement nous n'avons pas d'avenir ! » L'humour kurde est capable d'autodérision. Une dimension qu'en France nous ne connaissons pas. La tradition de l'humour de salon se prête mieux à l'ironie… Enfin il y a chez les Kurdes une joie de vivre !

Au cours des vingt dernières années, les Kurdes ont beaucoup appris. Une tradition étatique ne se crée cependant pas en une génération, même si quelques individus d'exception peuvent devenir des hommes d'État.

En 2014, la soudaine offensive de Daech fin juillet et début août prend le PDK par surprise. Le front craque au Sindjar, au grand dam des Yézidis qui sont massacrés tandis que leurs femmes et leurs filles sont emmenées en captivité, comme esclaves sexuelles. Le Kurdistan lui-même est investi, les peshmergas refluent tandis que les avant-gardes de Daech sont à quelques dizaines de kilomètres, tout au plus, d'Erbil, la capitale. Sur la demande des Kurdes, l'aviation américaine intervient et, dès le 8 août, stoppe net l'avancée de Daech.

Physiquement, une partie non négligeable des peshmergas avait pris quelque vingt kilos en une quinzaine d'années de paix. En dehors de quelques unités d'élite, on avait affaire à une force de police plutôt qu'à des combattants. La paix et une relative prospérité doublée par une notoire absence d'exercice avaient fait leur œuvre. J'avais assisté à tout cela en signalant ces changements, mais la protection américaine semblait garantir la sécurité du Kurdistan d'Irak. Celle-ci, en effet, était réelle, mais des événements imprévus comme ceux qui venaient d'arriver montraient que la sécurité doit toujours être assurée par les premiers concernés.

Parmi mes élèves, sur un peu plus d'une vingtaine, un seul savait se servir d'une kalachnikov… Bien que j'eusse maintes fois suggéré un service militaire, même réduit à six mois – garçons et filles –, cela ne fut jamais envisagé…

Pour le reste, quelles que soient les critiques qu'on pouvait adresser au Kurdistan d'Irak, celui-ci était la seule région kurde ayant un avenir assuré et une classe moyenne en formation en marge de la corruption de ceux qui détenaient le pouvoir.

Les Kurdes de Turquie – ceux du PKK – avaient, durant ces années-là, commis l'erreur de disputer le pouvoir en ville dans les régions kurdes, ce qui se révéla désastreux. Le coup d'État de 2016 permis à Recep Tayyip Erdoğan de s'en prendre aussi à ceux qui, parmi les Kurdes, préféraient le combat politique, comme Selahattin Demirtaş, sans compter la liquidation de toute autre opposition réelle, potentielle ou supposée.

Quant aux courageux Kurdes de Syrie qui ont combattu Daech avec succès, après avoir été lâchés par Donald Trump, leur avenir entre la Turquie et le régime de Damas et ses alliés demeure incertain.

En Syrie, après avoir connu une période difficile en 2012-2013, le régime de Bachar el-Assad n'avait d'autre choix que de tenir ou d'être massacré. Grâce aux interventions indirectes de l'Iran (via le Hezbollah, l'Iran, l'Irak et même le Pakistan et l'Afghanistan chiite), le régime par ailleurs activement conforté en 2015-2016 par Vladimir Poutine put reprendre l'offensive.

La Turquie n'aura cessé de soutenir Daech aussi longtemps que celui-ci était opérationnel et a cherché à affaiblir autant que possible les Kurdes de Syrie. Daech s'est développé en partie grâce à l'incurie des Occidentaux qui, en le frappant, auraient semblé soutenir le régime syrien. Or il faut savoir qui est l'adversaire principal. Le travail a été fait par les Russes, d'une part, et par les Kurdes du Rojava.

J'avais eu comme étudiant, à Singapour, en 2004, Hekmat Karzai, proche parent du chef de l'État afghan. Celui-ci me proposa de fonder un centre stratégique à Kaboul. Je prendrais nos billets d'avion, mais durant six semaines, nous serions, Sophie et moi, pris en charge. J'acceptai.

L'Afghanistan

En Afghanistan les talibans refont véritablement leur apparition en 2004. En 2005 il y eut des attentats-suicides, c'était nouveau. « L'attentat-suicide ne fait pas partie de la culture pachtoune », dit Hamid Karzai. Il ne faisait pas partie non plus de la culture tamoule, pourtant on l'utilisait couramment au Sri Lanka...

La guerre irrégulière implique la capacité de s'adapter et le faible a intérêt à être plus rapide que le fort. J'appréciais, chez les irréguliers, l'innovation, l'inattendu et la capacité d'être perpétuellement aux aguets, comme un chasseur appliqué ou un gibier sensible aux changements du vent à l'approche du danger. Les troupes régulières, confiantes dans leur puissance de feu, se révèlent impropres à cette souplesse. Avec effarement, l'Otan constatait avoir perdu cent quatre-vingt-onze hommes en 2006. Cette année-là, une évaluation raisonnable de la situation fut faite par le rapport Baker-Hamilton, il n'y avait aucune raison d'être optimiste. On passa, à partir de là, à une stratégie contre-insurrectionnelle qui ne déboucha pas non plus sur un changement notable du rapport des forces.

Je donnais en anglais trois heures de cours par jour en matinée et débattais l'après-midi avec mes élèves, en majorité des Pachtouns, mais pas seulement, j'avais des Tadjiks et même un Hazara ; pas de femme, sinon une, une fois. Et puis à la fin de la session de quatre semaines, nous partions en province, habillés de façon traditionnelle.

En 2005, l'armée afghane comptait quelque trente-cinq mille hommes. Les États-Unis fixaient comme objectif le chiffre de soixante-dix mille, tandis que le ministre de la Défense, auquel je rendis visite, en réclamait cinquante mille de plus. L'Afghanistan, de toute évidence, était considéré comme un théâtre marginal ; tout se jouait, pour les États-Unis, en Irak.

70 % des dépenses publiques étaient affectées à Kaboul. (95 % du budget national afghan provenaient de l'aide étrangère.) La sous-traitance absorbait un tiers largement des aides et entretenait tout naturellement la corruption. Les zones rurales ne pouvaient survivre qu'en cultivant le pavot (90 % de la production mondiale, officiellement).

À Kaboul, tandis qu'on bénéficiait de l'électricité quatre heures par jour, les villas luxueuses pour les quelques privilégiés se multipliaient. À la campagne, l'eau potable manquait dans nombre de villages, il n'y avait d'électricité nulle part.

En 2006, la coalition annonce que mille cinq cents infiltrés sont éliminés et que les provinces de Kandahar et d'Uruzgan sont, dans l'ensemble, contrôlées. Nous y sommes allés, ce n'était pas l'avis des autorités locales, on ne saurait trop se méfier de la propagande officielle. En 2006, au mois de mai, de violentes émeutes antiaméricaines éclatent à Kaboul, dues, en partie, à la multiplication de ce que les Américains appellent des « dégâts collatéraux ». Durant les années 2005-2010, je me suis rendu dans les provinces à forte activité de guérilla : Kandahar, Uruzgan, Wardak, Farâh, Kapisa, Laghman, Zabol, Ghazni, Ghor, Hérat. Je suis retourné au Paktia, au Kunar, à Kandahar. Soit près de la moitié du pays, dont les provinces les plus touchées par l'insurrection, à l'exception du nord-est.

Les représentants effectifs des villages se plaignaient de la déshérence et du peu qui avait été accompli malgré les promesses. Le régime, comme la propagande occidentale elle-même, ne reconnaissait pas que nombre de provinces, en 2008, étaient essentiellement contrôlées par les talibans. Au premier chef, Kandahar, Uruzgan, le Kunar, Laghman. En Uruzgan, où j'étais allé avec quelques-uns de mes étudiants, nous avons rencontré le gouverneur de la province, qui avait la réputation de passer une importante partie de l'année à Londres. Il nous a reçus dans les jardins de sa résidence, tandis que nous étions nous-mêmes entourés de gardes armés, ce qui donnait la mesure du climat local. Il nous dressa un bilan de la situation : les troupes italiennes passaient pour avoir payé les talibans afin d'éviter les accrochages, les Néerlandais ne tenaient pas le terrain qui leur avait été assigné car ils ne quittaient guère leur base, par accord tacite avec les talibans qui contrôlaient la moitié de la province et rendaient la justice dans les villages. Les seules régions sûres étaient situées en zones de peuplement hazara, c'est-à-dire chiite. Par la suite, les barbes grises sont passées nous voir, ils étaient une vingtaine et ils se sont plaints que rien n'avait été fait dans les villages, pas d'électricité, pas de puits dont la construction avait été promise, guère d'amélioration de la situation économique. Enfin ils critiquaient une administration où les non-Pachtouns occupaient trop de postes... La critique inverse, sur le poids excessif des Pachtouns, était un des leitmotivs des autres ethnies dans de nombreuses provinces. On reprochait aussi à l'armée régulière afghane d'être en grande partie composée de non-Pachtouns. L'effort des alliés, à la campagne, se limitait à une vingtaine d'équipes de deux cents à trois cents militaires, soit quelque six mille hommes représentant des PRT (« Provincial Reconstruction Teams ») qui avaient la charge d'améliorer les conditions de vie de près de 20 millions de ruraux !

En 2007, toujours avec mes étudiants, nous sommes arrivés à Kandahar au lendemain de la sensationnelle évasion de plusieurs centaines de prisonniers. La prison se trouve en pleine ville. Dans la soirée de l'avant-veille, les talibans avaient fait sauter le mur du bâtiment, provoquant une large brèche. Une fois dans le bâtiment, ils avaient forcé les verrous des geôles et libéré plus de trois cents talibans et un nombre supérieur de détenus de droit commun. Tous ont gagné des cars, préparés à cet effet, afin de quitter rapidement les lieux. Pas un coup de feu n'a été tiré. Les soldats de l'armée du régime n'ont pas bougé, la police non plus.

Notre petit groupe était logé dans le bâtiment du gouverneur, demi-frère du chef de l'État. Pour nous déplacer, nous étions précédés de trois véhicules chargés d'hommes en armes, c'est ainsi que nous avons rendu visite au poste des « Unités de reconstruction provinciale » tenu par des Canadiens. Ils avaient entendu les détonations et n'étaient pas sortis ; de fait ils ne s'éloignaient du camp qu'en convoi. Ils s'occupaient de quelques projets de développement, mais sans contact autre que formel avec une population dont ils ne parlaient pas la langue et dont ils se méfiaient. Nous sommes restés à bavarder, ils étaient contents que je connaisse le Canada. Dans ce camp, il y avait des sportifs, ceux qui tiraient la fonte et d'autres qui préféraient les jeux d'équipe. On était entre soi, retranché, en sécurité, on était sûr de revenir au pays dans quelques mois. J'ai aussi rendu visite, ailleurs, aux Britanniques et aux Américains, mais je n'ai pas été admis chez les Français, n'étant pas officiellement accrédité. Durant trois jours, au siège du gouvernement de Kandahar, j'étais avec six de mes élèves et le directeur du centre stratégique Hekmat Karzai, cousin du gouverneur, nous avons été reçus par Ahmet Walid Karzai. Ce dernier avait la réputation bien établie d'être mêlé au trafic de la drogue, et des relations suivies avec la CIA comme avec les talibans. Il prit la parole en pachto et parla longuement. On ne me traduisit pas, aucune question ne fut posée. Il paraît qu'il n'a fait aucun commentaire concernant l'évasion de la prison. Il trouvait la situation générale plutôt bonne, disant qu'il allait envoyer des troupes pour stopper une offensive talibane à l'ouest, enfin il indiqua que la situation était médiocre dans la vallée de l'Arghandab. Un peu plus tard, arriva à la résidence du gouverneur une délégation de mollahs représentant plusieurs villages et que le directeur du centre, Hekmat Karzai, reçut pour écouter leurs doléances. J'étais assis entre deux de mes élèves, un Hazara et un Pachtoun, qui me résumaient les griefs, le chapelet de ce qui avait été promis et non tenu. Les déceptions grandissaient, les villageois n'en finissaient plus d'espérer un changement.

Mon élève hazara me fit par la suite rencontrer des cadres de son groupe ethnique qui s'inquiétaient du retour des talibans, au sud et à l'est de la frontière.

La technique d'approche des talibans dans les villages est simple : première rencontre dans les mosquées puis propagande mêlant persuasion et démonstration de force, discours dénonçant les étrangers, la corruption de l'administration à tous les échelons, enfin liquidation éventuelle des collaborateurs du régime. Par-dessus tout, les talibans rendaient la justice de façon rapide, conforme à la tradition (*charia*), selon des règles familières à la population. Et ils n'étaient pas corrompus.

Je n'aurais rien su du climat qui régnait en province en restant à Kaboul, dans la mesure où bien des faits n'étaient pas rapportés. On signalait les actions spectaculaires puisqu'elles étaient d'elles-mêmes connues, mais on ne disait rien du processus discret et continu grignotant le terrain. De fait, à partir de 2006, l'insurrection n'avait cessé de progresser. Les talibans avaient de sérieux avantages, étant afghans et parlant la langue du pays. Ils ne bousculaient pas la tradition, notamment en ce qui concerne le statut des femmes.

Un jour, Hekmat Karzai s'insurgea contre la loi nouvellement votée contre le port du voile à l'école en France. On était à table, à Kaboul, au centre d'études stratégiques, avec tous les étudiants. Sophie expliqua que c'était une des conséquences de la laïcité, cette particularité française. Hekmat lui demanda d'expliquer ce qu'était la laïcité, ce qu'elle fit. Il s'énerva et dit alors que notre conception de la laïcité était un « lavage de cerveau ». Sophie quitta la table, remonta dans sa chambre et attendit plusieurs jours des excuses. Hekmat finit par y consentir, de mauvaise grâce. Le lendemain, cependant, de façon inattendue, Sophie reçut le soutien des élèves et même de certains employés, choqués qu'on insulte une invitée, ce qui est très grave en terre musulmane. Cela se passait dans un régime où 25 % des membres du parlement devaient obligatoirement être des femmes.

De bout en bout, le sanctuaire pakistanais se révélait vital et l'alliance ambiguë des États-Unis avec Karachi leur a coûté fort cher. En 2008, le 14 juillet, j'ai publié un article dans *Le Monde*[1] qui détonnait avec ce qui était véhiculé, d'une façon générale, à l'époque :

La victoire de l'Otan en Afghanistan est impossible.

« *Au vu des revers enregistrés en Afghanistan, Barack Obama et John McCain, les deux candidats à la Maison-Blanche, sont d'accord pour faire de ce pays le centre de la "guerre contre le terrorisme" et y envoyer des renforts en 2009. Vous qui rentrez de Kandahar, pensez-vous que huit ou dix mille soldats supplémentaires changeront la situation ?*

— Non. La victoire est impossible en Afghanistan. Avec le renfort annoncé, il y aura soixante-quinze mille soldats de l'Otan sur place. Cela ne permet pas de contrôler le terrain. Nous sommes dans une impasse militaire. Dans un pays comme celui-ci, grand comme une fois et quart la France avec un relief incomparablement plus difficile, il aurait fallu envoyer davantage d'hommes et surtout contribuer activement à améliorer les conditions économiques

1. 14 juillet 2008, propos recueillis par Christophe Châtelot. Rien dans cet entretien n'a été coupé ou ajouté.

dans les campagnes. Aujourd'hui, il faut négocier, du moins essayer, parce qu'il n'y a pas d'autre issue. Les talibans ne peuvent pas gagner la guerre contre l'Otan. Mais les Américains sont tout aussi incapables de les éradiquer. Hors de Kaboul et de quelques grandes villes, ce sont les talibans qui contrôlent les pouvoirs locaux, et non les soldats étrangers, le plus souvent barricadés dans leur fortin. Dans le sud et l'est du pays, les talibans ont réussi, avec le soutien d'une grande partie des populations locales, à instaurer une infrastructure politique, des hiérarchies parallèles qui sont le pouvoir réel. Or, l'expérience montre que lorsque c'est l'adversaire qui l'exerce, la guerre est perdue.

— *Comment en est-on arrivé là ?*

— Les talibans ont rempli le vide laissé entre 2002 et 2004, lorsque les quinze mille GIs qui étaient là s'occupaient essentiellement de traquer ben Laden, que les autres forces internationales restaient concentrées à Kaboul et que rien n'était fait pour les populations paysannes, notamment au sud et à l'est (région pachtoune) qui sont pourtant les clefs du pays. L'aide internationale au développement représente moins de 10 % des dons versés. Les équipes de reconstructions dans les provinces représentent moins de dix mille hommes pour vingt millions de ruraux ! Hors de Kaboul qui reçoit l'essentiel de l'aide, tout reste à faire. Or 40 % de l'aide internationale retourne dans les poches des sociétés et des contractuels occidentaux. Contrairement à une idée caricaturale trop répandue, les talibans ont une bien meilleure compréhension de ce qui est stratégiquement important. Ils ont compris que le centre de gravité du conflit est la sensibilité de l'opinion occidentale qu'il faut frapper en tuant des soldats de l'Otan, de préférence américains. Notre refus d'encaisser les pertes est notoire.

— *Mais l'Otan forme aussi une police et une armée afghane non ?*

— C'est une armée qui compte à peine cinquante-huit mille hommes encore mal équipés. Au total, il est prévu d'en former quatre-vingt mille. Il en faudrait le double. Quant à la police, comme le reste de l'administration, elle est corrompue. Comment ne le serait-elle pas ? Ils sont payés 75 dollars par mois alors qu'il faut le double pour nourrir une famille moyenne. Alors ils rançonnent la population. Il faudrait commencer par punir la corruption à haut niveau. Or elle ne l'est pas. À l'abri du pouvoir, certains s'enrichissent de façon considérable. Tout cela fait le jeu des talibans. Leur discours nationaliste, antioccupant et anticorruption, leur gagne des adeptes. Si vous ajoutez à cela la multiplication des bavures militaires qui tuent beaucoup de civils parce que, faute de soldats suffisants et par souci compréhensible de ménager leurs hommes, les Américains préfèrent bombarder quitte à provoquer des dommages collatéraux…

— *Le Pentagone a fait savoir la semaine passée que le nombre de djihadistes étrangers venus de Tchétchénie et d'ailleurs pour renforcer Al-Qaïda constitue un problème grandissant…*

— Il est faux de dire que c'est Al-Qaïda et les combattants étrangers qui mènent l'insurrection. C'est une affaire pachtoune (NDLR, majoritaire en Afghanistan, la tribu compte aussi plus de quinze millions de membres au Pakistan). Même s'ils reçoivent sans doute une aide logistique pakistanaise parce que l'intérêt du Pakistan est que le pays ne tombe pas sous l'influence de l'Inde, les Pachtouns se battent d'abord pour eux-mêmes.

— *Mais si tout est perdu, pourquoi l'Otan reste-t-elle engagée en Afghanistan ?*

— Tout n'est pas perdu puisque les talibans ne peuvent l'emporter militairement. Mais tout reste à faire politiquement, administrativement et économiquement. Au début, il fallait "nettoyer" le sanctuaire d'Al-Qaïda. À présent, nous y restons parce que nous y sommes… Il y a aussi des raisons stratégiques qui n'ont rien à voir avec Al-Qaïda, extrêmement affaibli et qui existe surtout sous forme d'instrument de propagande. L'épicentre de la crise, c'est le Pakistan voisin, avec 150 millions d'habitants et l'arme nucléaire, même si celle-ci est et sera de plus en plus sécurisée. L'Otan est en Afghanistan parce que cela permet d'être présent à l'est et à l'ouest de l'Iran, et aux portes de l'Asie centrale. Ce qui est probable c'est que d'ici trois ou quatre ans, le prochain président des États-Unis se fatigue d'un conflit qui piétine. »

*

Le bilan était aisé à établir : trop peu d'hommes du côté de la coalition et surtout trop peu de combattants, chaque État allié participant au conflit à la carte. Le rapport du général McChrystal publié en 2009 dans le *Washington Post* avait le mérite de la rigueur. En résumé il disait que les troupes américaines restaient en grande majorité dans leurs bases, que le régime était corrompu et que, additionné aux erreurs des forces occidentales, les populations étaient déçues dans leur attente d'un mieux-être, ce qui avantageait les talibans. Que proposait-il ? Reprendre l'initiative, occuper le terrain, améliorer les conditions de vie des populations, l'administration devant être transformée pour être efficace et aux écoutes de la population et enfin la coalition, qui disposait au moins d'un avantage, c'est-à-dire les moyens financiers et matériels, devait améliorer la situation en zone rurale. Le succès, en définitive, selon McChrystal, dépendait d'une administration modifiée et de forces de sécurité fiables. Or comment transformer ce régime ? Comment lutter contre la corruption ? Comment forcer des troupes à se battre sans être motivées ?

En novembre 2008 Barack Obama était élu. Il annonçait qu'un effort particulier serait fait pour l'Afghanistan et optait pour une approche contre-insurrectionnelle sur les suggestions des généraux McChrystal et Petraeus, et renforçait les troupes sur le terrain de trente mille hommes supplémentaires. Cependant, en 2011, rien n'avait été véritablement modifié sur le terrain.

Cette année-là nous étions hébergés à la Dafa (Délégation archéologique française en Afghanistan) et j'ai pu me rendre, avec un compagnon, au Lôgar à demi tenu par les talibans. Par la suite, les chercheurs ont dû se contenter de contacts à Kaboul, la guerre était perdue. Cette année-là, j'ai écrit *L'Impasse afghane*[1]. On empêchait les talibans de s'emparer des villes, j'avais sur le terrain dans les provinces et avec des représentants des villages, les « barbes grises », appris ce que je ne pouvais apprendre à Kaboul : la défaite en cours à un degré insoupçonné, loin de la situation officiellement présentée dans les médias. Plus tard, des combattants de l'Organisation État islamique (Daech) s'implantèrent au Kunar, au Nangrahar et dans d'autres provinces. Vladimir Poutine se mit à discrètement aider des talibans contre les partisans du « calife », ce qui était cohérent. Malgré les déclarations de Donald Trump, il ne pouvait être question de se retirer entièrement d'Afghanistan, ce qui eût équivalu à admettre la défaite.

L'appel de la mer

La Boudeuse est un des épisodes importants de ma vie, composé de récits multiples s'étendant sur une dizaine d'années, qui se sont déroulés sur trois océans et une

1. Éditions de l'Aube, 2011.

remontée de l'Amazone sur 3000 kilomètres. Je les dois à mon ami très cher Patrice Franceschi dont *La Boudeuse*, comme projet, ou mieux, comme rêve réalisé est l'une des réussites majeures d'une vie qui n'a pas manqué d'épreuves surmontées. *La Boudeuse*, au siècle finissant, était une jonque acquise au Cambodge et réarmée afin d'être apte à la navigation en haute mer. Patrice choisissait de s'inscrire dans le sillage du navigateur français Bougainville, capitaine de la première *Boudeuse*. Ce dernier était, avec quelques hardis marins britanniques, tel James Cook, ce que l'on n'appelait pas encore un explorateur scientifique. Il s'agissait avec une petite équipe de spécialistes, deux siècles plus tard, de suivre le même itinéraire et de constater les changements intervenus.

J'ai rejoint la jonque à Timor-Est en 1999, avec Sophie, qui avait toujours eu pour projet de naviguer et s'apprêtait justement à prendre un congé sabbatique de la librairie Compagnie où elle travaillait. La jonque était superbe, elle faisait partie de la malle de mes rêves depuis l'adolescence et, vingt ans plus tôt, sans perspectives, j'avais envisagé de tenter ma chance entre Hong Kong, Macao et d'autres îles où les échanges légaux ou non étaient moyens de subsistance et façon d'être. Autrefois, j'imaginais des escales où l'on rencontrait des femmes aux pommettes larges, aux lèvres ourlées dans un visage lisse aux sourcils à peine tracés…

Bref, monter à bord fut un enchantement et nous avons beaucoup parlé avec Patrice avant d'aborder des îles volcaniques, où nous posions des sondes pour étudier leur activité.

J'avais, à l'époque, parcouru les cinq continents, traversé l'océan Indien, l'Atlantique Sud jusqu'au golfe de Guinée, remonté le canal de Suez, connu maintes fois la Méditerranée d'est en ouest, mais c'était comme passager, pour des traversées brèves de deux semaines, tout au plus.

Avec *La Boudeuse*, où j'ai, en cinq voyages, vécu près de dix mois, j'ai découvert la mer de façon active, membre d'un équipage. J'ai fait connaissance avec la mer et, comme dans un songe réalisé, de la mer sur une jonque. La mer majestueuse et terrible qui couvre tellement plus d'espace que les terres émergées. Quand on était à la barre, sur le pont arrière, d'un regard, on avait devant soi la jonque ventrue, ses voiles et ses cordages et la mer immense avec le sentiment fugitif de dominer un monde sans rivage. J'ai découvert, pour ma part qu'il n'y avait, à bord, pas un moment d'ennui. J'ai aussi découvert que je préférais être en mer que faire escale. L'équipage avait été bien sélectionné, pour l'essentiel, et l'on échangeait avec des femmes et des hommes, jeunes pour la plupart, mais dont le savoir était forgé par l'expérience... Ce fut une première enthousiasmante qui dura un peu plus d'un mois, d'île en île.

Au retour de la jonque, nous l'avons quittée à Port-Saïd, après avoir passé le canal de Suez, quelques jours avant son naufrage qui affecta beaucoup Sophie qui avait passé plus de temps que moi à son bord.

Je voulais rendre visite à mon ami Ali Shalakani, atteint d'un cancer en phase terminale. Je le connaissais depuis 1963, soit une quarantaine d'années. Je l'avais rencontré en Algérie, avec Juliette. Après la mort de mon père, en 1965, j'avais annulé un voyage en Égypte pour ne pas laisser ma mère seule, il avait alors invité ma mère à profiter de son hospitalité et à se joindre à nous. Cela ne s'oublie pas. Nos liens ont perduré au fil des décennies et nous nous rendîmes au Caire pour passer quelques jours avec Ali. J'ai connu ses deux épouses, dont la première, juive, était remariée avec Victor Bogorad, pour qui Ali éprouvait une grande amitié. L'autre, Nahed, s'était comportée héroïquement en 1956 lors de l'agression franco-anglaise. Je suis, depuis des décennies, l'ami de son fils, Cherif Shalakani. Souvent mes fidélités s'étendent ainsi sur deux générations, ainsi de Pierre-Carl Dupont Delestraint, de Raymond Dubois, de Michèle Sarde, de Bernard Mangin et d'autres.

La Boudeuse en Polynésie

20 avril-11 juillet 2005.

Nous sommes arrivés à Tahiti pour rejoindre *La Boudeuse* qui venait de l'île de Pâques. L'expédition, qui faisait le tour du monde, allait passer plusieurs semaines en Polynésie française.

Je n'ai pas particulièrement aimé Tahiti. Le tourisme avait fait ses dégâts, l'île légendaire attirait beaucoup de monde dont nombre de métropolitains. On était, et cela se confirmera au fil des escales, dans d'autres îles, dans un paradis subventionné. Il est vrai que du point de vue maritime, la Polynésie représente une aubaine pour la France – en termes de souveraineté maritime, nous étions parmi les nations les plus privilégiées du monde.

Impossible de ne pas penser à Gauguin. L'apparence physique un peu trapue bien qu'harmonieuse des femmes de Gauguin n'était pas due au style de ce dernier, les portraits ressemblaient à leur modèle. Les hommes étaient puissamment bâtis, les poignets et les chevilles forts, l'ossature solide.

Après l'escale à Tahiti – en partie technique, notamment en matière de ravitaillement –, nous sommes allés à Fatu-Hiva, la plus au sud des îles Marquises. Elle n'était desservie que tous les quinze jours par un bateau et ne pouvait plus être rejointe par avion. Seul Jacques Brel le faisait avec le sien pour emmener et ramener les enfants aux périodes de vacances scolaires. Longue de huit milles du nord au sud, large de quatre, elle est parcourue par une chaîne montagneuse en arc de cercle dont les sommets, autour de 1 000 mètres, d'aspect tourmenté, se trouvent dans les nuages. La population se limitait à quelques centaines d'habitants.

Par tous les temps, le débarquement s'effectuait au débarcadère de la pointe Matahumu. À partir d'un mètre de houle, cela devenait plutôt sportif.

Patrice Franceschi nous a fait débarquer Sophie et moi d'abord, pour ne pas donner le sentiment d'envahir le village de Hatanui. Nous avons dressé notre tente et organisé le campement. Dès le lendemain, les enfants sont venus nous voir. C'était attendu, ils seraient nos émissaires auprès de la population. Nous avons sympathisé et, deux jours plus tard, l'institutrice est venue nous inviter à l'école, puis nous avons rencontré le responsable de l'île. Ensuite seulement, l'équipage a débarqué. Nous étions les bienvenus.

Le séjour s'est déroulé sous les meilleurs auspices. Nous avons eu des entretiens, avons partagé la vie quotidienne des habitants, avec eux nous sommes allés à la pêche, à la chasse, nous avons invité les enfants à bord pour un repas ensemble…

L'équipage s'est égaillé dans la nature, nous avons admiré les sculpteurs sur bois, doués et inventifs ; quelques idylles se sont nouées notamment entre des membres féminins de l'équipage et Marquisiens, le français rendant la communication aisée. Beaucoup de marins, hommes et femmes, se sont fait tatouer. Puis nous avons commencé à filmer nos entretiens dans les villages, dans l'école et parmi les habitants.

Repartir a été difficile tant nous avions été bien accueillis et fêtés. Les départs ont toujours quelque chose de mélancolique, surtout lorsqu'on sait que l'on ne reviendra pas.

Sophie pense toujours à Jordi, le plus attachant des jeunes garçons, et à la directrice de l'école ; si accueillante.

Dans ce Pacifique Sud, la plus belle des îles que nous avons rencontrées se trouve dans les Australes et fait partie de l'archipel des Tubuaï. Divisée par deux petits massifs montagneux de quelque 400 mètres séparés par une dépression très boisée, elle était séduisante, avec quelques maisons et un café qui semblait insolite en ce milieu d'océan, sans visiteurs.

Un peu plus tard, l'équipage, vingt-quatre personnes, eut à se plaindre de la qualité médiocre de la cuisine, sans saveur, répétitive, et en quantité insuffisante. Patrice, qui s'intéresse fort peu à la gastronomie, en eut écho et décida de débarquer le cuisinier (aux îles Cook… un comble). Avec un billet retour. Il me demanda de prendre en charge la cuisine, ce que j'acceptai et chaque jour, deux membres de l'équipage m'assistaient à tour de rôle. Durant un mois, à la satisfaction générale, je m'occupai de la cuisine, variant les menus. Le moral de l'équipage s'en trouva largement amélioré.

Les règles de vie, à bord, étaient strictes. C'était un bateau « sec », on ne buvait pas sauf lors de « pots » que Patrice s'arrangeait pour organiser régulièrement. Chacun, en plus de ses heures de quart, avait ses astreintes à effectuer et l'heure, c'était l'heure.

Les rapports de Patrice avec l'équipage étaient pleins d'équité. Je me souviens que l'un des matelots, au cours d'une escale, avait bu beaucoup et causé scandale. Il aurait dû être renvoyé et c'est ce à quoi d'ailleurs il s'attendait. J'étais présent lorsque Patrice lui demanda de conter l'incident. Après l'avoir écouté, il décida de lui offrir une seconde chance. C'était généreux de sa part et en effet, le marin en question se comporta par la suite de façon responsable.

Nous avons fait escale aux îles Cook, à Rarotonga, dont je ne garde pas grand souvenir, à Palmerston où il n'y avait pour habitants qu'une seule famille issue de naufragés du siècle passé qui s'était multipliée avec le temps et comprenait une proportion non négligeable d'individus affectés par la consanguinité et qui présentait un troublant air de famille…

À Souvarov ne vivaient que deux personnes, un couple, qui gardaient l'île. La plupart du temps *La Boudeuse* restait au large et nous abordions ces îles en canot pneumatique.

La plus vivante de ces escales fut celle des Samoa, avec Western Samoa et American Samoa (Apia et Pago Pago), bien que nous ayons essuyé une tempête avant d'y débarquer. Plus grande, plus peuplée, chargée de mémoire. Comme Hiva Oa, aux Marquises, porte la tombe de Gauguin, Apia porte celle de Stevenson, sobre et bien entretenue.

L'organisation économique diffère comme on pouvait s'y attendre de celle des îles administrées par la France. Au total, les îles du Pacifique Sud n'étaient pas, à mes yeux, l'univers dans lequel, à l'instar d'un Paul-Émile Victor, on aimerait se retirer comme il le fit à Bora-Bora. Je préfère les pays avec une épaisseur culturelle et, à vrai dire, les plages de cocotiers ne m'émeuvent pas.

Dans cette aire, je préfère, de loin, la Nouvelle-Zélande. L'île du Sud tout particulièrement que nous avons parcourue plus tard avec Sophie, plus prenante que l'Écosse, ce qui n'est pas peu dire, en matière de lumières changeantes, de pluies légères et de paysages époustouflants.

Au cours des cinq premières années de la nouvelle décennie, nous avons fait des voyages : Irak, Singapour, Malaisie, Afghanistan, Tunisie, Australie, Pologne. Nous sommes allés en Écosse en 2001 et en Irlande en 2002, durant une semaine à chaque fois, avec Patrice Franceschi, Julia Du Rietz sa compagne, et Jean-Claude Guilbert pour écrire un livre ayant pour sujet l'aventure. Patrice, Jean-Claude et moi dialoguions en nous enregistrant, puis ceci était retranscrit par Sophie, ensuite chacun revoyait sa copie. C'est ainsi qu'en 2003 a paru le produit de nos échanges, *De l'esprit d'aventure*[1], né de nos séjours dans deux régions superbes moins courues que les plages ensoleillées : l'Écosse, si attachante, et l'Irlande, un pays qui avait cher payé son indépendance.

Avec Sophie, nous avons écrit coup sur coup *2000 ans de chrétientés*[2], qui rendait justice à Constantinople et aux conciles fondateurs qui eurent tous lieu en Orient ainsi qu'aux Églises chrétiennes orientales, suivi de *L'Héritage occidental, de la Bible aux lumières*, préfacé par Jacques Le Goff[3]. J'ai aussi publié deux livres avec Arnaud Blin durant ces années-là : *America is back, les nouveaux césars du Pentagone*[4] et surtout *Histoire du terrorisme*, avec la participation de Philippe Migaux et Ariel Merari[5]. Enfin *Guerres et Civilisations*[6], republié en poche sous le titre *Histoire mondiale de la guerre.*

Amazonie, 20 avril-11 juillet

La Boudeuse, en 2005, se proposait de traverser l'Atlantique puis de remonter le cours de l'Amazone. Il s'agissait d'aller rendre visite aux Yuhups, une tribu amérindienne qui nomadisait lorsque Patrice Franceschi les rencontra la

1. Arthaud, 2003.
2. Odile Jacob, 2000.
3. Odile Jacob, 2002.
4. Bayard, 2003.
5. Fayard, 2015.
6. Odile Jacob, 2005.

première fois. Par la suite, il leur fit une deuxième visite avec son ami cameraman Dominique Martial. Depuis, les Yuhups avaient cessé de nomadiser pour bénéficier des avantages offerts par l'État colombien. Un petit groupe d'entre nous, au terme de la remontée de l'Amazone puis du fleuve Japura en canoë, devait séjourner près d'un mois avec eux et partager leurs activités…

Pour ce troisième voyage après celui de l'Insulinde où j'étais matelot, de la Polynésie où j'étais cuisinier, je fus promu écrivain du bord. Le livre parut l'année suivante sous le titre *Aux confins de l'Eldorado*[1].

Sophie et moi avons rejoint le navire à l'escale des Canaries qui était jadis, à l'époque des grands voiliers, le point d'où l'on entamait la traversée de l'Atlantique Sud. Nous avons rencontré un phénomène que je ne connaissais pas : le « pot au noir », la chute complète des vents qui, autrefois, à l'époque de la marine à voile, pouvait être désastreuse. On pouvait paraît-il en arriver à manger les chevaux qu'on transportait. Nous avions l'avantage, bien que *La Boudeuse* fût un trois-mâts goélette, de disposer d'un moteur.

Escale à Belém. Plusieurs journées pour disposer de tous les papiers nécessaires afin de remonter le fleuve. Les autorités fluviales brésiliennes se sont comportées avec bienveillance. Nous avons engagé un pilote indien, et une jeune Française qui parlait couramment le portugais se joignit à nous. L'estuaire de l'Amazone est truffé d'îlots et les fonds sont variables. Une navigation lente et précautionneuse commença, ponctuée d'étapes pour le ravitaillement, dans de minuscules villages. L'étape majeure fut Manaus. L'équipage n'était pas aussi requis par ses tâches qu'en mer, aussi avons-nous eu le temps de faire connaissance. Il y avait un petit groupe d'adolescents pour lesquels cette

1. Seuil, 2006 ; Points, 2020.

expédition constituait une thérapie, ils nous quittèrent à regret à Manaus. J'ai forgé des liens d'amitié solides avec Dominique Martial, qui avait déjà connu ce terrain et bien d'autres. À bord, lors de la traversée, nous avions pu organiser des cours facultatifs de philosophie, de géopolitique, de lecture du ciel austral, de techniques d'urgentiste utiles pour quiconque se veut secouriste. Cette petite université flottante était une aubaine… La bibliothèque comprenait quelque trois mille volumes, des classiques internationaux aux romans policiers jusqu'à l'abondante littérature de voyage.

Manaus avait jadis connu un boom économique important et il en restait des témoignages artistiques tels que l'opéra. Mais le spectacle le plus impressionnant était sur le fleuve même : la puissante ruée des eaux sombres du rio Negro dans celles de l'Amazone. Cela évoquait une pression cosmique.

Un choc plus qu'un partage, une ruée passionnelle lancée comme une charge sans passé, sans projet, sinon l'étreinte. Mes eaux sombres dans ton corps lisse… Noces sauvages où se mêlent le tien et le mien dans l'ardeur de ce qui ne peut durer…

La remontée de la jungle qui enveloppe le grand fleuve est envoûtante. On se coule dans un océan de verdure quasi impénétrable où les arbres paraissent se battre pour atteindre la canopée. La nuit on entend parfois les cris des bêtes qui n'ont pu fuir à temps. Tout est hostile sous l'apparence d'un ordre naturel lui aussi fondé sur des rapports de force. Tout, jusqu'aux insectes…

Un incident majeur intervint à mi-parcours. Hedwig, en remontant dans le canot pneumatique, se fit mordre par un serpent qui se trouvait dans l'eau. On voyait les marques bien visibles et relativement éloignées l'une de l'autre, la bête était grosse. Hedwig, notre philosophe du bord, est une grande Alsacienne luthérienne. Elle resta calme malgré la douleur. Pierre, l'urgentiste, intervint, mais demanda néanmoins qu'elle soit hospitalisée, n'ayant pas le sérum spécifique de ce serpent inconnu. Patrice refit mettre à l'eau sans tarder le plus rapide des canots, il faudra quatre heures de douleur et de soubresauts violents à cause de la vitesse avant qu'Hedwig ne parvienne à l'hôpital. De bout en bout elle est restée calme et silencieuse bien qu'elle sentît tout son côté gauche s'ankyloser. On était loin des comportements mélodramatiques de la Méditerranée et de l'Orient. Nous la récupérâmes cinq jours plus tard avec un bandage que l'urgentiste lui renouvelait régulièrement. Hedwig sera courageuse jusqu'au bout, car malgré sa vilaine plaie, elle fera partie de l'équipe qui partira en jungle pour un mois.

Les remontées de fleuve évoquent la remontée dans le temps, le rappel de ce qui a été perdu, au fil de l'eau et du temps.

Nuestras vidas son los rios
que van a dar en la mar
que es el morir[1]*...*

Nous avons abandonné la remontée de l'Amazone pour emprunter le fleuve Japura qui mène vers la Colombie. Non loin de la frontière, il a fallu aller en hélicoptère à Laetitia pour obtenir le visa nécessaire afin de pénétrer en Colombie. La Pedrera a été le dernier arrêt, l'occasion de disputer un match de *futeball* (France-Brésil !) avec les appelés du poste de garde (nous avons pris une veste), tandis que *La Boudeuse* s'en retournait pour rejoindre l'océan et aborder à Cayenne.

---

1. « Nos vies sont des fleuves qui s'en vont donner à la mer qu'est le mourir. » Jorge Manrique (1440-1479), *Coplas por la muerte de su padre*.

Nous étions cinq à poursuivre le voyage vers les Yuhups : Hedwig Marzolf, Dominique Martial, Éric Feferberg, photographe de l'AFP, Patrice Franceschi et moi. La partie facile, en canoë, fut entrecoupée de marches afin que l'embarcation soit légère pour passer sans encombre les rapides.

Après quelques jours, nous sommes arrivés au lieu dit. Très chaleureux accueil. Nous déballâmes les cadeaux (vivres et matériel), et nous en laisserions d'autres en repartant un mois plus tard. On nous affecta une case ouverte munie d'un toit où nous avons accroché nos hamacs pour plusieurs semaines de vie commune, d'entretiens (certains sur la petite centaine d'entre eux parlent espagnol). Les Yuhups récemment sédentarisés vivaient côte à côte avec des populations sédentarisées depuis bien plus longtemps, apparemment sans heurts. On vivait de cueillette, de chasse et de pêche. Une fois, ils ont rapporté un sanglier avec la même dignité qu'Astérix. La pêche était généralement fructueuse. Nous avons participé à plusieurs fêtes avec costumes et danses rituels. Pendant notre séjour une petite fille est née, elle fut accueillie par plusieurs cérémonies.

Il y eut un moment particulièrement marquant. Nous nous sommes réunis, avec parents et enfants, dans la *maloca* (lieu de réunion chargé de sacré). Dominique Martial projeta un court-métrage, tourné dix ans plus tôt lors de leur dernière visite. On reconnaissait les visages, les enfants voyaient leurs parents plus jeunes, leur surprise était intense et bruyamment exprimée. Certains adolescents s'esclaffèrent devant leurs images infantiles. Le passé était là, palpable, y compris pour des adultes. Certains des visages avaient disparu. Ce fut un moment intense.

Au moment des adieux, nous avons laissé en cadeau du matériel et des vivres. Patrice et moi avions préalablement brûlé tous les déchets pour laisser place nette (une habitude héritée du scoutisme).

Nous avons dit: « On reviendra », bien que les chances de revenir fussent minces, mais c'est moins dur que de dire adieu pour toujours.

Sur le retour, l'Indien qui menait le canoë voulut emmener sa femme, qui avait besoin de se faire soigner en ville. Il faisait froid et Patrice lui donna un vêtement chaud qu'il portait. Ces expéditions sont non seulement des découvertes de paysages et de sociétés, elles révèlent aussi les êtres.

En chemin, Patrice a laissé son hamac à un Indien malade qui n'en avait pas. Blessé à un pied, il participait cependant aux corvées de portage entre deux rapides. Généreux sans ostentation, il avait, en marge de son courage, cette part d'humanité qui le rendait attachant.

Je le connaissais et l'appréciais depuis quelques années déjà, lorsqu'il me proposa un séjour familial dans son village d'origine, en Corse septentrionale. Juliette, Roc et moi y sommes allés en 1992 et nous avons passé une semaine à randonner, à rencontrer des amis. J'ai connu son père, général de parachutistes qui fut largué sur Kolwezi pour libérer des otages et qui, par la suite, refusa, en Nouvelle-Calédonie, de faire tirer sur la foule en disant: « Je me refuse à faire tirer sur des Français. » Il fut démis de ses fonctions, privé de solde et réhabilité des années plus tard. Patrice avait de qui tenir. Nous sommes devenus amis, de l'espèce solide, par la suite je suis devenu le parrain de son fils, dont j'ai choisi le prénom. C'était le 16 juin 2003, je n'ai jamais oublié son anniversaire.

Je considère Patrice Franceschi comme un ami pleinement fiable, terme à mes yeux très important, qui signifie que dans des circonstances extrêmes où il faut faire face et refuser ce que la plupart acceptent par souci de sécurité physique, Patrice est de l'espèce rare qui saura conserver sa dignité et son humanité et refusera de plier. C'est le plus bel éloge que je puisse décerner. Pour le reste, je tiens pour secondaires les illusions qu'il peut se faire, selon moi, sur la finalité de telle ou telle cause. Il y a un siècle, pour ne pas remonter plus avant, que les lendemains déçoivent. Cela est vrai également pour la construction de l'Europe car, après une longue période de paix et de relative prospérité, le courage se fait rare. La politique est l'art du possible, sauf dans des circonstances exceptionnelles. Et l'éthique du samouraï ou l'esprit de commando conviennent mal aux sociétés mues par le consumérisme, le souci de sécurité et la sensiblerie. Cependant, il est bon que le courage stoïque persiste auprès d'un petit nombre.

C'est de leurs rangs qu'exceptionnellement surgissent ceux qui, grâce à leur *lucidité*, relèvent un défi historique ou surmontent un désastre et, plus communément, ceux qui s'engagent pour des causes parfois perdues, mais qui valaient la peine de se battre.

Éric Feferberg et moi sommes rentrés en France via Bogotá. Les trois autres membres de l'équipage ont rejoint *La Boudeuse* à Cayenne.

La dernière expédition de *La Boudeuse* à laquelle je participai eut lieu en 2007. Sophie en fera une dernière en 2010, en Guyane, qui donnera un livre, *La Boudeuse en Amazonie française*, dont elle est l'auteure, chez Gallimard.

Nous devions rejoindre le bord à la Réunion. Nous sommes partis en février, même si j'avais une température élevée. À l'arrivée, la belle Ségolène qui avait été maintes fois la médecin du bord et habitait la Réunion me fit conduire à l'hôpital où l'on diagnostiqua une pneumopathie : je dus prendre du repos et des antibiotiques, isolé dans une petite maison où Ségolène passait me voir. Cinq jours plus tard, je me sentis dispos.

Je me mis à écrire deux préfaces, l'une pour Georges Arnaud[1] et l'autre consacrée à la Malinche[2]. Nous avons alors rejoint, par avion, *La Boudeuse* qui avait appareillé pour Madagascar, un singulier mélange de beauté naturelle, avec cette arête montagneuse centrale, son versant oriental donnant sur l'océan Indien et la misère des villes… Ce fut une escale trop courte et quelque peu chaotique, pour exprimer un jugement. Nous sommes rentrés via l'Afrique du Sud, j'ai acheté à « Joburg » un livre signé par mon ami van Zyl Slabbert dans lequel il exprimait sa déception de l'ère post-Mandela. Sa famille sud-africaine, depuis la seconde partie du XVIIe siècle, n'était pas considérée comme africaine parce que blanche, alors qu'il s'était battu pour hâter la fin de l'Apartheid. C'était un constat amer.

Peu après, nous partions à Singapour. Entre-temps j'ai été invité par l'institut stratégique de Canberra. Sydney, que j'avais connue jadis puritaine, avec ses débits de boissons tôt fermés, ses rues mornes dès la fin du jour était devenue, avec l'apport d'une génération d'immigrants européens et méditerranéens, vivante, festive, avec des cafés ouverts tard, des dimanches animés sur le port où l'on grillait le poisson…

Nous en avons profité pour passer quelques jours en Nouvelle-Zélande, un pays, à l'époque, encore épargné par le tourisme de masse. On avait le sentiment, fragile, de faire une plongée dans un passé, notamment dans l'île du Sud, qui paraissait harmonieux, bien que la population fût visiblement vieillissante.

---

1. Georges Arnaud, *Le Salaire de la peur et autres œuvres*, Omnibus, 2008.
2. Kim Lefèvre, *Moi, Marina la Malinche*, Phébus, coll. « Libretto », 2007.

Mon ami géorgien Tariel Sikharulidze nous invita à Tbilissi, afin d'être présents durant le conflit russo-géorgien.

2008

Sophie et moi sommes allés au Caucase : en Ossétie du Sud et en Géorgie juste après le début du conflit déclenché par Tbilissi avec la Russie. L'erreur commise par le dirigeant géorgien Saakachvili profita à Vladimir Poutine. Les bombardements en ville, comme nous l'avons constaté, étaient beaucoup moins importants que ce qui avait été rapporté par la presse occidentale. La Russie venait de rappeler que la Transcaucasie constituait son aire d'influence. À Gori, dont l'enfant du pays s'appelait Djougachvili, on vendait des cartes postales sur lesquelles Staline fumait sereinement la pipe.

Comme chaque année, nous sommes aussi allés à Kaboul. Dans les zones pachtounes, la guerre semblait de plus en plus favorable aux talibans malgré l'importance des compagnies de sécurité dont le nombre était allé croissant au fil des années. Le plus intéressant à mes yeux – les cours me faisaient plaisir parce que mes élèves aimaient apprendre – était les visites en province, habillé à l'afghane, pour rencontrer les autorités locales, mais surtout les « barbes grises », les seuls qui ne faisaient pas de propagande, mais parlaient de leurs besoins et mentionnaient les promesses non tenues au cours des dernières années.

2008 fut aussi l'année de la première représentation, en Avignon, au Grenier à sel, de *Mémoire de ma mémoire*, dont j'avais adapté le texte pour en faire une pièce de théâtre. Odile Frédeval, Jean-Claude Falet et Jacques Bourdat étaient saisissants d'intensité. Par la suite, la pièce a été jouée à Paris durant plus d'un mois.

2009

Avec Michel Jan, j'ai publié le premier atlas français sur le nucléaire.

Je fus, cette année-là, invité par le centre culturel français pour deux conférences, l'une à Alger, la seconde à Oran. C'était l'occasion d'y retourner après de longues années d'absence, et de faire plaisir à Sophie qui rêvait depuis longtemps d'y aller, d'une part à cause de ses lectures (Camus bien sûr, mais aussi Kateb Yacine, Boudjedra…) et à cause de ses conversations avec Juliette dont elle était devenue l'amie.

Alger, pour moi, était chargée de souvenirs. Par l'aventure première, la découverte physique de la question coloniale, l'engagement, la clandestinité et les débuts de l'indépendance, l'Algérie avait été présente dans ma vie durant une douzaine d'années.

Je n'étais pas revenu à Alger depuis 1972. La casbah restait le lieu le plus vivant de la cité.

Oran, sans sa population d'origine espagnole qui savait occuper la nuit jusqu'à une heure avancée, était devenue provinciale.

Et, trente-cinq ans plus tard, j'étais logé, avec Sophie, à l'hôtel Aletti, où se trouvaient jadis les généraux français et autres responsables d'une guerre qui ne disait pas son nom. De la fenêtre on voyait la très belle rade et les navires en partance pour l'Espagne et la France… Lors d'une promenade solitaire, je n'avais fait que rechercher, en vain, comme on se penche un instant sur un passé brumeux, la rue où j'avais vécu en 1952, mais elle avait changé de nom après l'indépendance et je ne l'ai pas retrouvée. Je dormais, à l'époque, dans un petit appartement désaffecté, à même le sommier, heureux de vivre ce que j'avais choisi. Le temps qui avait passé ne pesait pas trop lourd dans mon corps. J'avais soixante-quinze ans et j'étais encore en forme…

C'est cette année-là, si mon souvenir est fidèle, ce dont je ne suis pas certain, que je suis allé aux États-Unis, invité par Eliot Cohen, avec un petit groupe d'« experts » pour analyser la situation générale en Orient. Du Liban à l'Afghanistan et bien sûr au terrorisme islamiste. C'était au bord d'un lac au nord-ouest des États-Unis et une fois de plus j'ai été frappé par le caractère idéologique des analyses. Le seul qui échappait à ce travers était un Israélien remarquable qui appartenait aux services de renseignement. Je me souviens qu'il me dit, l'un des derniers soirs : « *It seems that you and I are the only ones to have a sense of tragedy*[1]… »

Après Kaboul, cette année-là, je crois, nous avons longuement séjourné au Sri Lanka. Nous étions logés à l'hôtel Galle face à la mer, un hôtel de peu d'étages très étiré le long du littoral, blanc, qui jadis fut un des hôtels de luxe de cette partie de l'Asie, avec l'East and O. à Penang, le Strand à Rangoon et le Raffles à Singapour. Ces trois derniers construits par une fratrie d'Arméniens, les Sarkis. Il faut avoir connu ne serait-ce qu'une nuit ces hôtels, il y a trente ou quarante ans, avant qu'ils ne soient refaits, transformés et redevenus à la mode d'un nouveau tourisme. Ces hôtels, qui des générations plus tôt, à la période coloniale, furent très chics et réservés aux privilégiés de cette époque, connurent avec les indépendances une désuétude

1. « Il semble que vous et moi soyons ici les seuls à avoir le sens de la tragédie… »

progressive, un reflet de ce qui fut, avec les dégradations dues à l'humidité et à l'absence de maintenance. Ils avaient le charme d'un passé ruiné, mais encore imposant. Une allure de grandeur perdue.

À l'hôtel Galle, la peinture, dans les chambres, dessinait des cartes imaginaires dues aux moisissures, mais la nourriture était excellente et les serveurs stylés dans leur veste blanche.

En rentrant à Paris, Thierry Garcin me demanda une série d'entretiens radiophoniques pour France Culture. Il fut très rigoureux. Il avait une solide culture historique. Nos échanges furent publiés[1].

2010

L'année suivante, après l'Afghanistan et une tournée dans les provinces du Sud où la situation, particulièrement au Nangrahar, se détériorait de façon accélérée, j'ai été invité, de façon inattendue, à Beyrouth, par une organisation arménienne. C'était le 90e anniversaire de la résistance de Hadjin, commémoré par des descendants de personnes originaires de cette cité.

Ce fut émouvant. Cette cérémonie de souvenirs, tenaces, avec une seconde et une troisième, voire une quatrième génération présente. Il y eut un repas, préparé longuement et partagé, la nourriture étant une espèce de communion. Et puis on m'a demandé de prendre la parole. J'ai évoqué de ce siège héroïque ce que j'en avais appris à travers récits et lectures et j'insistai sur l'importance, plutôt que

1. *L'Aventureux*, L'Aube, 2010.

de subir, quand il n'y a guère d'alternative, du libre choix de mourir les armes à la main, ce qui constitue la dernière liberté. Je n'ai pas dit l'importance, dans ma vie, de ce modèle, à quel point cette mort de mon oncle, les armes à la main, me fonde et constitue mon éthique profonde.

Puis nous sommes allés à l'église. Le chœur était admirable, ces chants venus d'un ailleurs lointain et familier étaient profondément émouvants. Bon gré mal gré, il y avait là une filiation, un étrange pays qui n'était pas étranger même si ma raison, ma formation séculière m'en avaient détaché.

À l'automne nous finissions, Sophie et moi, à grand-peine l'*Atlas des empires*, auquel Jean-Pierre Rageau participa assez peu, puis nous partîmes pour l'Amérique du Sud. C'est un voyage que *La Boudeuse* devait faire avec un programme jeunesse et écologie, mais M. Borloo, alors ministre de l'Écologie et de l'Environnement, qui avait promis de soutenir cette initiative, ne tint pas ses engagements, bien au contraire. Puisque nous ne pouvions naviguer, nous irions par voie de terre…

À Buenos Aires j'étais si fatigué que je n'ai pu bouger de la chambre pendant deux ou trois jours. Par la suite, la vie nocturne de la capitale était toujours aussi prenante. Nous sommes ensuite allés en Uruguay, au bord de la mer, à La Pedrera. L'Uruguay est sans doute le pays le plus démocratique d'Amérique du Sud. Nous avons fait quelques belles rencontres à Montevideo, puis nous avons rejoint par autocar Bariloche et Puerto Montt. Notre relation amoureuse s'est sérieusement dégradée à partir de Chiloé en janvier 2011. Le travail avait pris trop d'importance.

Nous avons retrouvé ma très chère amie Michèle Sarde et son compagnon chilien Hugo Moreno à Valparaiso, qui fut un port d'une grande importance jusqu'au percement du canal de Panama au tout début du XXe siècle. Jusqu'alors ce fut l'escale majeure de tous ceux qui doublaient le cap

Horn, escale très bienvenue et souvent prolongée ; tous les marins qui ont relaté leur voyage ne tarissaient pas sur les charmes de Valparaiso. Par la suite, le port est tombé en désuétude, mais la beauté de la rade et l'architecture du port, bâti sur une colline abrupte, sont restées magiques. Vu de la rade, on dirait un Klee, avec ses couleurs très variées car chaque demeure a sa propre teinte. Il y a des ascenseurs pour atteindre la ville haute, d'où la vue est également prodigieuse. Nous avons habité tout en haut avec une vue plongeante sur la cité, la rade et la mer. Nous avons aussi admiré la vue à mi-pente, à partir de la demeure qui fut celle de Pablo Neruda. Valparaiso est sans doute la plus belle cité que j'ai vue au cours de cette dernière décennie. Jusqu'à ce que, par le hasard des circonstances, j'aie la chance de me rendre, de façon inattendue, à Odessa, dont je n'attendais rien, sinon le fantôme d'un passé entièrement disparu. C'était en 2019. J'y étais avec une amie franco-ukrainienne qui s'était lancée dans ce qui lui avait paru comme une révolution nationale, confisquée par la suite, par des oligarques. Nous nous sommes émerveillés de la beauté architecturale de la ville, un enthousiasme qui ne semblait pas partagé par la plupart des habitants.

Le voyage en Amérique du Sud s'est terminé par une incursion ratée aux chutes d'Iguaçu et un séjour au Paraguay où nous avons été étonnés de voir que des Arabes chiites trafiquaient pour le Hezbollah libanais. Enfin une ultime escale à Buenos Aires aux nuits uniques dans cette partie du monde.

À partir de 2011, quelque chose s'était rompu avec Sophie qui, bon an mal an, traversa de longs moments heureux suivis d'orages.

J'ai continué à beaucoup travailler et à constamment me déplacer. L'année suivant notre dernier séjour en Afghanistan, on ne pouvait guère plus sortir de Kaboul pour enquêter. Avec un compagnon, nous avons fait une incursion au Logar, truffé de talibans. Ce fut la dernière année où l'on pouvait sortir de Kaboul. Sur le chemin du retour, le risque d'être pris en otage n'était pas négligeable. Je portais sous l'avant-bras gauche, retenu par mon bracelet de montre, un poignard en céramique dont le manche était appuyé contre ma paume. J'ai dit à mon compagnon : « Pas question de tomber prisonniers, s'ils ne sont que deux, je sors et je me fais le mien et toi le tien. » Il me répondit : « Oui, mais tu me laisses parler d'abord. »

Cette année-là, sans doute par excès de fatigue j'ai contracté une seconde pneumopathie qui m'a immobilisé à nouveau cinq jours. J'avais soixante-dix-sept ans. Je n'ai jamais été paresseux, pourtant je me lézarde.

Depuis 2010 Sophie s'est installée à Trentemoult, une petite maison de pêcheur que nous avons achetée ensemble. Nous nous sommes pacsés pour qu'elle ait un toit après ma disparition. Quelque temps avant, elle m'avait proposé que nous reprenions notre liberté. Il y a bien longtemps que je pense que personne n'appartient à personne, je n'y voyais pas d'objection. C'était cependant, venant d'elle, un signe de détachement sans ambiguïté.

Depuis, j'ai eu la chance de partager l'amitié tendre et gaie de Fanny à Paris, en Espagne, en Écosse ou ailleurs…

2013

Avec Michel Jan, nous avons publié *Vers un nouvel ordre du monde*, qui a obtenu le prix de géopolitique décernée par la revue *Conflits.*

J'allai, comme chaque année, durant plus de quatre mois, en Irak, chez les Kurdes, où j'enseignais. Je suivais les événements de près durant les passionnantes années 2014-2017, où Daech faisait la une des médias. Le bluff d'Al-Baghdadi annonçant la création d'un califat dont il était le représentant ne manqua pas de produire des effets vite retombés, lorsqu'aux succès succéda la défaite militaire. Je suis allé deux fois avec Patrice Franceschi au Rojava, où je constatai le haut degré de motivation des troupes et l'aura d'Öcalan. Les YPG me rappelaient les Érythréens du EPLF et les Tigres tamouls de l'Eelam, on pouvait tout leur demander. Ils iraient jusqu'au bout du combat, quelle que soit l'issue. C'était une superbe machine de guerre porteuse de totalitarisme.

2015

2015 était l'année du centenaire du génocide des Arméniens. Je préfaçai le *Mémorial du génocide des Arméniens*, un travail considérable dû à Raymond Kévorkian et Yves Ternon, publié par les éditions du Seuil. En une trentaine d'années, depuis le Tribunal des Peuples, des avancées sérieuses avaient été menées qui venaient couronner cette année-là la reconnaissance du génocide par l'Allemagne, qui avait été l'alliée de l'Empire ottoman durant la Première Guerre mondiale.

Les événements heureux ne manquaient pas : en 2016, la parution chez Gallimard en poche de mes poèmes *Feu nomade,* fêtés grâce à mon ami attentif et affectueux François Vitrani à la maison de l'Amérique latine. « Tu es, dans la collection "Poésie", entre Char et Césaire », me dit André Velter. Les poèmes furent lus par Jacques Bourdat, Odile Frédeval, Gaëlle Fernandez Bravo, Sylvia Lacarrière.

Claude Burgelin, après François Vitrani, fit une pénétrante introduction aux thèmes qui me sont chers. André Velter fut excellent. Il y avait beaucoup de monde – trois cents personnes au moins, sinon davantage et pas assez d'exemplaires pour contenter tout le monde. J'étais heureux, c'était une consécration.

Tandis que je séjournais régulièrement à Erbil entre octobre et février chaque année, j'avais sans cesse de jeunes invités heureux de mon hospitalité et des contacts que je pouvais leur ménager avec le terrain. Entre 2012 et 2019, il y eut Emmanuelle Veuillet, Adam Baczko, Arthur Quesnay, Amélie Metel, Cyprien Orjubin, Alexia Carratala, Hugo Quiejo, Samuel Guedj, Fanny Houvenaegel, Pierre-Yves Baillet, Tanguy Quideleur, presque tous destinés à devenir d'excellents spécialistes en matière de conflits. La France ne voulait plus, dans les conflits, risquer la vie de combattants volontaires. Le président de la République rendait hommage personnellement à deux soldats morts dans l'exercice de leur métier. La France en arrivait à interdire aux chercheurs d'enquêter sur le terrain de leur recherche !

J'ai ainsi eu le plaisir d'accueillir Élie Tenenbaum de l'IFRI durant une semaine. Nous sommes allés, en 2017, sur le front aux abords de Mossoul, constater l'avancée des troupes kurdes d'Irak. Il y avait les cadavres déchiquetés d'une demi-douzaine de djihadistes qui s'étaient fait sauter en voulant forcer les lignes kurdes. Élie était un compagnon doté de sang-froid. J'étais heureux de passer une semaine avec lui.

Pascale Bourgaux, journaliste de TV5 Monde, est venue deux fois enquêter en Irak. Nous avons passé quelque temps ensemble sur le terrain lors de l'offensive des Kurdes d'Irak en 2017, sur le front de Mossoul. Je l'ai chaque fois accueillie avec plaisir. C'est une femme hardie, organisée et sachant se contrôler. Elle n'a, comme on dit, pas froid aux yeux. Nous avons assisté à quelques épisodes destinés à impressionner les observateurs, mais nous n'avons pas été dupes parce que nous avons insisté pour constater la réalité des actions entreprises. Nous n'avons fait aucun commentaire sur le montage. Il est inutile d'humilier. Par la suite, nous avons fait une conférence sur les Kurdes d'Irak à Saint-Malo, dans le cadre d'« Étonnants voyageurs ».

Daech

L'organisation État islamique a fait couler beaucoup d'encre. En substance, sa genèse est le produit de l'intervention américaine destinée à remodeler le « Grand Moyen-Orient ». Les États-Unis ont marginalisé les sunnites, rendant en cela service à l'Iran, l'adversaire principal. Par ailleurs, l'organisation qui se proclamera État islamique en Syrie[1] a été largement soutenue par la Turquie. En Syrie, Daech a longtemps semblé moins dangereux que le régime de Bachar el-Assad pour les Occidentaux. Comment expliquer que des troupes de l'organisation de l'État islamique puissent, de Syrie, à travers une large zone désertique, parvenir sans encombre jusqu'à Mossoul ? Pis, comment justifier que l'organisation État islamique ait pu atteindre, à travers un paysage sans relief, le Sindjar et,

1. On estime à 500 000 le nombre de morts en Syrie (Homeland Security au 18 mars 2019). Entre 2011 et 2019, le chiffre est de 370 000, dont 112 000 pour le régime, 66 000 pour les djihadistes, 67 000 pour les Kurdes. Civils : 125 000.

par la suite, le territoire du Kurdistan irakien[1] sans être bombardée ?

Quant à la spécificité de cette organisation, elle réside sur un système de communication remarquablement maîtrisée dont les effets ont été très performants, et par-dessus tout sur l'usage spectaculaire de la terreur destiné à semer la paralysie afin de pallier le petit nombre de combattants[2] (rappelant en cela les techniques mongoles). Daech disposait d'une première ligne prête au sacrifice, portée par une idéologie messianique, et de troupes auxquelles sont ouvertes les perspectives du pillage et du viol sanctifié. Les djihadistes étaient jeunes et venaient pour nombre d'entre eux de sociétés où la sexualité est vivement réprimée. Le djihad est aussi un défouloir de frustration encouragé par le fait que l'adversaire est infidèle ou déviant.

J'avoue être resté perplexe devant tant d'impuissance occidentale. C'est nous qui, par notre inaction, avons indirectement contribué à renforcer le « califat » d'Al-Baghdadi fondé sur trois ou quatre dizaines de milliers de volontaires venus de tous les horizons parce que la victoire paraissait au bout du fusil. Tant de moyens pour des résultats aussi médiocres… Oui nous avons, Américains en tête, par la suite, largement bombardé l'Organisation de l'État islamique lorsqu'elle a été combattue au sol vaillamment par les Kurdes de Syrie et leurs alliés arabes à Raqqa. Les victimes civiles de ces bombardements sont le prix payé pour notre inaction jusque-là.

Je sais qu'il est de bon ton de fustiger les Russes. Reste que Vladimir Poutine, entre 2015 et 2016, a frappé ceux qui devaient l'être. Pas seulement l'Organisation de l'État islamique, mais des organisations djihadistes que les médias anglo-saxons avaient coutume de dénommer

1. Voir annexe II, p. 307.
2. Voir annexe I, p. 299.

« forces d'opposition ». Il n'y a guère eu de forces d'opposition dignes de ce nom dans ce conflit à partir de 2013, hors les djihadistes. Les Américains, qui ont maintes fois entraîné des forces d'« opposition démocratique », ont dû y renoncer car elles n'étaient pas combattantes. Le sunnite modéré ne tenait pas à risquer sa peau.

Quant à l'intervention en Libye entreprise par Nicolas Sarkozy et David Cameron, couverte par Barack Obama, légitimée par la protection de Benghazi, elle a sciemment abouti à la liquidation de Muammar Kadhafi. Rien n'avait été prévu pour l'après et rien ne pouvait l'être sinon le chaos. Après des décennies de dictature qui tenait d'une main de fer des Touaregs, des islamistes et autres marginaux, le chaos créé par la disparition du dictateur ne pouvait que durer et s'étendre en dégâts collatéraux au Mali, comme on l'a vu (il a fallu protéger Bamako), et se développer au Niger, au Burkina Faso et d'une façon générale au Sahel, dans une spirale appelée à se développer et que nous avons peine à contenir – la majeure partie des armées locales n'ayant pas envie de combattre, contrairement à leurs adversaires. Nous marchons en colmatant les brèches, vers l'impasse avec des directions militaires qui prétendent que la situation est loin d'être sans issue en ce qui nous concerne. L'organisation de l'État islamique, ou Al-Qaïda, ou tout autre mouvement djihadiste, dispose d'une capacité de nuisance non négligeable. Elle se manifeste d'ailleurs à nouveau, notamment en Irak. L'idéologie messianique, quelle qu'elle soit, est performante. Cependant la recherche d'une puissance recouvrée ne peut être opérée par l'invocation, mais seulement par la croissance économique. À cet égard, la Chine et, dans une moindre mesure, l'Inde répondent aux défis de la modernité et sont avantagées par leur masse démographique. La Turquie de Recep Tayyip Erdoğan et l'Iran des ayatollahs ont cherché à devenir des centres d'attraction avec des résultats au-dessous de leurs aspirations dans un islam miné par les divisions. Le Pakistan, tout nucléaire soit-il, est surclassé par l'Inde. Les États arabes, dont l'Égypte qui est dans une situation pathétique, n'ont connu que des expériences décevantes. L'exception peut être la Tunisie. L'un des effets du djihadisme et des islamistes agressifs a été de s'aliéner à la fois la Chine, l'Inde et l'Occident.

Retrouvailles familiales

En 2016 je reçus en espagnol un courriel étrange m'appelant *tio* (oncle) et ajoutant : « *Incredible, eres vivo*[1]... » Je le lus avec attention. On avait, à Buenos Aires, découvert mon existence grâce aux nouveaux moyens de communication et l'auteur du courriel, Juan Carlos Balassanian, me demandait s'il pouvait me rendre visite à Paris. Quand, quelques semaines plus tard, je le rencontrai rue de la Montagne-Sainte-Geneviève, où il avait loué un petit appartement pour sa femme, une Argentine d'origine italienne et son jeune fils – six ans – appelé Simon (comme mon père, mais il ne pouvait le savoir), il m'informa après les premiers échanges que j'étais invité pour une dizaine de jours à Buenos Aires pour y rencontrer la famille. J'y avais été trois fois déjà sans soupçonner leur existence. Jusque-là, après la mort de mes parents, il y a fort longtemps, il ne me restait, pour toute famille, que mes deux cousins germains de Los Angeles et, à Paris, une cousine à demi anglaise et sa fille, que je voyais souvent, Maréva.

1. « Incroyable ! Tu es vivant ! »

Incidemment j'avais appris par une lettre émanant d'un parent de ma grand-mère protestante habitant Bariloche, en Argentine (où nous avions séjourné, Sophie et moi, en 2010, sans connaître son existence), qu'il avait une fille, Valeria, habitant en Autriche, à Vienne, où elle était mariée. J'ai écrit à cette personne qui manifesta le désir de me connaître. Passer par Vienne nous était familier, c'était l'escale pour changer d'avion et prendre celui qui atterrissait à Erbil, au Kurdistan. Rendez-vous fut pris. Elle insista pour venir nous chercher à l'aéroport et nous héberger. Je lui demandai de m'envoyer une photo afin de pouvoir la reconnaître. Elle était superbe. Brune aux yeux bleus. J'appris plus tard qu'elle était skieuse de compétition, tout en étant informaticienne, comme son mari, Andreas, un grand et solide Autrichien, de surcroît professeur de judo. C'était une première rencontre très attachante et sensible d'un passé lointain qui apparaissait côté maternel… Nous nous sommes revus plusieurs fois…

Je trouvai Juan Carlos très sympathique. Sa mère, petite-fille de mon oncle – elle s'appelait Maria –, avait insisté pour que je vienne à Buenos Aires, Juan Carlos se chargeant de la logistique. J'étais invité à deux conférences à l'université de Buenos Aires sur la situation au Moyen-Orient, une troisième à l'ambassade de France sur le génocide des Arméniens (reconnu par l'État argentin comme par le pape, lui aussi argentin). Deux télés, deux radios. J'étais logé – afin que je me sente libre de mes mouvements – dans un hôtel donnant superbement sur le Río de la Plata.

Il y eut des réunions familiales, sobres et amicales. Ma cousine Maria, encore belle, me dit qu'elle avait été danseuse de flamenco. Je demandai à voir quelques photos. Elles étaient superbes. Je lui dis : « Si je t'avais connue à l'époque, je t'aurais fait la cour. » Elle répondit : « Tu n'aurais pas été le seul… »

Il y eut deux repas avec des cousins, on m'emmena au débarcadère pour immigrants – le Ellis Island local – où j'appris, grâce au système électronique, que ce pan de la famille était arrivé en Argentine en 1926 via la Grèce…

Tout s'est passé sans aucune difficulté. J'ai eu avec Juan Ca des conversations affectueuses très ouvertes et un lieu de rencontre, le café La Biela, aux Recolettes.

Un soir, nous rôdions en voiture, tard, Buenos Aires étant une ville nocturne comme Barcelone ou Tel-Aviv, j'ai dit stop ! Je venais de lire au fronton d'un café : « La Taverna de Gilgamesh. » Elle était fermée. Par la suite j'ai appris que son propriétaire initial, décédé, était un chrétien d'Irak. C'était émouvant de voir le nom de Gilgamesh sur une taverne, à quelque 15 000 kilomètres et à près de cinq millénaires de sa légende. Rien de plus bouleversant que ce récit premier, plus ancien que la Bible, constatant que nous sommes une espèce mortelle et que la mémoire seule, quand elle est inscrite, continue d'être vivante. Et je pensais cela quatre-vingt-dix-sept années après la mort de l'oncle de Hadjin auprès d'un neveu retrouvé avec un fragment de famille, grâce à la technologie, et au fait que j'étais encore vivant. Je me demandai si je n'allais pas réécrire cette légende…

Nous n'avons, depuis, pas perdu le contact. Avant mon départ, il y eut un repas organisé à la maison de Hadjin, *Hajin Doun*, quelques interventions sur *Mémoire de ma mémoire* et pour clore, en guise de remerciement, sa traduction en espagnol – quelques centaines d'exemplaires, j'étais ravi et très touché.

Au début de l'automne 2018, j'ai reçu un courriel d'Erevan, signé Isa, qui me demandait si j'étais bien le parent de l'oncle de Hadjin. Je répondis que oui. Elle me fit savoir qu'elle et sa sœur étaient des arrière-petites-filles de l'oncle. Celui-ci avait eu plusieurs enfants, ceux d'Argentine étaient issus d'une fille, les deux sœurs d'un fils. Elle me demandait également quand je viendrais en Arménie. Je n'avais pas l'intention d'y aller, mais peu après je reçus une invitation de l'Élysée pour accompagner le président de la République pour les quarante-huit heures de la Fête de la francophonie à Erevan. J'écrivis à Isa en lui donnant rendez-vous à 15 heures à l'entrée de l'hôtel où je savais que nous serions logés. Nous fîmes le voyage dans le Falcon du président et de son épouse. À 15 heures précises, je vis entrer deux ravissantes jeunes femmes, mes cousines. Je proposai d'aller prendre un thé et nous avons parlé. Isabelle était l'aînée, trente-deux ans, Elen vingt-neuf. Toutes deux travaillaient et étaient correctement payées. Étaient-elles mariées ? Non. Pourquoi ? Elles ne le désiraient pas, la mentalité des hommes de la région ne leur convenait pas. Je leur dis que je comprenais leur manière de voir et que selon moi personne n'appartenait à personne. Nous avons décidé de dîner ensemble (je ne fus donc pas présent lors du dîner présidentiel et personne ne le remarqua). Je rencontrai ainsi Juan Pedro, un parent originaire d'Argentine qui avait dirigé l'aérodrome d'Erevan, et son jeune fils Tomas qui s'intéressait à la géopolitique. Les circonstances ont fait que j'ai été invité par l'ambassadeur de France l'année suivante en septembre-octobre pour donner des conférences et qu'ainsi je les ai mieux connues. Moi qui n'avais pour toute filiation, hors mes deux fils, que quatre cousins, cousines, je me retrouvais avec, du côté de mon père, une imposante famille porteuse du même héritage !

Retour sur soi

Un après-midi, en 2019, mon cousin Juan Pedro m'emmena, avec son fils, à la Nouvelle Hadjin, un ensemble de bâtiments sans grâce abritant onze mille habitants. Des familles originaires de Hadjin. Cela se trouve à un peu plus d'une heure d'Erevan. Une salle servant de musée nous fut ouverte par une jeune femme dynamique, heureuse de rencontrer le neveu de celui qui soutint le siège en 1920. Il y avait des cartes, des photographies, des armes, divers objets. J'ai reconnu la photo de mon oncle. Quarante ans, il avait l'air jeune ou bien était-ce moi qui ne l'étais plus ? Elle me demanda quel était mon métier. Juan Pedro évoqua brièvement mon itinéraire. Elle souriait et m'invita avec force pour le centième anniversaire de la résistance, fixé au dimanche 11 octobre 2020. L'histoire ainsi vous rattrape. Elle souhaitait qu'un autre membre de la famille puisse venir. Plus tard, j'écrivis, à Juan Carlos à Buenos Aires, et celui-ci répondit qu'il viendrait puisque j'y serais.

Lorsqu'on entre chez moi, à Paris, il y a d'abord un petit couloir, avec d'une part une bibliothèque qui va du plancher au plafond, aux étagères étroites afin de ne pas perdre d'espace, et de l'autre une demi-douzaine de photos ou de reproductions. Au centre, deux images : l'une de Hadjin en 1911 peu avant la déportation et le massacre de masse, l'autre, récente, montrant les ruines de l'église qui dominait abruptement la cité. Celle-ci a changé de nom, m'a dit le petit-fils d'un des rescapés du siège rencontré à Buenos Aires, qui s'y était rendu. Il m'a dit qu'elle était occupée par quelque six ou sept mille Tcherkesses…

Quand il mentionna les Tcherkesses – que nous appelons « Circassiens » –, un incident survenu un quart de siècle plus tôt m'est revenu en mémoire.

Je suis dans un bistrot de Ménilmontant. La serveuse, qui est de l'autre côté du bar, laisse échapper un verre encore vide que je rattrape. Elle me dit merci et nous engageons la conversation. C'est une jolie blonde aux yeux bleus. Je ne sais comment la conversation débouche sur ses origines. Elle me dit «Tcherkesse». Je lui dis que dans le Larousse illustré en deux tomes, autrefois, il y avait une photo de femme circassienne, avec inscrit: «type de race blanche». Et toi? me demande-t-elle. «D'origine arménienne.» Elle a souri et ajouté abruptement: «On vous a bien massacrés.»

Je restai un moment interloqué. Avant de partir, j'ai dit: «Si tu n'étais pas une femme, je t'aurais écrasé la tête contre le comptoir.»

Le siège

Au lendemain de la Première Guerre mondiale, les kémalistes se battent pour éviter le dépeçage de ce qui deviendra la Turquie.

Le général Édouard Brémond, à la tête d'une poignée d'officiers et quelques milliers d'hommes, est nommé administrateur en chef de la Cilicie. Il se fera bientôt connaître en publiant un manuel de formation d'officiers de la coloniale de haute tenue[1]. En 1917, il avait été engagé au Hedjaz pour faire pièce à l'agent britannique T. E. Lawrence, allié aux Hachémites de La Mecque en révolte contre les Ottomans[2].

1. *Conseils pratiques pour les cadres de l'armée métropolitaine appelés à servir au Levant ou en Afrique*, Lavauzelle, 1922 (série d'articles publiée par la *Revue d'infanterie* en 1921 et 1922).
2. *Le Hedjaz dans la guerre mondiale*, Payot, 1931.

Entre-temps, le 19 février 1920, Brémond demande à mon oncle, avocat, de prendre le commandement de Hadjin[1]. Les deux responsables militaires sont Sarkis Djebedjian et son adjoint Aram Gaïdzak. La cavalerie (soixante hommes) est dirigée par Bedros Terzian.

Le 15 mars, mon oncle suggère de faire partir les femmes et les enfants. Ceux qui sont opposés à cette mesure évoquent l'arrivée prochaine de renforts et les deux responsables militaires s'opposent à l'évacuation en arguant de l'effet moral que provoquerait ce départ.

Le 17 mars les kémalistes adressent un ultimatum enjoignant à la garnison de remettre ses armes en échange d'une libre retraite. Ultimatum rejeté.

23 mars, un bâtiment de la mission protestante américaine située au nord-ouest de la ville tombe. Une centaine d'adultes et trois cents orphelins et orphelines sont massacrés ainsi que sept missionnaires (hommes et femmes) américains[2]. L'étau se resserre durant la dernière décade d'avril. Désormais on se bat quartier par quartier, maison par maison, en essayant de ménager les munitions.

Le 18 juin, le commandant militaire Djebedjian reçoit une balle dans la jambe et sera désormais dans l'incapacité de se déplacer.

Le 28 juin, Mustafa Kemal envoie un télégramme au commandant général de la Cilicie : « Qu'est-ce que vous faites depuis quatre mois ? À quoi avez-vous utilisé les cinq mille caisses de cartouches, pour réclamer encore des

1. Paul du Véou, *La Passion de la Cilicie (1919-1922)*, Paul Geuthner, Paris, 1954. Dédié à la mémoire de mon oncle, « héros de Hadjin ».

2. J'ai amplement utilisé l'ouvrage *Hadjn, si on t'oublie...* de H. Grkachian, dont le père était présent lors du siège et qui réussit à rejoindre les lignes françaises à Adana, publié par le Cercle d'Écrits caucasiens, Paris, 2012.

munitions ? Je suis désolé que vos grandes promesses ne soient pas encore réalisées. »

Le succès en Cilicie dépendant en effet de la chute de Hadjin, considérée comme la ville fortifiée la plus solide de la région.

Après quatre mois de siège, le bourg de Char tombe le 3 juillet. Les occupants sont massacrés. Dix jours plus tard, le bourg de Kelik tombe à son tour, avec le même sort.

Ce récit est sec comme un constat. Rien n'y rend sensible l'angoisse d'un siège. Une fois dans la nasse, ce sentiment d'être au centre d'un cercle de haine sans merci. L'angoisse, ténue au début, lorsque la venue de renforts paraissait une certitude, s'est insinuée dans les corps au cours des mois, jusqu'à susciter l'effroi. Avec la multiplication des pertes et bientôt la chute des faubourgs, les rumeurs circulent, contradictoires, les dissensions, déjà sensibles, avec mon oncle qui veut l'évacuation des non-combattants tandis que cela est encore possible, s'aiguisent avec les responsables militaires qui comptent sur des renforts. Mon oncle n'espère plus rien. Les vivres sont rationnés, les blessés reçoivent les soins que l'on peut donner en l'absence de chirurgien, les blessés graves sont condamnés à mourir et les femmes par leur présence rendent ces dernières heures moins difficiles. Les enfants eux-mêmes ne jouent plus guère, gagnés par l'inquiétude des adultes. Quelques dizaines de femmes participent aux combats.

Le 11 septembre, mon oncle fait une ultime tentative. Il réunit soixante-quinze personnalités, expose la situation en insistant sur le fait que la ville ne peut plus être sauvée et qu'il faut évacuer ceux qui peuvent l'être parmi les non-combattants. Soixante-cinq voix l'approuvent. Le lendemain, des rumeurs circulent sur l'arrivée imminente de renfort. En effet, cinq cents volontaires allaient se mettre en route, à partir d'Adana ; ils sont interceptés et désarmés par les forces françaises et, par la suite, envoyés en Afrique du Nord. En désespoir de cause, mon oncle propose au comité d'autodéfense d'attaquer le village de Roumcov, à cinq heures de marche de Hadjin, tenue par les kémalistes, afin de se procurer des vivres et du matériel militaire. Grâce à l'effet de surprise. L'opération réussit.

Mais le répit est bref. Le 15 octobre, après une intense canonnade, les Tcherkesses pénètrent les premiers dans l'ultime périmètre, suivis bientôt par les *tchétés*[1]. Le dernier carré s'est barricadé dans une maison transformée en fortin. Le commandant de cavalerie, Bedros Terzian, se donne la mort. Mon oncle et d'autres tiennent jusqu'au bout. Trois cent quatre-vingt-six combattants dont sept femmes parviennent à crever le front kémaliste et rejoignent Adana sous la direction d'Aram Gaïdzak.

Ce siège dont j'ai entendu parler souvent dans mon enfance fait partie de moi.

Ce passé ne m'avait jamais quitté et il m'avait rattrapé alors que, durant un quart de siècle, je l'avais voué à l'oubli.

Je me souviens d'avoir rencontré, tandis que j'enquêtais en Israël, Meir Dagan, qui dirigeait le Mossad au début des années 2000. C'était un ancien parachutiste qui avait quitté l'armée avec le rang de « major général ». Outre son métier, il était grand amateur de musique classique et d'échecs. Dans son bureau, il y avait une photographie montrant un individu à genoux devant des soldats allemands durant la dernière guerre mondiale. « C'est mon père, m'a-t-il dit, avant son exécution. Je la garde pour que ça n'arrive plus jamais. »

Je suis reconnaissant à mon oncle de m'avoir épargné cela. Le goût de la dernière cartouche ne me quittera jamais, grâce à toi. Je te dois ma manière d'être, de vivre au vent du risque et du savoir mourir.

1. Unités spéciales formées pour encadrer les déportations.

La pandémie ne m'a pas permis de me rendre en Arménie où j'étais invité pour le centenaire du siège de Hadjin. L'ambassadeur de France, Jonathan Lacôte, avec lequel j'avais noué des liens d'amitié, y était également invité et c'est Claire Le Flécher, son adjointe, qui avait, à ma demande, consenti à lire ce message. Finalement, se déplacer hors d'Erevan fut impossible. Voici ce texte que François Soulard a eu l'amitié de traduire en anglais et en espagnol.

À la veille de la Première Guerre mondiale, Hadjin, situé sur le Taurus à quelque 1 200 mètres, était peuplé d'environ vingt-six mille habitants, chiffre important pour l'époque, d'autant plus que les musulmans n'en constituaient que quelques centaines. Une considérable proportion de la population disparut lors des massacres de masse en 1915-1917. Au lendemain de la guerre, la France a hérité d'un mandat en Anatolie du Sud-Est, désignée alors du nom de Cilicie. Le colonel Édouard Brémond, plus tard général deux étoiles, « administrateur en chef d'Arménie », prend ses fonctions le 2 décembre 1919. Entre-temps, la France rapatrie de Syrie environ cent vingt mille survivants des massacres afin de disposer d'un soutien démographique. Sept à huit mille Arméniens regagnent Hadjin.

Le colonel Brémond dispose, au tout début de janvier 1920, de sept officiers et d'une poignée d'hommes. Le premier avion arrive fin janvier. Jamais on ne disposera de TSF. Par la suite, le très modeste contingent français recevra trois automitrailleuses et cinq chars d'assaut. Comme le signale Brémond, dans sa chronique *La Cilicie en 1919-1920*[1] : « Encore a-t-il toujours manqué quelque chose : personnel, essence, munitions… si seulement nous avions disposé de quelques escadrons avec des automitrailleuses. »

1. *Revue des études arméniennes*, Paris, 1921.

Dès la fin de 1919, les forces kémalistes s'organisent et veulent lutter contre le dépeçage colonial auquel le sultan avait dû consentir. La chute de Marache, une cité de soixante mille habitants défendue par deux cents soldats français commandés par un capitaine, porta un coup sévère au prestige français. Aucun secours, malgré des demandes réitérées, signale Brémond, ne fut fourni à partir de la Syrie. C'est dans ces circonstances qu'en mars 1920, Édouard Brémond demande à l'avocat Garabed Tchalian, mon oncle, d'accepter les fonctions de responsable politique de Hadjin. « Sentant qu'il allait à la mort, écrit Brémond, celui-ci avait accepté ce poste d'avant-garde... Environ cent vingt fusils et cent vingt-cinq mille cartouches lui étaient parvenus d'Adana, avec quelques grenades, les seules qu'on eût, un peu de matériel militaire ; trois cents tonnes de blé avaient été rassemblées en vue du siège... à son arrivée, Tchalian a arboré le drapeau français et refusé de l'amener malgré plusieurs sommations. »

En avril 1920, la ville est entièrement encerclée par les Turcs. Isolés, les assiégés, durant les six mois qui suivent, repoussent plus d'une vingtaine d'assauts et refusent les propositions turques de rendre les armes en échange d'avoir la vie sauve. À deux reprises seulement, un avion français put survoler Hadjin ; le second lança une caisse de cartouches, un peu de matériel de santé et du courrier. La caisse de cartouches arriva écrasée. Le colonel Brémond ne disposa jamais des forces et des moyens nécessaires pour tenter ce pour quoi il avait été désigné. Sur le terrain, au fil des mois, les rapports de force penchaient en Anatolie en faveur des forces kémalistes et, en septembre 1920, tandis qu'il est rappelé à Beyrouth, Brémond est relevé de ses fonctions. Déjà se dessine le retrait de la France de Cilicie qui intervint officiellement en octobre de l'année suivante.

La puissance croissante du kémalisme ne pouvait être contenue par la faiblesse des effectifs et des moyens français en Cilicie, Brémond quitte la Cilicie la mort dans l'âme. Hadjin, sans recours aucun, tombe à la mi-octobre 1920, Aîntab, quatre mois plus tard, Zeitoun, dernière place arménienne, s'effondre en juillet 1921. Tel est le contexte historique qu'évoque Brémond et que subirent les combattants arméniens de Cilicie. Il n'y eut pas d'alternative pour la France que de se replier en Syrie. La Cilicie fut une malaventure.

2019

J'ai été invité par l'ambassadeur de France en Arménie, Jonathan Lacôte, à donner quatre conférences en dix jours. Elles étaient critiques, concernant l'absence durant près de cinq siècles de toute tradition étatique chez les Arméniens, ce qui constitue un sérieux handicap historique. Cinq siècles de servitude, même si les droits religieux sont respectés et que l'identité ainsi peut se transmettre, ont des effets sur les comportements, donnent des habitudes de recours à l'autorité et créent plus de cohésion dans le malheur que de capacité de libre décision. Et moins encore de sens de l'État et de l'intérêt commun.

Le processus de reconnaissance graduelle du génocide des Arméniens par ce qu'on désigne du nom de « communauté internationale », après la reconnaissance, en 2015, des faits par l'Allemagne, alliée à l'époque de l'Empire ottoman, qui constitua un sérieux camouflet à la position officielle de la Turquie, a été suivi, en 2021, par la reconnaissance des États-Unis, un siècle après que le président Woodrow Wilson se proposait de rendre justice aux Arméniens.

Il est vrai que la Résolution pour la prévention et la répression du crime de génocide (1948), qui devenait officielle et opératoire au 1er janvier 1951, n'a été signée par les États-Unis, dernier pays occidental à le faire, qu'en 1988!

Peu après, j'ai eu la chance de partager un voyage en Ukraine avec une Franco-Ukrainienne, Anastasia, dont le père vit à Kiev. Elle me chaperonna tout au long de la dizaine de jours que nous y avons passés.

À Kiev coule le Dniepr, large et majestueux en regard des fleuves qu'on rencontre dans le reste de l'Europe. Il coulait comme s'il était chez lui, dans son lit, sans forcer son cours. À Kiev, le Dniepr inspirait le calme. Nous nous retrouvions pour le petit-déjeuner en le regardant couler silencieusement. Les gens étaient habillés comme dans le reste de l'Europe, en sportifs qu'ils n'étaient en général pas. Les femmes étaient souvent belles et décolorées – les boulevards portaient des noms d'auteurs russes (Pouchkine, Tolstoï), les églises, Sainte-Sophie, Andreas, Vladimir, Mikhaël, étaient superbes. J'habitais dans un studio avec cuisine, dans une cour tranquille avec, en face de l'immeuble, un restaurant juif à l'angle de Sagaïdatchnogo et d'Igorevskaïa. On y mangeait du foie de volaille, comme en faisait ma belle-mère et, de façon moins attendue, une excellente soupe éthiopienne qui me rappelait d'autres souvenirs.

L'Ukraine était sans doute le plus corrompu des États héritiers de l'Union soviétique. Les oligarques se prétendaient d'intransigeants nationalistes. Je rencontrai, grâce à Anastasia, l'opposante Nadia Savtchenko, héroïne nationale vilipendée par les oligarques qui l'accusaient d'être prorusse tout en se présentant comme une nationaliste. Elle me plut. Nous avons assisté à une petite réunion publique, ceux qui étaient là étaient fervents, mais peu nombreux. Aucun soutien des médias…

L'élection, par la suite, d'un acteur, Volodymyr Zelensky, dénonçant la corruption, souleva le même problème qu'en Arménie. Comment contrôler une machine d'État aux mains d'adversaires disposant de réseaux complices et de savoir-faire ? Et puis nous sommes allés à Odessa. Pour moi c'était une cité autrefois cosmopolite, une ville de culture, dont ethniquement il ne restait rien…

J'ai découvert une ville d'une admirable architecture. Une des belles villes d'Europe, qu'on pouvait ajouter aux villes de l'ancien empire Habsbourg, dont Lviv (anciennement Lemberg) est encore le témoin.

Je me souviens du merveilleux café-restaurant Jetu, au n° 1 de Maïakovskufuno, d'une grâce exquise, dont pourrait s'enorgueillir n'importe quelle cité d'Europe. J'ai vu les escaliers d'Odessa. On tourne le dos à la rade où viennent mourir les eaux de la mer Noire. On lève le regard vers la ville qu'on atteint par dix volées de vingt marches qu'Eisenstein a rendues inoubliables, et je vois les images des troupes tsaristes, vêtues de casaques blanches, coiffées d'une casquette, descendant les marches, épaulant et tirant à chacune de celles-ci, inexorablement, sur des insurgés qui refluent tandis que, de façon insolite et tragique, un landau noir, sans personne pour le pousser, descend, comme par hoquet, vers la mer.

Je suis à Odessa, un siècle plus tard…

Ces journées, suivies par une semaine en Écosse, ont été mes seules vacances depuis tantôt six années. Point d'autre explication sans doute, avec des semaines d'environ soixante heures et ces constants déplacements, au surmenage qui m'a frappé fin juin 2019. J'ai dû renoncer à un voyage au Kurdistan de Syrie.

Entre-temps, l'Écosse avec une amie très chère. Édimbourg et surtout Oban toujours aussi belle. Les Highlands aux lumières sans cesse changeantes dans la journée. Le paysage y est aussi dans le ciel.

J'ai des projets. *Des guérillas au reflux de l'Occident*[1] – un bilan consternant –, *La Légende de Gilgamesh*[2], ou comment notre héros découvre que l'espèce à laquelle il appartient est mortelle ; un thème toujours valide.

Il y a plus de vingt ans que j'ai passé l'âge de la retraite. Je continue à travailler : l'Afghanistan, Singapour, la Syrie, le Kurdistan d'Irak, le Caucase.

Il faut marcher têtu.

État des lieux

Ce livre a été revu tandis que j'étais confiné durant une partie du printemps 2020. Comme tant d'autres, j'ai été frappé par le degré de notre impréparation, la lenteur de nos réponses pour relever les défis en matière de masques et de détection. Nos lourdeurs bureaucratiques, dues entre autres à une centralisation unique en Europe, et nos blocages sont apparus de façon dramatique au cours de ces quelques semaines d'urgence. La capacité d'adaptation et l'efficacité nous ont une fois de plus manqué.

Quant à l'Union européenne, son absence de cohésion a été amplement démontrée, laissant chaque État agir pour lui-même de façon satisfaisante, comme en Allemagne, aux Pays-Bas ou en Scandinavie, et beaucoup plus médiocrement dans une grande partie du reste. Pour l'observateur de la politique internationale, la crise du Covid-19 accentue notre déclassement qui se dessinait depuis 2008-2010, avec

1. Passés composés, 2020.
2. Pocket, 2020.

la montée de l'Asie orientale, non seulement de la Chine, mais de la Corée du Sud, de Singapour, de Taïwan, du Viêtnam. La Chine par ailleurs montre à cette occasion à la fois ses capacités et ses ambitions hégémoniques mal dissimulées derrière son pouvoir feutré, séduisant pour certains pays d'Asie ou d'Afrique. Quant à nous, Européens dont la puissance économique et commerciale reste considérable, nous sommes dans une situation politique incertaine. Il y a une trentaine d'années que l'URSS a disparu et nous n'avons rien fait pour assurer une cohésion politique rendue encore plus difficile par la multiplication sans critère de nos membres. Nous nous sommes, comme à l'accoutumée, reposés sous le parapluie américain et avons profité de consumérisme sans préparer l'avenir. Pour ne rien dire de notre avenir militaire commun. La Turquie d'Erdoğan, par exemple, nous impose un chantage à l'immigration depuis des années auquel nous n'avons pas répondu sinon en payant. Nous manquons de volonté[1].

La construction projetée de l'Europe n'a pas progressé d'un iota. Pis, la Grande-Bretagne, qui a toujours veillé à ce que n'émerge pas une Europe moins dépendante des États-Unis, forte de son insularité, quittait l'Union européenne.

Au moins, au regard de ce qui s'était passé entre 1870 et 1945, avons-nous cessé de nous entre-déchirer.

Donald Trump nous rappelait avec une brutale franchise que les rapports internationaux, au-delà des alliances et des déclarations, étaient fondés sur des intérêts et la puissance. L'embargo contre l'Iran contre lequel nous nous sommes, nous Européens, élevés en vain, s'est révélé moins coûteux que les conflits menés durant le « remodelage du Grand Moyen-Orient » à partir de 2003. C'est cependant

1. Seule Margaret Thatcher a fait preuve de détermination lors de la crise des Falklands en relevant le défi des militaires argentins dont elle a finalement provoqué la chute.

durant son mandat que les talibans ont été légitimés par Washington. L'aventure américaine en Afghanistan apparaît, après deux décennies de présence militaire, comme un magistral fiasco.

La guerre civile froide qui sévit aux États-Unis dans un climat d'extrême intolérance a affaibli le rôle de Washington dans le monde. Il est évident que cette crise va déclasser certains pays et permettre à d'autres, comme la Chine, de monter en puissance. Les conséquences économiques et sociales de la crise actuelle vont être considérables. Quel que soit l'avenir, les États-Unis disposent cependant de la capacité de rebond qui fait défaut à l'Europe, à quelques pays de tradition protestante près.

Et nous ?

En France, il est évident que la cohésion nationale s'est dégradée. Et finalement nous avons été, depuis quelque trois décennies, en grande partie nous-mêmes, par conservatisme et corporatisme, notre principale menace.

Notre provincialisme s'est accusé tandis qu'apparaissent les signes de notre déclassement. Nous n'avons pas le courage d'entreprendre les réformes qui auraient rendu notre société plus dynamique.

Incontestablement nous avons assisté, comme aux États-Unis et ailleurs, depuis trois décennies, à une concentration des richesses aux mains d'une ultraminorité. Comme aux États-Unis et dans d'autres pays d'Europe occidentale, la situation des classes moyennes a régressé.

Cependant, pour tout voyageur qui ne s'adonne pas essentiellement à l'usage d'un appareil photographique afin de multiplier les autoportraits, on ne peut que constater que nous sommes encore en France dans une situation enviable : études quasi gratuites, santé, pour l'essentiel, de même – à comparer par exemple à la Grande-Bretagne (même si nous avons constaté que notre système n'est pas l'un des plus performants du monde).

L'espérance de vie, en France, en 1900, était de quarante-neuf ans à une époque où l'on travaillait jusqu'à soixante-cinq ans, et je ne mentionne pas le nombre d'heures hebdomadaires ni les conditions de travail à l'époque. Beaucoup de nos avancées sociales ont eu lieu en 1936 et au lendemain de la Seconde Guerre mondiale.

Les « droits acquis » que cherchent à conserver ceux qui en bénéficient dans un monde qui a changé démographiquement (nous avions quatre jeunes pour deux vieux et deux seulement aujourd'hui) et économiquement (avec la montée de sociétés hier soumises et sans croissance devenues, en Asie orientale surtout, performantes) font que nos mouvements sociaux, partiellement justifiés, mais comptant trop souvent sur l'État avec lequel l'administré entretient une relation de dépendance et de profonde défiance, paraissent animés bien souvent par des *imposteurs de la révolte*.

Aucun autre pays, y compris parmi de moins prospères que le nôtre, n'a plus de mécontents. La plainte rageuse semblant être une manière d'être et cela dans une société avec des avantages sociaux qui ne sont surpassés que par trois ou quatre pays dans le monde. Nous sommes les seuls dans certains secteurs à bénéficier de trente-cinq heures hebdomadaires, aucun autre pays ne jouit d'autant de vacances ni de jours de congé. Et bien que nous ayons gagné quelque trente années d'espérance de vie sur nos arrière-grands-parents qui travaillaient jusqu'à soixante-cinq ans, nous rechignons à reculer l'âge de la retraite ! Ce n'est pas être réactionnaire d'affirmer que cela ne sera pas tenable longtemps. Déjà d'autres, comme la Suède, la

Suisse, ont fixé la retraite à soixante-sept ans. Comment pourrait-il en être autrement avec notre démographie ? Ce n'est pas une question d'opinion, mais de chiffres. On ne peut à la fois vouloir conserver tous les acquis arrachés non par nous-mêmes, mais par nos grands-parents, avoir une démographie stagnante, ne pas vouloir d'immigrants et s'arrêter de travailler tôt. Les années à venir vont être âpres. Il est vrai que le système de consumérisme[1] dans lequel nous sommes enfermés n'a fait que précipiter les déséquilibres y compris sur le plan écologique.

Nous n'avons réglé avec nous-mêmes aucun de nos comptes, ni l'Algérie ni même, plus avant, la défaite de juin 1940.

Le 8 mai 1945, le maréchal Keitel signait la reddition sans condition de l'Allemagne en présence des États-Unis, de l'Union soviétique et de la Grande-Bretagne. Lorsqu'il s'aperçut de la présence du représentant de la France, il dit : « *Ach, Frankreich auch!* » (Ah ! la France aussi !)

Cette phrase résume l'ambiguïté de notre situation sauvée par la volonté obstinée, dès 1940, de Charles de Gaulle. Seul Marc Bloch, avec *Une étrange défaite* (1940), sut dire la situation dans laquelle nous nous étions laissé enfermer.

Aucun romancier n'aura su, comme Émile Zola au lendemain de Sedan, évoquer la débâcle de 1940. Nous avons tenu une semaine de plus que l'armée belge, qui était loin de notre potentiel. Nous n'avons produit aucune œuvre littéraire à la mesure de notre défaite. Quatre-vingts années après celle-ci, c'est toujours le silence. On évoque d'autres catastrophes, pas la nôtre. Fuite dont il n'y a pas lieu d'être fiers.

---

1. Pour prendre un exemple trivial qui illustre la caricature de nous-mêmes : nous sommes une société dévoyée où le blue-jean déchiré se vend davantage et plus cher que celui qui est intact.

Les communautarismes que nous avons favorisés par souci de paix sociale sont en progression. Les mises en garde nombreuses n'ont pas été entendues malgré l'urgence d'agir. On lira les paragraphes qui suivent. Ils ont été écrits il y a quelque trente-cinq années, l'essentiel y est formulé. Nous avons laissé des imams étrangers librement prêcher contre nos valeurs démocratiques et en somme, contre nous-mêmes.

L'islam est ainsi devenu la deuxième religion de France. Il convient d'en tenir compte. Le problème tient au fait que, de plus en plus, sous la pression de groupes extrémistes, on voit se « confessionnaliser » toute action sitôt qu'y participent des personnes de confession islamique, même si celles-ci ne le souhaitent pas. Or ces groupes jouent à la fois sur l'ignorance doctrinale de leurs propres coreligionnaires et sur la propension au sentiment de culpabilité de la gauche française, pour peu à peu imposer leurs vues. Mais il met en avant l'aspect le plus obscurantiste de l'islam – que l'on appelle fondamentalisme ou intégrisme aujourd'hui – et peu de voix ont le courage, ou la possibilité, de s'élever contre ces interprétations, dans l'immigration comme dans les pays d'origine.

Or l'intégrisme ne peut que provoquer des fractures ; tout comme le racisme fait le lit de l'intégrisme[1]. [...]

Le terreau de ce qui se passe, très visiblement, souvent de façon violente, depuis une quinzaine d'années, était là vingt ans plutôt. Nous avons laissé se développer les zones de non-droit liées à la drogue. Et nous avons récolté ce que les wahhabites et les Frères musulmans entre autres n'ont cessé, à l'abri de la démocratie, de semer tandis qu'avec

1. Juliette Minces, *La Génération suivante*, Flammarion, 1986.

l'indulgence perfide de certains de nos observateurs, nous donnions avec anachronisme dans la culpabilité coloniale.

Bien sûr, l'intégration fonctionne et notamment l'intégration économique. Beaucoup de « musulmans » se sentent mieux, à bien des égards, en France que dans le pays de leurs parents. Démographiquement, il y aura en 2030 entre 20 % et 25 % de « minorités visibles », dont une majorité de culture musulmane. Entre-temps, le travail de sape des islamistes de diverses obédiences relayant souvent des courants liés à des pays qui veulent utiliser leur diaspora comme groupe de pression, sans compter les politiques d'influence jusque dans les appareils administratifs, concourt à des tensions plus ou moins visibles. Le but des islamistes est de susciter un « eux » et un « nous » fondés sur une hostilité active. Le phénomène Zemmour montre, *a contrario*, que le divorce, dont il faut tenir compte, est effectif.

Où va le monde ?

J'ai cherché à savoir pourquoi ces conflits ne pouvaient être gagnés et pourquoi, depuis la guerre américaine du Viêtnam, sinon depuis celle qui prit fin à Diên Biên Phu (1954), les non-victoires – ou les défaites – dans les guerres irrégulières étaient devenues la norme, y compris pour l'URSS en Afghanistan.

Je publiai à cet égard *Pourquoi perd-on la guerre ? Un nouvel art occidental*[1], qui me valut le prix du Livre des Géopolitiques de Nantes et l'année suivante, 2017, le prix Maréchal-Foch de l'Académie française.

1. Odile Jacob, 2016. Voir annexe IV, p. 313.

En somme nous recevions le choc en retour de celui que l'Europe du XIXe et du début du XXe siècle avait infligé, par sa brutale irruption, au monde asiatique et africain et auquel seul le Japon avait su répondre. Au XIXe siècle en Europe c'était la révolution industrielle, une innovation extraordinaire qui nous a permis de distancer, et de loin, les sociétés d'Orient, proches ou lointaines. Nos armées, avec des effectifs réduits, soumettaient des empires. Cela était mené grâce à une supériorité militaire et culturelle contre des adversaires surclassés et ne saisissant pas d'où venait cette domination, dont les Européens étaient fiers au point de se considérer comme supérieurs par essence. En face, c'était l'humiliation et le désarroi. Les occupations étaient prolongées, les terrains connus, grâce aux avancées scientifiques ou culturelles. Ceux qui dirigeaient les opérations, qu'ils fussent britanniques, français ou russes, s'étaient, avec le temps, imprégnés des conditions auxquelles ils se heurtaient. Les troupes, elles, restaient sur le terrain de longues années et finissaient par en devenir familières. De surcroît, en face, guère de cohésion, pas d'aide extérieure, pas de sanctuaire. Et le temps travaillait pour l'envahisseur, pas pour celui qui résistait. Quant à l'opinion publique en Europe, elle était peu informée et de toute façon fière des succès remportés.

C'est tout cela qui s'est trouvé bouleversé au lendemain de la Seconde Guerre mondiale. Déjà, après la Première, l'impact de la révolution bolchevique est sensible en Asie auprès des élites opposées au colonialisme. L'idée léniniste du parti d'avant-garde faisait son chemin, tout comme celle du nationalisme qui progressivement s'étend des élites vers les milieux populaires. Au cours de la seconde, en 1941-1942, en Asie, le Japon défait les Américains aux Philippines, les Néerlandais en Indonésie, les Français en Indochine, les Britanniques en Malaisie, à Singapour et en Birmanie, Singapour tombe en 1942. L'innovation maoïste de la guerre révolutionnaire aboutissait à la victoire de 1949 et exerce ses effets sur le Viêtnam avant d'atteindre d'autres théâtres.

Enfin, on ne saurait sous-estimer l'impact des bouleversements démographiques en un peu plus d'un siècle. De 33 % en 1900, les pays d'Amérique du Nord, d'Europe et la Russie ne représentent qu'à peine 12 % aujourd'hui. Sans compter le changement des sensibilités en Occident. La victimisation joue un rôle politique et pervers très démobilisant tandis que, par exemple, le phénomène d'origine américaine *woke* draine, entre autres, une culpabilité d'origine chrétienne empreinte de puritanisme. Eschyle écrivait : « Les dieux aident ceux qui travaillent à leur propre perte. » L'Europe, comme puissance, n'existe plus au lendemain de la Seconde Guerre mondiale. La prééminence des États-Unis paraissait sans rivale possible après l'effondrement de l'Union soviétique. La crise de 2008, suivie par l'accession de la Chine au deuxième rang mondial (2010), créait les conditions d'un défi pour le milieu du XXIe siècle remettant en cause le *statu quo* actuel.

Rétrospectivement, la perspective des néoconservateurs, exprimée en 1997, d'un « nouveau siècle américain » à venir était marquée d'un volontarisme utopique. *Foreign Affairs* de mars-avril 2021 annonçait en couverture : *Decline and Fall. Can America be back again?* Titre impensable vingt ans plus tôt.

Envoi

J'ai écrit, autrefois : « Comment parler de l'aventure si ce n'est pour dire que la vie elle-même est notre unique aventure. La vie est bien trop courte pour se contenter de gagner de l'argent afin d'en dépenser davantage. Avec le temps il faut veiller à ne pas perdre la souplesse tant de l'esprit que des muscles. Rester ouvert et adaptable, attentif à garder contact en dehors de sa classe d'âge. Si l'on veut transmettre, il faut savoir susciter le désir d'écouter. Je garde la mémoire d'un anniversaire récent auquel étaient présents une vingtaine de jeunes amis des deux sexes que je connaissais depuis des années. Plus on avance et plus le courage est nécessaire pour ne pas perdre le goût de combattre. Il faut garder tranchant le fil du couteau de sa vie[1]. »

Bien sûr, de ce qui m'avait été légué, j'ai conservé une manière d'être. Je tiens en haute estime le courage physique, le courage moral et le courage intellectuel. Ce courage multiforme est, à mes yeux, essentiel. Je sais me taire, je suis fiable, fidèle à ma façon, en amour et bien sûr en amitié. J'ai appris, en chemin, que le réalisme peut être stérile et que, parfois les passions bien guidées peuvent transcender tous les calculs rationnels.

Pour le reste, je tiens à vivre librement, sans crainte du regard d'autrui. Jamais je n'ai consenti à dire oui quand j'avais décidé de dire non. J'ai mené ma vie en cavalier seul, avec des femmes aimées et quelques amis fiables sur quatre continents. Ce qui, pour moi, constitue le luxe.

C'est en remontant l'Amazone sur *La Boudeuse*, trois-mâts goélette, que j'ai constaté, en 2005, que depuis trente-cinq ans je n'avais dormi dans aucun lieu plus d'un mois. Je n'ai jamais souffert de ces constants déménagements, puisqu'ils étaient choisis. On ne construit certes pas ainsi une « carrière », mais une vie.

J'aime les voyageurs, ceux qui sont « dedans/dehors », tels Hérodote, Ibn Batouta, Fa Sien (ce moine chinois

---

1. *De l'esprit d'aventure*, avec Patrice Franceschi et Jean-Claude Guilbert, Arthaud, 2003.

qui alla en Inde rechercher les textes bouddhiques), Plan Carpin, Bernal Díaz…

Parmi les francophones contemporains, Nicolas Bouvier, pour la qualité de son regard, et Jacques Lacarrière, qui donna voix à la Grèce. Aujourd'hui, trop souvent le voyage est devenu un exercice d'endurance, une quête d'exploit dont le sujet est l'auteur. Voyager consiste à se préparer à l'immersion dans une société après lecture de son histoire, connaissance de sa religion, de ses us et coutumes, de ses valeurs. Cela permet, une fois sur le terrain, de savoir ce qu'il ne faut pas dire ou faire en tenant compte des sensibilités culturelles. Il faut, pour comprendre, multiplier les milieux sociaux, ne pas s'en tenir à des rencontres sociales liées à son propre statut.

Une partie de l'humanité, dans nombre de pays, est exclue : les femmes. D'où l'avantage des voyages en couple. Le gynécée est ouvert aux femmes et l'étrangère peut fréquenter les hommes et les femmes.

Il faut aussi bien sûr rencontrer les décideurs, ceux qui ordonnent et connaître ceux qui subissent. Les superstitions, les façons de ressentir, d'exprimer, de dissimuler, de simuler, bref tout l'art complexe d'être ou de paraître.

Cuisine et musique sont deux moyens de pénétrer dans l'univers intérieur de l'autre, séduisants et faciles. Développer une écoute, remettre en question son savoir, prêter attention et surtout *revenir* dans le pays, y retrouver des amis, s'y créer des habitudes.

Lorsque c'est possible, connaître des femmes, voyager dans les ventres, dernier rempart des interdits.

*

Je me souviens de mon grand-père maternel, au jardin du Luxembourg, jadis, émerveillé de voir de tout jeunes enfants faire leurs premiers pas en criant de joie. Il me disait : « Regarde, regarde ! » il était ravi de voir cette vie ébauchée en pas hésitants scandés par des cris. Et moi, je regardais ailleurs.

Comment aurais-je pu comprendre ? J'étais jeune et impatient de devenir un coureur d'univers. Maintenant je m'arrête pour voir un enfant marcher maladroitement, ne sachant rien encore du temps qui passe… J'ai beaucoup appris, depuis, sur la cruauté du monde. Les loups ne se mangent pas entre eux. Je reste vulnérable à la beauté des femmes, à la tendresse humaine, aux déchirures de l'histoire. Mes souvenirs olfactifs sont peut-être les plus fidèles. Les yeux fermés, il y a des cheveux de femme dont je peux reconnaître l'identité à des années de distance, l'odeur des cigarettes brunes qu'on appelait Gauloises flottait dans les mouchoirs de mon père…

Je sais maintenant tout ce que j'ai perdu, il n'y a pas de vie, si belle soit-elle, sans mélancolie. En forçant l'allure, j'ai essayé de haler le meilleur du monde et j'ai eu le bonheur de souvent y parvenir…

Je ne connais personne qui ait voyagé autant que moi, aussi longtemps et dans autant de lieux. Ma vie, à partir de dix-huit ans et pour les quelque sept décennies qui ont suivi, n'a été qu'un voyage qui m'a mené dans plus de cent quarante pays. Ce chiffre n'a aucun sens, la plupart d'entre eux, sur une carte du début du XXe siècle, n'existaient pas. Sur une carte du XVIIIe siècle, la quasi-totalité des pays d'Amérique latine disparaît…

Ce qui compte, sur la durée, ce sont les aires, quelques pays, empires, royaumes ou cités-États, progressivement nés – ou disparus – au cours des trois ou quatre millénaires qui ont précédé l'an mille. Les fleuves ont joué un rôle capital, pour des raisons évidentes, au cours de ce que nous appelons l'« histoire », pas même six mille années (j'aime reprendre l'idée symbolique d'un petit amphithéâtre dans lequel se tiendraient une centaine de vieillards dont les vies, mises bout à bout, représenteraient ce laps de temps) – une sorte de dernière minute à peine depuis l'apparition de l'espèce humaine, bien avant l'*Homo sapiens*, ce presque contemporain, jusqu'au squelette de ce qui fut, il y a des millions d'années, le premier être marchant sur ses deux jambes.

Ces fleuves au bord desquels se sont constituées toutes les entités sédentaires, j'en ai vu les cours et ce qu'ils ont contribué à faire naître. Le Nil, l'Euphrate, le Tigre. Fleuves à longue mémoire, comme l'Indus, le Gange, le Houang-Ho, le Yang Tsé, le Mékong, le Niger, le Congo. J'ai survolé l'Ob, la Léna, l'Ienisseï. Sur d'autres continents, j'ai connu le Mississippi et le Saint-Laurent, le Missouri, l'Orénoque, l'Amazone, remonté sur près de 3 000 kilomètres…

J'ai été au bord de la Volga, du Danube et de maints autres fleuves européens modestes auprès de ceux que je viens de mentionner, mais qui coulent par des villes d'une inoubliable beauté. L'Europe est le jardin du monde et l'Eurasie, à elle seule, porte la plus longue charge de mémoire humaine.

Jeune, je rêvais dans le désordre des désirs et des images nées de lectures d'Inde et de Mexique. Avec le temps, j'ai voulu, dans les grandes lignes, connaître l'histoire de notre monde – si courte, si riche –, c'était ce qu'il fallait acquérir et faire sien dans la mesure du possible. Ces grands fleuves étaient des guides. Avec le Nil coulait la lignée des pharaons, Sumer, Akkad, Babylone s'étaient formés grâce à l'Euphrate et au Tigre. J'ai vu les remparts de Ninive… La Bogâzköy des Hittites, ce qui reste de Babylone, Karnak et Louxor. J'ai traversé les fleuves chinois, visité Xian et Longmen, remonté le Mékong, séjourné à Luang Prabang ; j'ai suivi le cours de l'Indus et vu couler les eaux immondes du Gange. Sur ses rives on brûlait des cadavres, il en flottait des fragments. Le fleuve Rouge sous les bombes.

Tout cela m'est devenu familier, au terme de séjours, de rencontres, de nourritures partagées… Et de conflits lors desquels se révèlent les peuples.

Je n'oublie pas l'Asie centrale, la steppe, comme une mer intérieure dont les vagues nomades et perturbatrices n'ont cessé de couvrir l'Eurasie durant deux millénaires. Il reste peu de choses de ces coulées brutales une fois le sang séché.

Je me souviens de la Méditerranée grecque, romaine et byzantine, puis musulmane, sans oublier les traces des christianismes orientaux. L'océan Indien, le grand océan des échanges durant mille années, entre les deux extrémités du monde connu de l'époque qui fut musulman, chinois et indien avant de devenir nôtre, pour un temps. L'islam, du Maroc à l'Indonésie où j'ai vu Borobudur, vestige hindouiste.

Tout s'est construit par le fer, le feu et le sang. L'expansion géographique est la première forme de toute croissance, quelle qu'elle soit. Nous aimons nous emparer de ce qui est à autrui, pourtant nous laissons parfois des traces d'une sublime beauté, mus par une soif de vivre, un élan têtu pour durer, recommencer et survivre malgré tout.

Le promontoire européen, au zénith de sa puissance, avant de décliner a été la matrice de la dernière et plus vaste expansion militaire de l'histoire…

J'ai assisté partout, au cours de ma vie, à son recul. Ainsi va l'histoire…

Dernière veille avant l'aube qui sera la dernière. Je ne regrette que les êtres que j'ai perdus, dont les noms se multiplient avec le temps tandis que leurs visages me sont toujours aussi chers.

J'ai vécu comme je l'ai voulu, libre, ne voulant ni maître ni collègues en assumant l'insécurité qui en est le prix. Cavalier seul, non pas sentimentalement, mais pour ce qui concerne l'action. Je crois qu'avec le temps et l'expérience prolongée des terrains qui favorisent ce que j'appelle le « savoir de la peau », j'ai atteint un degré raisonnable de lucidité.

Âpre savoir s'il n'était combattu par le courage d'assumer et la vitalité d'agir. Je ne suis pas, je crois, de ceux dont Conrad disait qu'« ils cherchent ce quelque chose, qui s'est déjà, à notre insu, alors qu'on l'attend encore, dissipé, avec la jeunesse, la force et la séduction romanesque des illusions ». Combien se lèveraient pour risquer leur vie s'ils devaient d'avance contempler le fruit amer de leurs actions ? Les esprits lucides, c'est connu, restent le plus souvent chez eux, en spectateurs. Peut-être est-il vrai que le plaisir le plus sûr de cette vie est celui, vain, des illusions, mais il est par contre attesté que la fonction stimulante des utopies est un des moteurs de l'histoire. Les rêves aussi sont têtus.

J'ai regardé tout cela en face avec juste ce qu'on ne peut éviter de mélancolie ; c'était et c'est toujours une très belle course, comme on dit en mer. Cette vie est notre seul bien et il importe de la vivre pleinement. J'aime ceux qui brûlent la chandelle par les deux bouts, avec intelligence, à travers l'aventure des rencontres et la douceur des échanges. Le monde continuera d'être régi par les rapports de forces parce que nous sommes ainsi, quelle que soit, par ailleurs, notre aspiration à davantage de justice sinon d'espérance.

J'aime célébrer la vie tant qu'elle vaut le plaisir d'être vécue.

J'aborde, sans crainte, la dernière veille avant l'aube qui sera la dernière…

Annexes

I

Les mutations de la guerre irrégulière

Entretien avec Joseph Henrotin,
paru dans la revue Stratégique, *n° 111, janvier 2016*

Joseph Henrotin : *La littérature sur la guerre hybride, dans son versant portant sur les « techno-guérillas », montre l'accroissement historique de leur puissance de feu, mais aussi de leurs savoir-faire. De votre point de vue, l'observez-vous également ?*

Gérard Chaliand : Tout dépend de la période dont on parle. Si l'on part de la période de la conquête coloniale, oui. Mais je ne vois pas d'accroissement extraordinaire de la puissance de feu depuis trois décennies, à l'exception de l'État islamique, qui s'est emparé des armements d'armées classiques. Pour moi, la nouveauté ne réside pas dans l'armement, mais, au contraire, dans le domaine intellectuel, dans les savoir-faire et le maniement psychologique de l'adversaire – c'est-à-dire de nous –, alors qu'il y a peu de temps, une cinquantaine d'années, ce n'était pas le cas. Jadis, un adversaire ne nous connaissait que fort peu. Aujourd'hui, non seulement il nous connaît, mais il connaît aussi nos points faibles. Le véritable changement est dans les réseaux sociaux.

Le terme de « *guerre hybride* » ne nous avance guère pour la compréhension du phénomène. Il s'agit en fait de la guerre irrégulière où se croisent la guérilla, le terrorisme et tous les moyens anciens et nouveaux (notamment à l'échelle des communications et de la drogue). Elie Tenenbaum a consacré à l'analyse de cette innovation sémantique américaine peu utile une excellente étude publiée à l'Ifri récemment.

L'accroissement de la puissance de feu, sauf lorsqu'on parvient comme l'EI (Daech) à s'emparer du matériel militaire d'une armée (Mossoul 2014), n'est pas particulièrement plus important qu'il y a dix ans ou davantage. La nouveauté réside dans le savoir-faire en matière de guerre psychologique, dans le maniement des réseaux sociaux. Ce qui a surtout changé au cours du temps c'est ce que jadis l'adversaire ne nous connaissait pas et qu'à présent il nous connaît trop bien. Il sait avec l'aide indirecte de nos propres médias soucieux d'audimat nous manipuler et semer la peur, la psychose.

L'invention de mots nouveaux pour désigner un phénomène connu ne fait guère avancer la capacité d'y répondre. Déjà, la « guerre asymétrique » n'était rien d'autre que la guerre irrégulière, asymétrique par définition car c'est le rapport du faible au fort. Finalement, la grande innovation aura été celle de Mao Zedong : passer de la guérilla progressivement, au but de la guerre révolutionnaire, c'est-à-dire de ne pas se contenter de harceler une armée régulière mais de chercher à s'emparer du pouvoir.

Comment ? En s'efforçant d'encadrer « les masses » par un travail politique dévolu à des cadres formés à cet effet destinés à organiser une infrastructure politique clandestine. En somme, il s'agit d'encadrer administrativement les populations en créant des hiérarchies parallèles (*shadow governement*). Cette innovation qui s'est faite au nom de l'idéologie marxiste-léniniste et que les Viêtnamiens ont été les premiers à utiliser au grand dam de l'armée française qui ne l'a comprise que trop tard (voir la *Revue militaire d'innovation*, mars 1957) a été par la suite progressivement utilisée par des mouvements qui n'avaient rien de marxistes. Le modèle a fini par s'imposer. Les Afghans qui dans les années 1980 ne savaient que guerroyer avec courage ont à cet égard beaucoup progressé. Depuis *grosso modo* 2008-2010, ce sont les talibans qui rendent la justice à la campagne. L'État, en définitive, ne contrôle plus que des villes.

Ce qui compte dans la guerre irrégulière, quand elle parvient à avoir une base de masse, c'est moins le contrôle territorial que le contrôle administratif. Pour cela, il faut connaître la culture locale, ce qui inclut le facteur religieux, la langue. C'est pourquoi la contre-insurrection, quoi qu'on dise, dans les conditions où se trouvent les États démocratiques, n'a aucune chance de l'emporter particulièrement lorsque le gouvernement qu'on appuie est notamment corrompu et partiellement impopulaire.

— *Les Kurdes sont historiquement de bons combattants. Mais avec la montée en puissance de l'État islamique, ils reprennent du service. Comment évaluez-vous leur performance ?*

— Ils étaient excellents autrefois (1961-2003). Ils ont bénéficié d'une période relativement longue de paix dans les années 2000 et en 2007, ils ont décidé de commercialiser le pétrole se trouvant dans leur sous-sol. Ils sont alors entrés dans une période de relative prospérité – et même de très grande prospérité pour certains. Entre 1997 et 2007, ils ont connu dix ans de paix ; et entre 2007 et 2014, sept ans de prospérité. Durant cette période, il y a eu indiscutablement une période de relâchement. Le vieux Shakespeare avait raison de dire que « la prospérité et la paix engendrent des couards ». Il y a eu un ramollissement. Les Peshmergas sont devenus plutôt une force de police, faisant d'ailleurs remarquablement leur travail pour écrémer les passages sur leurs frontières et à l'intérieur. Ils s'entraînaient à mi-temps. Ils ont « pris du bide » et on avait de moins en moins de jeunes et de plus en plus de types qui étaient peshmergas depuis quinze ou vingt ans. Et donc, un vieillissement indiscutable des combattants et un non-renouvellement des jeunes dans la mesure où c'était plus intéressant de profiter de la prospérité.

Il y a eu la suppression des écoles de guerre, une sorte de « syndrome de Dubaï ». Ils n'ont plus ce sentiment obsidional, qui n'aurait jamais dû les quitter, dans la mesure où ils étaient entourés d'États hostiles – Bagdad, Damas ou Téhéran. Lorsque l'État islamique est arrivé en 2014, leur défense s'est effondrée, à Makhmour, à Gwer, dans le Sindjar et lorsque l'aviation américaine est intervenue le 8 août 2014, on était à vingt-quatre heures de la chute de leur capitale, Erbil. Depuis, ils se sont repris, il y a eu un sursaut. L'aviation contenait l'adversaire sur un terrain particulièrement plat – il y est donc très facile de déceler les mouvements. Et le peshmerga est mieux armé. Soit dit en passant, ils ont dépensé beaucoup d'argent dans la construction de bâtiments. Il n'a pas été utilisé pour de l'armement acheté ni sur le marché parallèle, ni sur le marché légal – il est exact qu'ils étaient mal armés. On a aujourd'hui des peshmergas patriotes, modérément motivés et qui restent huit jours sur le terrain, qui sont remplacés huit jours après par d'autres, et qui reviennent ensuite. Je note une chose importante que vous diront d'ailleurs nos forces spéciales : il y a très peu de types entre vingt et trente ans. Par ailleurs, les Kurdes de Syrie, à partir d'une idéologie complètement différente et le dos au mur, sont des combattants ultra-motivés.

— *Les Occidentaux ont pris l'habitude de s'engager dans des opérations n'impliquant pas leurs intérêts vitaux, par voie aérienne, et dans une logique de combat couplé. Ce mode d'intervention, s'il répond à une urgence, n'implique-t-il pas de prolonger indéfiniment les opérations ?*

— Si on n'a aucune considération idéologique, ce qui est mon cas, et que l'on reste un observateur froid, il faut reconnaître que la manière dont est intervenu Vladimir Poutine, en l'espace de moins de six mois, a modifié la donne de manière considérable. On peut cogner mou, ou cogner ferme. En cognant ferme avec des éléments aériens et quelques troupes spécialisées au sol pour guider les frappes de façon plus fine, on obtient des résultats qui vont au-delà du fait de contenir ; on peut regagner du terrain. Au-delà, cette guerre a traîné, parce qu'on l'a prise de loin. Obama a été élu pour arrêter les interventions mais on lui a reproché de ne pas avoir réagi en 2013 lorsque la « ligne rouge » a été franchie. Mais en 2013, on avait déjà le bilan de la chute de Kadhafi – c'est-à-dire le bordel absolu. D'ailleurs, le mandat du Conseil de Sécurité de l'Onu avait été voté pour protéger la population de Benghazi, en aucun cas de se débarrasser d'un dictateur. Nous avons donc outrepassé ce mandat. Qu'aurions-nous dit si cela avait été par les Chinois et les Russes ?

Nous avons créé un chaos dont, de surcroît, les dégâts collatéraux dans le Sahel sont essentiellement à la charge de la France. Faut-il rappeler que l'État islamique est la conséquence de la guerre de choix menée contre l'Irak par les néoconservateurs en 2003 ? En d'autres termes, gagner la première bataille est insuffisant. Le but politique poursuivi pour un résultat favorable est le but essentiel. En ce qui concerne la Syrie, tout a été bricolé au jour le jour, après avoir pensé que l'on pouvait se débarrasser du régime assez aisément. Faut-il rappeler qu'Obama a été élu pour se désengager ? D'où son peu d'empressement. Peut-être y avait-il la possibilité d'une alternative au début – certains le pensent. Mais je mets un point d'interrogation sur les chances de la démocratie dans cette région. Prenez l'Égypte : ce n'est pas parce que l'on a 10 à 15 % de la population urbaine, les jeunes d'ailleurs, qui sont modernistes et ouverts à un changement que le gros de la population vise la modernité. Ce qu'elle veut, c'est une politique plus juste, moins corrompue.

— *Historiquement, une guérilla a des objectifs limités. La Rand a rendu une étude comparative – qui vaut ce qu'elle vaut – où la conclusion est que, dans 50 % des cas, les irréguliers l'emportent. Estimez-vous que cette proportion, si tant est qu'elle ait un sens, soit correcte ?*

— Ce genre de statistiques ne me convainc pas. Je suis pour une étude au cas par cas, ils sont trop différents. De quelles guérillas parle-t-on ? Les guérillas fondées sur un *foco* se sont toutes effondrées, parce que la théorie du *foco* était inadaptée à la réalité : on n'entraîne pas les masses en se contentant d'entamer la lutte sans préparation politique. Le Nicaragua a triomphé en revenant au travail politique. Les plus sérieux ont été les Asiatiques. Même s'ils ont été battus, les Tigres tamouls étaient des gens sérieux. Il faut voir de quoi on parle. J'ajoute que les régimes non démocratiques l'emportent dans l'écrasement des révoltes (les Russes en Tchétchénie, les Turcs contre les Kurdes, le régime Rajapaksa au Sri Lanka) parce qu'ils utilisent des méthodes d'une brutalité que les États démocratiques ne peuvent employer.

— *Vous évoquiez tout à l'heure les réseaux sociaux. On sait que dans toute mobilisation idéologique, la conviction est centrale – ce qui nécessite de communiquer. On est aujourd'hui, notamment en Afrique, dans une situation d'hyperconnexion en matière de téléphonie mobile. Cela change-t-il la donne pour celui qui entend se lancer dans une lutte armée ?*

— Oui, indiscutablement. D'abord, il s'agit de sensibiliser, et là, c'est sûr. Ensuite il faut mobiliser et ça peut marcher. La communication est importante, aussi pour déstabiliser l'adversaire : on voit bien que les types de l'État islamique sont des « enfants d'Hollywood », qui parviennent à manier la communication de façon remarquable, pour déstabiliser, horrifier, inquiéter, etc. L'ennui, c'est que nos télévisions, et particulièrement les chaînes d'information en continu, participent à la déstabilisation psychologique de nos propres sociétés. Cela ne sert à rien qu'un président ou un Premier ministre nous dise que nous sommes en guerre – ce qui est faux d'ailleurs – sans demander une censure de guerre. Il faut informer mais il faut arrêter de vendre de l'angoisse parce que l'audimat marche très bien. On est dans une société du spectacle qui cherche à se faire peur, et cela marche. Je suis rentré il y a quelques semaines. Je mène une petite enquête autour de moi, avec des gens de milieux différents, je leur demande si des choses ont changé dans leurs vies et je m'aperçois que le nombre de gens inquiets, qui hésitent à prendre le métro ou à aller dans des salles est considérable. Et il n'y a pas que les « vieux », il y a également les jeunes. Les chances de mourir par un acte terroriste sont de une sur un million.

Pour moi, c'est une victoire de ceux d'en face, à laquelle nous concourrons. Nous avons des populations apeurées. En Israël par exemple, lorsqu'il y a un attentat, on dit ce qu'il s'est passé et le nombre de morts. On ne commence pas à montrer les cadavres, à interviewer les proches des victimes durant des jours et des jours, parce que l'on sait très bien que l'émotion l'emporte. Lorsque l'on est vrai ment en guerre, on fait face. Et lorsque l'on est dans une société du spectacle, on se fait peur. Nous sommes dans une société de la victimisation. Lorsque l'on perd dix soldats à Uzbin (Afghanistan 2008), le président se croit obligé d'y aller. On les considère comme des victimes, non comme des gens qui sont tombés dans l'exercice de leur devoir. Lorsqu'il y a un accident d'autobus – un accident – avec quarante-trois morts, le président de la République se déplace pour dire que la France est en deuil. Dans quel magma de sensiblerie sommes-nous ? Et lorsqu'il y a par la suite cent trente morts, comment les considérer ? Comme Hiroshima ? Il n'y a plus aucun rapport avec la réalité.

— *Au niveau technique, nous sommes très forts. Sur le plan opératif et stratégique, ça peut se discuter. Peut-on dire que la première vulnérabilité de nos sociétés est cognitive et dans notre rapport à la mort ?*

— Oui. L'Occident se caractérise aujourd'hui par un déni de la mort, absolument. Depuis une bonne trentaine d'années avec la « guerre à zéro mort », et pour la mort de deux soldats on fait une cérémonie aux Invalides.

— *Vous venez de publier* Pourquoi perd-on la guerre ? *Un nouvel art occidental, dans lequel vous revenez sur ces thématiques…*

— Oui et, entre parenthèses, un officier britannique allant en Inde dans les années 1870 partait pour dix ans. Aujourd'hui, lorsqu'on envoie quelqu'un en opération, on y va pour un an au grand maximum. Le colonel Carlson, qui avait écrit un très bon ouvrage à la fin de la guerre du Viêtnam, disait qu'ils n'avaient pas fait la guerre pendant huit ans, mais huit fois un an. Cela compte aussi. Il faut y ajouter ce que McChrystal disait dans son rapport : les gars ne sortent pas des bases – peut-être 5 %. Ils mangent ce qui vient des États-Unis, ils écoutent leur musique et leurs films… En somme, ils ne sont pas là. Ils ont une mentalité de transitaires : ils écrivent à leurs proches chaque jour par internet, ils sont psychologiquement ailleurs et ils ne connaissent pas le terrain.

J'ai eu, à Singapour, quelques anciens des sociétés de sécurité, des gens qui avaient fait à la fois l'Afghanistan et l'Irak. Lorsque je leur demandais quelle était la différence entre les deux théâtres, ils me répondaient qu'ils étaient tous musulmans. C'est à peu près tout ce qu'ils avaient appris… On ne peut pas aller quelque part sans connaître un minimum. Les dirigeants non plus ne connaissent rien. Qu'est-ce que Paul Bremer (proconsul en Irak en 2003-2004) connaissait à l'Irak ? Rien. On pense ce que l'on veut de de Gaulle, mais il savait que l'Orient est compliqué. Churchill était sur place, en Afrique du Sud, à Omdurman (Soudan), au Moyen-Orient. Après, il y a eu la Guerre froide et les choses étaient simples : l'URSS et ses clients ; et nous et nos alliés. Mais depuis la fin de la Guerre froide il y a un retour des géopolitiques anciennes chinoise, turque, iranienne, vietnamienne, qui préexistaient à la période de domination de l'Europe. Cela nécessite une culture historique et bien sûr une connaissance culturelle du terrain. On est loin du compte dans maintes chancelleries et dans bien des milieux dirigeants. Les décisionnaires paraissent surtout réagir aux événements et en partie déterminés par la presse et l'opinion.

II

« Les salafistes n'ont rien de sérieux à vendre aux populations »

Entretien avec Jean-Dominique Merchet, paru dans L'Opinion, *5 avril 2016*

Jean-Dominique Merchet : *Vous rentrez d'Irak et de Syrie, où vous comptez de nombreux amis kurdes. Quelle est votre analyse de la situation ?*

Gérard Chaliand : Les Américains y cherchent en vain des alliés démocratiques... En vain, car les sunnites modérés ne veulent pas mourir ! Si vous prenez le cas du Kurdistan irakien, les Peshmergas ne correspondent plus à leurs mythes de combattants. Ils ont engraissé et vieillis. La paix et la prospérité des années 2007-2014 les ont transformés. On voit d'ailleurs des combattants de la génération 20-30 ans. Et ils ne veulent pas se faire tuer pour des dirigeants qu'ils jugent souvent corrompus. Une des grandes leçons de cette affaire est que les seuls qui se battent vraiment sont les « idéologisés ». Ils sont fanatisés et galvanisés. C'est Daech, bien entendu, mais ce sont aussi les Kurdes syriens du PYG, un parti très proche du PKK de Turquie. Chez eux, on voit d'ailleurs partout des portraits d'Öcalan, le grand leader kurde du PKK emprisonné en Turquie ! Ils représentent un courant autoritaire et laïque, d'origine marxiste. Les Américains, comme les Russes d'ailleurs, n'ont trouvé qu'eux pour se battre. Et certainement pas les populations qui vivent dans un système paternaliste et clanique. Regardez comment, à l'été 2014, l'armée irakienne du Premier ministre Maliki s'est effondrée face à l'offensive de Daech. Les Américains avaient pourtant dépensé des milliards pour la former et l'équiper. Cela m'a fait penser à l'effondrement de l'armée du Sud-Viêtnam face au Nord communiste en 1975.

— *En cherchant à s'appuyer sur des forces démocratiques, les Occidentaux auraient donc commis une erreur stratégique ?*

— Au Moyen-Orient, il n'y a pas aujourd'hui d'options démocratiques, même s'il y a des personnalités démocrates. Nous sommes dans une région où l'on reste convaincu qu'on en obtient plus par la violence que par la négociation et où le vainqueur rafle toute la mise pour lui. C'est ce qui s'est passé en Irak, après la chute de Saddam. Les sunnites ont été marginalisés par les Américains, alors qu'ils étaient au pouvoir depuis toujours, bien que minoritaires. Sous Saddam, bien sûr, mais déjà dans l'Irak protectorat britannique et à l'époque de l'empire ottoman. Ils formaient la classe dirigeante et, pour eux, c'est insupportable de ne plus l'être au profit des chiites qu'ils considèrent quasiment comme des hérétiques. Quant à la Syrie, les démocrates pourraient aujourd'hui tenir dans un seul hôtel… tous les autres opposants à Bachar sont des islamistes.

— *Où en est Daech, après la reprise de Palmyre par l'armée syrienne et la perspective d'une opération contre Mossoul en Irak ?*

— Sur le terrain, Daech est sur le recul, mais cela va l'inciter à pratiquer plus encore le terrorisme. Sur le fond, je pense que nous avons à faire, avec Daech, à un mouvement révolutionnaire condamné à perdre, car ses objectifs sont totalement illusoires. Mais sa capacité de perturbation est importante, durable et, surtout, nous concerne. Dans ce contexte, tout succès militaire de sa part constitue une dangereuse propagande pour ces manipulateurs de l'opinion, qui sont de vrais enfants de Hollywood. C'est pourquoi il est essentiel que les mouvements islamistes ne remportent pas de victoires militaires. Il est sans doute possible de reconquérir Raqqa, parce qu'en Syrie, Daech apparaît comme un mouvement semi-étranger de gens qui ne parlent pas l'arabe syrien. Mais Raqqa est un centre de gravité marginal géographiquement – et c'est pour cela que Bachar, qui contrôle les deux tiers de la population – l'a abandonné. Mossoul, en Irak, c'est plus difficile. Un millier de combattants de Daech déterminés à y mourir, ça peut faire des dégâts !

— *Les Kurdes de Syrie vont-ils parvenir à constituer leur embryon d'État, le Rojava, dans le nord du pays ?*

— Ils ne peuvent aller au-delà d'une proposition d'autonomie dans un cadre fédéral, car ni la Turquie au nord, ni la majorité arabe syrienne au sud ne sont prêtes à accepter plus. Il faut bien comprendre que les Kurdes de Syrie, alliés de la Russie et des États-Unis dans un contexte très particulier, vivent aujourd'hui leur moment de gloire et de liberté. Cela durera tant qu'il y aura la guerre. Mais si la paix revient, leurs grands alliés auront moins besoin d'eux et les réalités démographiques et géographiques reprendront le dessus. Les Kurdes de Syrie ne sont que 2 à 2,2 millions sur 10 % du territoire et le « Rojava » a peu de ressources contrairement aux Kurdes d'Irak qui ont le pétrole. Leur rêve serait un oléoduc traversant leur territoire, au départ du Kurdistan d'Irak vers la Méditerranée.

— *Au-delà du cas irako-syrien, quel regard portez-vous sur l'islamisme radical ?*

— Les salafistes n'ont rien à vendre de sérieux aux populations. Ce sont des perturbateurs sans programme économique. Je pense que le prochain théâtre où ils deviendront des acteurs importants est l'Afrique subsaharienne. Mais, au niveau mondial, le grand changement, ce n'est pas eux. C'est l'émergence de ceux qui bossent : la Chine, l'Inde, la Turquie, la Corée du Sud, le Viêtnam, l'Iran. Ceux-là parlent de travail, alors que les djihadistes, préfèrent mettre en avant leur « courage »…

III

« Trump nous rappelle l'essence du politique »

Tribune parue dans Le Figaro, *le 27 juin 2018*

On ne peut rendre compte du phénomène Trump en s'en tenant aux jugements idéologiques ou moraux. Certes, en tant qu'homme d'affaires, le président des États-Unis a amplement démontré ses capacités aux marges de la légalité (a-t-il jamais payé d'impôts ?). Assurément, l'hôte de la Maison-Blanche ment ou se dédit, mais ce n'est pas nouveau – même si, dans son cas, la fréquence de ses mensonges est particulièrement soutenue.

Le fait majeur est ailleurs : malgré ses opposants et les critiques d'origines diverses qui lui sont adressées, Donald Trump, grâce à son talent, semble toujours aussi populaire auprès de ceux qui l'ont élu, alors qu'il est bientôt à mi-parcours de son mandat. Plus de 80 % des Républicains demeurent derrière lui, dont une bonne partie d'ouvriers, même s'il est d'abord le président des privilégiés. Il a l'appui des évangélistes et d'une très large partie des Blancs modestes qui regrettent l'Amérique d'hier.

Donald Trump déconstruit autant que faire se peut tout ce qui a été réalisé par son prédécesseur. Il a rompu l'accord sur le climat, le partenariat Trans-Pacifique destiné à contenir la Chine et dénoncé l'accord sur le nucléaire iranien par un diktat accordant cent quatre-vingts jours à ses alliés européens pour cesser tout échange avec Téhéran. De surcroît, l'hôte de la Maison-Blanche impose un tarif concernant l'acier aux Européens tout en entamant une guerre commerciale avec la Chine.

Vladimir Poutine, qui sait de quoi il parle, qualifie Donald Trump de « négociateur coriace ». L'originalité majeure du président des États-Unis est qu'il rappelle avec une brutalité calculée à ceux qui l'auraient oublié que l'essence du politique, quelles que soient les apparences diplomatiques, est fondée sur les rapports de force.

Nous, Européens, avons bénéficié – des lendemains de la Seconde Guerre mondiale à 1991 – du parapluie nucléaire américain (seules la Grande-Bretagne et la France étaient sanctuarisées par leur possession de l'arme atomique). Depuis une soixantaine d'années, nous avons mené à bien un projet européen matérialisé par une zone de libre-échange assortie de membres de plus en plus nombreux, disposant d'une monnaie commune et, plus largement, d'un espace de libre circulation. Or le phénomène Trump, après une longue période d'alliance sans heurt avec les États-Unis (excepté le refus de Paris et Berlin de participer en 2003 à la guerre en Irak), est un rappel inattendu des limites de la souveraineté des Européens.

Depuis 1991, qu'avons-nous fait sinon profiter des « dividendes de la paix », selon la formule d'alors ? Notre incurie est apparue de façon patente lors de la crise yougoslave en 1993 : trois pays regroupant deux cent cinquante millions d'habitants, la Grande-Bretagne, l'Allemagne et la France, qui, quelques années plus tôt, passaient à juste titre pour puissants, ne pouvaient contraindre dix millions de Serbes. Il a fallu solliciter l'intervention des États-Unis pour que le même scénario se reproduise au Kosovo. Pendant ce temps, les États-Unis renforçaient leur potentiel militaire.

La fin de la guerre froide a marqué dans les faits le passage de l'endiguement de la puissance soviétique au refoulement de la Russie grâce à une série d'opérations déstabilisatrices. Il s'agissait de repousser l'ex-URSS aux frontières de l'État russe. Le dernier acte de ce processus eut lieu en Ukraine, une première fois sans succès en 2004 avec la « révolution orange », puis une seconde fois une dizaine d'années plus tard. Battu, Vladimir Poutine sauva ce qui pouvait l'être en annexant la Crimée (russe jusqu'en 1954) et resta sur la défensive dans la partie russophone de l'Ukraine.

Les Européens, eux, ont assisté à l'élargissement de l'Union européenne en entérinant l'adhésion des anciens pays du bloc de l'Est à l'Otan. Rien ne fut fait pour bâtir une Union ayant une politique commune sur des dossiers essentiels. Tout ce qui pouvait aller dans le sens d'un approfondissement fut rejeté par les Européens eux-mêmes, y compris un projet bien tardif de Constitution (2005). Politiquement, nous avons été d'accord sur des principes, non sur des projets. Militairement, nous étions des nains, à l'exception modeste de la France et de la Grande-Bretagne avec des budgets militaires dérisoires.

Le phénomène Trump a, pour nous Européens, l'avantage de nous révéler notre royale nudité. Sur le dossier iranien, les Européens vont céder de mauvaise grâce. Nous n'avons rien préparé en matière de puissance commune pour avoir la possibilité de nous en tenir au refus.

IV

Guerres perdues et reflux de l'Occident : les clés mentales qui paralysent la puissance

Entretien avec Bruno Racouchot paru dans Communication & Influence, *n° 121, avril 2021*

Bruno Racouchot : *La dimension mentale, qui permet ce reflux de l'Occident que vous décrivez, semble devoir être pris en compte de manière prioritaire…*

Gérard CHaliand : Dès la première guerre du Golfe (1990-1991), j'avais souligné l'importance de la dimension sociale de la stratégie. L'année 1991 avait en effet vu surgir des paramètres nouveaux en matière de conduite des combats. En premier lieu, l'importance de la manipulation puisque c'était désormais CNN qui nous expliquait ce que nous devions comprendre. Cette manipulation des esprits avait été engagée dès avant la guerre, avec une ambiance psychologique de guerre chaude qui se déployait très loin du théâtre concerné, impliquant mentalement de fait les populations occidentales dans la préparation d'un conflit qui allait se dérouler à plusieurs milliers de kilomètres de chez elles. Parallèlement, on annonçait un conflit avec « zéro mort », slogan qui visait à faciliter l'engagement armé dans les esprits (quand bien même, dans les faits, les états-majors avaient prévu des milliers de *body bags* pour rapatrier les corps des soldats du camp occidental). En fait, il n'y aura « que » trois cents morts (dont certains victimes de *friendly fires*…) du côté des trente-cinq États (dont quelques États arabes) qui se situaient dans la coalition menée par les États-Unis. En réalité – et ce fut la première fois depuis la longue histoire de la guerre –, on ne donna surtout pas le nombre des pertes militaires adverses, tant celles-ci auraient paru disproportionnées aux yeux des populations occidentales. En effet, selon les services spéciaux britanniques, les pertes militaires irakiennes se seraient élevées à soixante-dix mille morts, estimation basse. À la fin de cette guerre de quarante-cinq jours, le président Bush avait pu clamer : *America is back!* Entendu : le syndrome vietnamien est dépassé. Il faut effectivement revenir à cette guerre du Viêtnam américaine pour voir le début de cette évolution du regard occidental par rapport à la guerre et aux pertes humaines qu'elle implique.

En 1975, avec la chute de Saïgon, un changement très net s'opère. Les opinions publiques occidentales ne supportent plus de voir leurs troupes perdre ne serait-ce que quelques hommes. Alors qu'il faut se souvenir de ce qu'étaient les pertes lors des guerres précédentes… Il y a donc là bel et bien une rupture dans les phénomènes de perception en matière militaire. Ce changement de sensibilité rend désormais l'arrière plus fragile et plus important, donc s'imposant au centre des soucis des stratèges davantage que les soldats eux-mêmes, lesquels connaissent les risques du métier.

Ce fait produit des bouleversements majeurs dans l'architectonique qui nous intéresse ici. Nos mentalités ont évolué. Le rôle joué par le couple information/communication est dès lors primordial et modèle les esprits. Désormais, le stratège ne peut plus compter sur l'appui actif de la population. Bien au contraire, il lui faut prendre en compte ses peurs, qui s'accroissent encore avec l'émergence du terrorisme, lequel cause beaucoup plus de dégâts psychologiques que matériels. Ce basculement, les « médias-vendeurs-d'angoisse », surtout ceux qui diffusent de « l'information » en continu, l'ont bien compris et, *nolens volens*, contribuent largement à amplifier le phénomène.

À ce triste constat s'ajoute l'attitude des dirigeants occidentaux qui ne savent faire que du compassionnel là où il conviendrait, au contraire, d'appeler au courage et à une posture réactive. Non, on est en plein dans le pathos médiatique avec fleurs, bougies, marches blanches, interviews de veuves et parents éplorés, exhibant notre faiblesse et donnant ainsi à l'adversaire toute satisfaction. La victimisation est d'ailleurs devenue un mode de référence politique. À titre personnel, je suis issu d'une famille arménienne, donc héritier d'un génocide ayant eu lieu au début du XXe siècle. Mais je me refuse absolument à m'en parer pour m'exhiber en victime. Or aujourd'hui, c'est l'attitude inverse qui prévaut dans la sphère communicationnelle occidentale, avec une course insensée à la victimisation, chacun prétendant être davantage victime que son voisin. Or, dans le reste du monde non-occidental, les paramètres de pensée et de manière d'être-au-monde ne sont pas les mêmes. Aux yeux de ces peuples, nous apparaissons comme les apeurés du monde.

À cela s'ajoute notre vieillissement. L'effondrement démographique de l'Occident s'impose d'ailleurs comme un paramètre-clé pour bien saisir le problème que nous étudions ici. Au début du XXe siècle, ceux qu'on appelait alors les « Blancs » représentaient approximativement un tiers de la population mondiale quand, aujourd'hui, les Occidentaux ne « pèsent » plus qu'entre 12 et 14 %, les seuls Européens d'Europe étant quant à eux sur un étiage d'environ 7 %. Quand l'Occident comptait hier quatre jeunes pour deux vieux, on recense désormais deux jeunes pour deux vieux. Comme les réformes sociales qui auraient été indispensables n'ont jamais été menées, nous courrons au déclassement. Il y a trois générations, l'espérance de vie chez nous était de quarante-neuf ans, elle s'élève à présent à soixante-dix-neuf ans. On a donc gagné trente ans de vie, et pourtant, on se refuse à travailler au-delà de soixante-cinq ans, alors qu'on est en général en bonne santé. Bien sûr que tous les problèmes sociaux non pas été éradiqués, mais prenons les choses dans leur globalité. Force est de constater qu'en France, nous vivons dans notre cocon – ô combien prospère malgré tout – et en paix depuis plus de soixante-dix ans, ce qui est absolument inédit dans l'histoire du monde.

— *Pourquoi tous ces facteurs ne sont-ils pas pris ouvertement et véritablement en compte par les stratèges occidentaux ?*

— L'univers de nos décideurs politiques ne se caractérise pas par une vertu qui semble désormais oubliée, à savoir le courage. C'est le moins que l'on puisse dire ! Quel politique de haut rang aurait l'audace de dresser froidement un état des lieux réel de la situation de la France et d'avouer que nous sommes bel et bien en phase de déclassement ? Les stratèges, eux, savent qu'il y a une démobilisation et une perte de volonté patente de la part d'une population qui opère un déni de réalité, qui veut encore et toujours consommer plus et vivre sur un mode hédoniste. Nous vivons dans un théâtre d'ombres, nourris de faux-semblants, avec un constant déni du réel qu'alimente la pensée dominante.

Cela ne date pas d'hier. En effet, il faut se souvenir qu'en 1990, lorsque l'Union soviétique s'est effondrée par inertie bureaucratique, il y a eu l'illusion d'une période de paix mondiale où nous avons continué à vivre à l'abri du parapluie militaire américain sans nous soucier en aucune manière de préparer l'avenir, sans observer les évolutions réelles du monde et la montée en puissance des émergents, en premier lieu la Chine. Or cette dernière s'impose désormais comme une puissance globale, économique et financière, et non une simple rivale spatiale ou militaire comme le fut la défunte URSS. Et au-delà de la seule Chine, ce sont aussi les États de l'Asie extrême-orientale qui connaissent une progression fulgurante, Singapour, la Corée du Sud, le Viêtnam, Taïwan, etc. Les stratèges français savent tout cela. Mais quelle est leur capacité, leur liberté, de réflexion d'abord et d'action ensuite ?

Nous nous cachons à nous-mêmes ce que nous sommes devenus. Qu'on le veuille ou non, notre monde européen manque aujourd'hui de trois vertus majeures, à savoir la lucidité, le courage et la ténacité. Sans réappropriation et remise à l'honneur, en théorie et surtout en pratique, de ces points-clés, nous continuerons à perdre en puissance et à refluer…

— *Votre dernier livre,* Des guérillas au reflux de l'Occident, *dresse un constat tragique de l'univers occidental, que vous estimez être sur le déclin, notamment par manque de lucidité et de courage. Peut-on dire que d'une certaine manière, l'Occident a perdu confiance en lui ? De quoi souffre notre monde ? Et que conviendrait-il de faire pour redresser la situation ?*

— Précisons d'emblée que le reflux de l'Occident n'est pas un point de vue, mais un constat. Si ce constat est volontiers partagé, en revanche, on évoque peu ses causes et ses conséquences. En ce sens, il est clair que nous autres Européens avons du mal à reconnaître et à accepter notre déclassement, lequel est notamment apparu au grand jour avec le surgissement de la pandémie l'an dernier, qui a manifesté nos faiblesses structurelles, en particulier notre déficit en matière d'organisation et de capacité d'adaptation. Depuis déjà fort longtemps, nous avons manqué de courage pour procéder aux réformes nécessaires, pour ouvrir les yeux et mobiliser nos propres populations. À quelques rares exceptions près, le courage n'a pas été la marque première de ceux que l'on nomme nos décideurs... En d'autres termes, nous sommes maintenant confrontés à une crise générale marquée par notre absence de réalisme et surtout de volonté. Or qu'est-ce qui compte davantage dans un conflit, qu'il soit civil ou militaire, que la volonté d'aboutir ? La preuve par le terrain : au cours de ma longue carrière, j'ai vu des armées bien équipées et bien entraînées, qui cependant ne remplissaient pas leur mission. Pourquoi ? Simplement parce qu'elles manquaient de l'essentiel, à savoir la volonté de combattre. À l'inverse, d'humbles paysans, même peu armés mais nombreux, tenaces et unis, décidés à mourir s'il le fallait plutôt que d'accepter la férule de l'autre, se sont révélés en mesure de changer la donne et de remporter la victoire, du moins de mettre en échec un adversaire que l'on pensait omnipotent.

Alors oui, pour répondre à votre question, il est clair que notre monde manque de courage, de volonté et de ténacité. Les Britanniques pendant le Blitz ou les Nord-Viêtnamiens sous les bombardements massifs des Américains ont fait preuve de ces vertus. Nous devrions aujourd'hui avoir le courage de nous regarder en face. Nous nous targuons volontiers d'être un pays donneur de leçons, au titre d'un passé extraordinaire, mais que sommes-nous vraiment aujourd'hui ? L'un de nos graves défauts, me semble-t-il, est notre arrogance conjuguée à un manque total de lucidité, tant sur nous que sur le monde qui nous environne. À rebours de ce que nous vivons en France ou en Europe, les États-Unis se sont mieux adaptés et ont adopté une posture défensive, plus en accord avec les réalités de la géopolitique contemporaine. On doit au moins reconnaître au président Donald Trump d'avoir su faire ce constat lucide. Les Américains conservent ce que nous paraissons ne plus avoir, à savoir un dynamisme et une capacité de rebond liés à la volonté. Sans doute y a-t-il là des raisons historiques, consubstantielles à leur passé de pionniers, qui se sont lancés dans la bagarre en ne comptant que sur eux-mêmes, animés par un idéal matériel visant à réussir ici et maintenant, avec une éthique du travail très différente de l'état d'esprit français, c'est le moins que l'on puisse dire…

Ce constat que je dresse, après un demi-siècle de vie à évoluer au sein des conflits à l'échelle mondiale, est la conséquence d'un changement tectonique dans l'architecture du monde, où, notamment, l'Asie extrême-orientale surgit avec une puissance inouïe, remettant en cause le statu quo planétaire établi au cours des trois derniers siècles. Ainsi l'Occident est-il en train de vivre un reflux gigantesque, dont il n'a pas forcément conscience à l'heure présente. Pourquoi ? Le constat est simple. Nous avons perdu le désir collectif de faire, de créer, d'avancer… en un mot, nous avons perdu confiance en nous-mêmes. Comment susciter le retour à ce désir de puissance au sein d'une population vieillissante, à la démographie chancelante, dopée à un consumérisme à haute dose conjugué à un individualisme forcené, et refusant jusqu'à la notion même de risque ?… Ce n'est pas là être pessimiste, mais simplement lucide. On ne trouvera l'antidote qu'en dressant un diagnostic correct. En ce sens, il n'y aura de sursaut vital que si nous retrouvons confiance en nous-mêmes et en notre destinée.

V

DISCOURS DE RÉCEPTION DU PRIX SPÉCIAL DU JURY DU LIVRE GÉOPOLITIQUE

remis à Gérard Chaliand pour l'ensemble de son œuvre par Jean-Yves Le Drian, le 22 juin 2021 au Quai d'Orsay

Je remercie le ministre de l'Europe et des Affaires étrangères, ainsi que les membres du jury qui ont choisi de récompenser un irrégulier qui s'est efforcé de rendre compte le plus rigoureusement possible du monde contemporain et des conflits qui le caractérise depuis un demi-siècle.

Le reflux de l'Occident et plus particulièrement de l'Europe n'est pas une opinion mais un constat. Il y a une dizaine d'années, mon livre *La Géopolitique des empires*[1] se concluait par ces lignes : « Sans doute assistons-nous à l'amenuisement de la suprématie des États-Unis sur l'économie mondiale, mais ce qui s'esquisse sous nos yeux au-delà du brouillard de la crise annonce le début de la fin d'une hégémonie absolue exercée par l'Occident depuis quelque trois siècles. » C'était une opinion à l'époque très peu partagée.

Les États-Unis ont désormais un rival global, tandis que l'Union soviétique n'était qu'un adversaire militaire et spatial. Quant à l'Europe, qui au lendemain de la Guerre froide s'était surtout contentée de jouir des dividendes d'un avenir dont la sécurité était garantie par les États-Unis, il suffit de rappeler

1. Arthaud, 2010.

qu'il y a un siècle à peine elle dominait, à l'exception du Japon, toute l'Asie et, à l'exception de l'Éthiopie, toute l'Afrique. C'était la période coloniale qui faisait suite à l'investissement du continent américain dès le XVIe siècle. Sur le plan démographique, l'Occident, qui représentait 33 % de la population mondiale en 1900, n'en a plus même 15 % aujourd'hui.

La domination de l'Europe, comme toute hégémonie dans l'Histoire, était humiliante et rude. Mais elle apportait entre autres une idée essentielle: celle du nationalisme moderne. Celle-ci, une fois comprise, pouvait être retournée contre le dominateur. Et elle devenait décisive lorsqu'elle s'accompagnait, comme au Japon du Meiji, de croissance économique. Par ailleurs, l'Occident était caractérisé, comme toutes les sociétés historiques depuis six mille ans, par ce que Thucydide désignait comme «la fureur de dominer». Mais elle a été la seule, aux États-Unis en 1776, en France en 1789, à s'élever contre le *despotisme* qui caractérisait toutes les sociétés humaines. Ceux qui s'acharnent à accuser l'Occident de tous les maux aujourd'hui devraient se souvenir de la nature des régimes qui furent les leurs.

La victimisation est devenue une arme perverse destinée à culpabiliser les vainqueurs d'hier. Entre l'échec politique de la guerre américaine au Viêtnam (1965-1975) et le fiasco des États-Unis et de leurs alliés en Afghanistan (2001-2021) et en Irak, la dimension *sociale* de la stratégie a rendu l'arrière plus vulnérable que les combattants. Le souci de sécurité, dont l'impact psychologique est largement véhiculé par les médias, confère aux émotions une importance démesurée par rapport aux effets physiques de la violence.

Les réseaux sociaux ont accru la manipulation des angoisses et des fausses nouvelles. Ce qui était considéré comme irrégulier devient de plus en plus utilisé par les États dans les domaines comme la cybernétique. Le drone, entre autres, fait désormais partie de l'arsenal de l'assassinat légalisé. Il nous manque la détermination pour défendre des principes et un vivre démocratique qui nous sont chers. La volonté et l'idéologie qui l'étaye font défaut chez ceux qui ont depuis longtemps hérité les dividendes de la paix et une relative prospérité dont nombre de sociétés sont privées. Celles-ci le plus souvent ne craignent pas de combattre et d'en assumer les risques.

Cette asymétrie est une de nos faiblesses majeures. Sous peine de péricliter, il est grand temps de nous ressaisir et plus particulièrement nous autres, Français et Européens, pour répondre aux défis extérieurs et à nos propres pesanteurs qui sont d'autant plus considérables qu'elles nous paraissent plus faciles à supporter que les réformes.

Je vous remercie.

Table

ANNEXES

Remerciements

Je tiens à remercier, tout particulièrement, Sophie Mousset, Juliette Minces et Claude Burgelin pour l'aide qu'ils m'ont apportée lors de l'élaboration du manuscrit de ce livre et pour leur lecture attentive et exigeante.

Enfin, je tiens à remercier Olivier Philipponnat pour la rigueur de sa mise au point du manuscrit.

DU MÊME AUTEUR

(*suite*)

Anthologie mondiale de la stratégie, Robert Laffont, 1990; 2001.
Miroirs d'un désastre. La conquête espagnole de l'Amérique, Plon, 1990; Agora, 1992; L'Aube, 2004; Pluriel, 2018.
Terrorismes et Guérillas, Flammarion, 1985; Complexe, 1987.
Repenser le tiers-monde, Complexe, 1987.
Le Crime de silence, Flammarion, coll. «Champs», 1984; L'Archipel, 2015.
Les Faubourgs de l'histoire, Calmann-Lévy, 1984.
Atlas stratégique. Géopolitique des rapports de forces dans le monde, avec Jean-Pierre Rageau, Fayard, 1983.
1915. Le Génocide des Arméniens, avec Yves Ternon, Complexe, 1981, 2006; Archipoche, 2022.
Rapport sur la résistance afghane, Berger-Levrault, 1981.
L'Enjeu africain. Géostratégies des puissances, Seuil, 1980.
Stratégies de la guérilla, Mazarine, 1979; Gallimard, 1984.
Les Kurdes et le Kurdistan: la question nationale kurde au Proche-Orient (dir.), Maspero, 1978; 1981.
Mythes révolutionnaires du tiers monde. Guérillas et socialismes, Seuil, 1976; 1979.
L'Algérie indépendante, avec Juliette Minces, Maspero, 1972.
La Résistance palestinienne, Seuil, 1970.
Les Paysans du Nord-Viêtnam et la guerre, Maspero, 1968.
Lutte armée en Afrique, Maspero, 1967.
L'Algérie est-elle socialiste?, Maspero, 1964.

Littérature

Bagage premier. Une anthologie de hasards, La Mèche lente, 2021.
La Légende de Gilgamesh, Pocket, 2020.
Aux confins de l'Eldorado. La Boudeuse *en Amazonie*, récit, Seuil, 2006; Points, 2020.
Le Vent du hasard, préfaces, récits et portraits, La Mèche lente, 2018.
L'Aventure, le choix d'une vie, récit, Points, 2017.
Feu nomade, et autres poèmes, poésie, préface de Claude Burgelin, Poésie/Gallimard, 2016.
La Pointe du couteau. Un apprentissage du monde, récit, Robert Laffont, 2011; Points, 2013.
Médée la barbare, L'Aube, 2012.
L'Aventureux, entretiens avec Thierry Garcin, L'Aube, 2010.
Mémoire de ma mémoire, récit, Julliard, 2003; Points, 2015.

Slovik le déserteur, in *L'Algérie pour théâtre*, avec Georges Mattéi, théâtre, L'Aube, 2003.
Cavalier seul et autres poèmes, édition bilingue français-anglais traduite par André Demir, L'Aube, 2015.

Prix

Prix de l'Académie française pour l'*Atlas stratégique* (avec Jean-Pierre Rageau).
Prix Castex 1990, pour l'*Anthologie mondiale de la stratégie*.
Prix Vauban 2008, pour l'ensemble de son œuvre.
Prix des Géopolitiques de Nantes 2016, prix Maréchal-Foch de l'Académie française 2017, pour *Pourquoi perd-on la guerre ? Un nouvel art occidental.*
Prix spécial du jury du Livre géopolitique 2021, à l'occasion de la parution de *Des guérillas au reflux de l'Occident*, pour l'ensemble de son œuvre.

Cet ouvrage a été composé
par Atlant'Communication
au Bernard (Vendée)

Impression réalisée par

NORMANDIE ROTO IMPRESSION S.A.S.
à Lonrai (Orne)

en février 2022
pour le compte des Éditions de l'Archipel
département éditorial
de la S.A.S. Écriture-Communication

Imprimé en France
N° d'impression : 2200539
Dépôt légal : mars 2022